近代のなかの漢語

浅野敏彦 著

和泉書院

目次

凡例

1．参考文献など必要な注記はなるべく本文中に（　）に入れて示すようにしたが、長くなるものについては、末尾に示した。

例　連載記事のタイトルを「逆コース」とした（『読売新聞百年史』読売新聞社、一九七六年）。

2．資料、研究書などの書籍・作品名については『　』、雑誌は「　」でくくり、号数などは「　」の外に半角アラビア数字で記すことにした。出版年は西暦を漢数字で示した。

例　『国語学大辞典』（東京堂出版、一九八〇年）、「文学」（50巻8号、一九八二年）、

3．本文中での年号は、江戸時代以前については和暦で示し、西暦を（　）に入れて示した。明治以降は、原則として西暦のみにしたが、必要に応じて元号を（　）に入れた。

例　一九四五年、万延元（一八六〇）年、一八七二（明治五）年

4．資料等の引用にあたっては、なるべく原典どおりとするが、傍線、句読点を加えたところがある。割注、小書きは〈　〉内に入れた。仮名遣いは原文通りを原則とした。漢字についても原文通りにしたが、JIS漢字表、ユニコードにない漢字は『今昔文字鏡』によった。振り仮名も原文通りにしたが、筆者が付けた振り仮名は（　）に入れて原典の振り仮名と区別できるようにした。

例　君主政府　擅《（ほしいまま）》ニ邦土ヲ私有セズ

5．敬称（氏）は略したが、第一章における「南波先生」については、筆者が受けた講義でのことを述べたので、文脈上「南波先生」とした。

例　飛田良文編『日本語学研究事典』　杉本つとむ『近代日本語の成立』

6．用例の中の漢文は、原則として訓読文を示したり、あるいは訓点を施すようにした。

7．各章の扉の画像、本文中の画像は全て架蔵本を用いた。資料ではなく、カット代わりに配したものである。

第一章　序に代えて

――近代語をめぐって――

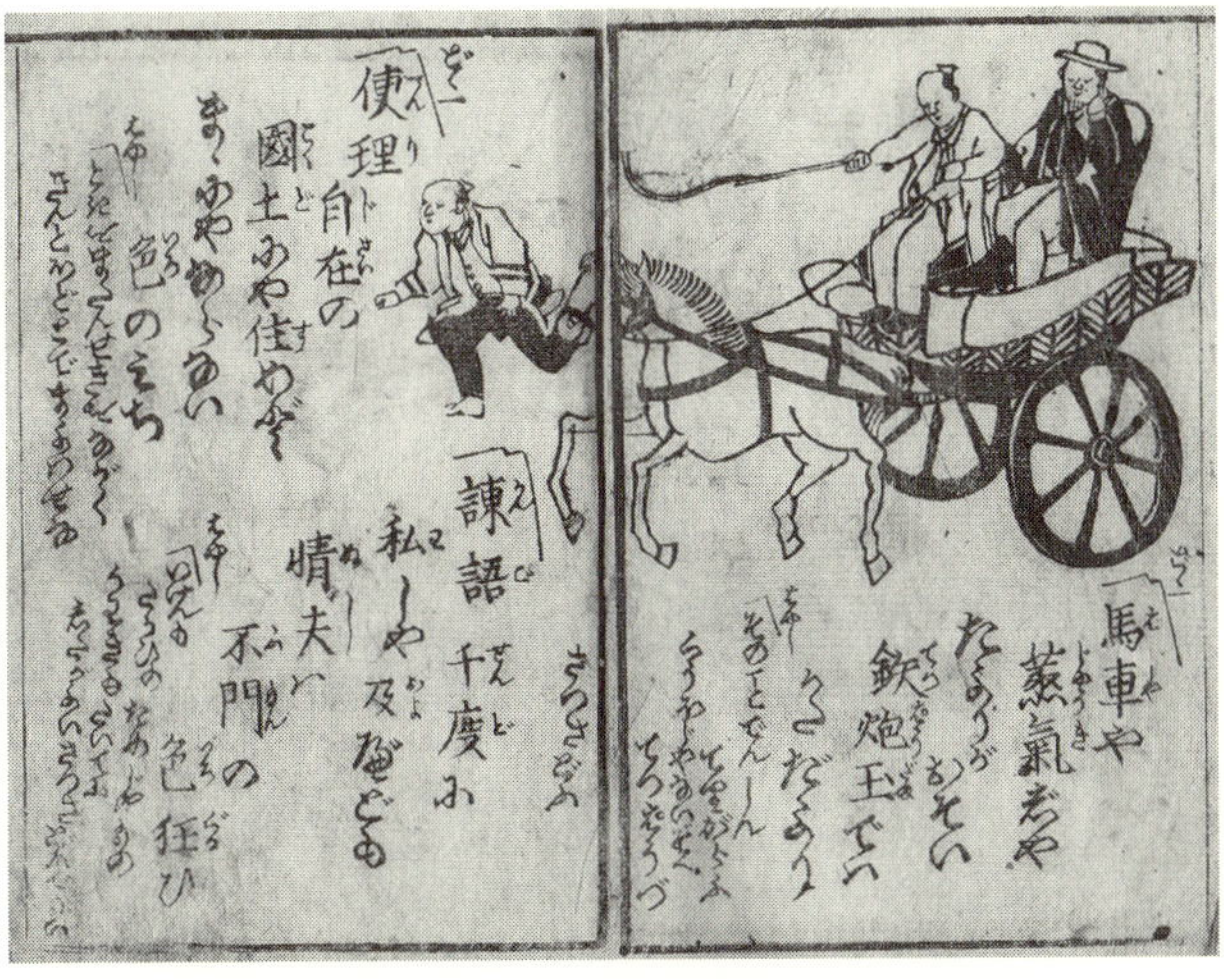

『語一真流行どゝ一』（竹堂梅兄著、無刊記）

はじめに

日本語の歴史で近代語とされる範囲は、飛田良文編『日本語学研究事典』（明治書院、二〇〇七年。「近代語」飛田良文執筆）、佐藤武義・前田富祺編『日本語大事典』（朝倉書店、二〇一四年。「日本語史の時代区分」佐藤武義執筆）のいずれもが、明治維新から一九四五年までとしている。歴史学においてもこの時期は近代とされる時期であるので、歴史学では「近代」をどのように定義しているのかをみておく。

『国史大辞典』[1]（吉川弘文館、一九七九年～一九九七年）は、近代のはじまりを明治維新におくことは「通説となって」いるが、明治維新の始まりは「欧米列強から開国を強要される以前にすでに封建制から資本制へ移行する国内的条件が、経済的にも政治的にも成立していたとする見解」にもとづいて、一八三〇年から四〇年の天保期におく考えと、「世界資本主義体制の一環にくみこまれることによって、近代化の条件は本格的に成立するとする見解」によって嘉永六（一八五三）年のペリー来航におく考えとに分かれる、としている（項目執筆・遠山茂樹）。

また、「近代」の必要条件としては、①「統一国家の成立」、②「経済体制の封建制から資本制への移行」、③「固定化した身分からの解放」があげられている。なお、③に関連して、「自由」が近代国家の必須条件になるといわれる（富永健一『日本の近代化と社会変動―テュービンゲン講義―』講談社学術文庫、一九九〇年、四三頁～四四頁）。明治三年に刊行され、「当時としては詳細かつ最新の世界地理書として『西洋事情』や『西国立志編』に並ぶベストセラーとなった」（『国史大辞典』〔項目執筆・石山洋〕）、内田正雄・西村茂樹編輯『官版輿地誌略』も、「文明国」としての必要条件として「自由」をあげている（【資料1】）。以下、資料等の引用にあたっては、凡例にも示したが、なるべく原典どおりとするが、濁点、半濁点、傍線、句読点を加えたところがある。割注、小書きは〈 〉に入れた。また、筆者が付けた振り仮名は（ ）に入れて原典の振り仮名と区別した。

【資料1】

○其他文明ノ國ニ於テハ確定ノ憲法有リテ、君主政府擅《ほしいまま》ニ邦土ヲ私有セズ、威権ヲ以テ國民ヲ制御セズ、其民獨立不羈《フリー》ニシテ敢テ君主ノ奴隷タラス（略）、獨立不羈《フリードム》又自由ト譯ス著實ノ譯字ヲ見ズ。本文姑ク之ヲ兼ネ用フ。（巻一「衣食ノ需用及ビ開化ノ等級」、架蔵本の一八七一［明治四年］刊行の大学南校版による）

文学研究では、「文学にとって近代とは何か」ということが問われるが、日本語の歴史においては、広義の近代語が室町時代以降ということもあってか、管見のかぎりではこのような問いが発せられることはなかったと思われる。一九八〇年刊行の国語学会編『国語学大辞典』（東京堂出版）には、見出し語項目として「近代語」は立項されていない。また、一九六四年刊行の亀井孝・大藤時彦・山田俊雄編『日本語の歴史5　近代語の流れ』（平凡社、一九六四年）では、江戸時代をとりあげていて、明治時代は、『日本語の歴史6　新しい国語への歩み』（平凡社、一九六五年）の中でとりあげている。日本語の近代＝明治時代とはならず、近代史とのずれが生じている日本語の時代区分の中で、強い問題意識で近代という時代を捉えた研究に杉本つとむ『近代日本語の成立』（桜楓社出版、初版一九六〇年、改訂新版一九六一年）がある。

国民語・民族語としての近代語

杉本つとむは、『近代日本語の成立』の「むすび」において、「〈近代日本語〉という術語にふくまれる〈近代〉の内容についても充分検討しなければならない」として、「わたくしたちめいめいが自由に自分の考えや感情をうたいあげることのできるような日本語、そうした国民語への道はまだ遠い」と書いた。また、松下貞三にも、「前近代の文体と近代文体とを統一的に把握し発展させる新しい文章を創り出すことに考察を進めねばならぬ。それは文章を国民のものにすることであり、また国民文学創造の一部に培うものであると考えている」（「近代文体の創始

──主として二葉亭における問題──」〔「日本文学」4巻5・6号、一九五五年〕）という指摘がある。

歴史学研究会編『日本史年表増補版』（岩波書店、一九九三年）の一九五〇年から一九五五年にかけては、第二次世界大戦終結後の冷戦時代を背景に、アメリカが、それまでの占領政策を、日本を自由主義陣営の一員とする政策に変更したことから生じる政治的な動向が並んでいる。「読売新聞」はこれら一連の動きを取り上げる連載記事のタイトルを「逆コース」とした（『読売新聞百年史』読売新聞社、一九七六年）。「読売新聞」は、「逆コース」とした連載を一九五一年一一月二日から始めるが、その前年の一九五〇年五月に、「文学」（岩波書店）は「近代文學の創出過程」と題する特集を組み、「日本の文學における「近代」の問題」として、なかの・しげはる（中野重治）、小田切秀雄、荒正人、近藤忠義、林基、伊豆公夫、西郷信綱が執筆している。その中から、なかの・しげはるの言っているところを、長くなるが引用しておきたい。

【資料2】

日本の近代、日本の近代文學ということをいう場合──この「近代」ということの規定が問題なのだろうけれども、それにはわたしとしてふれられぬ──わたしは、日本語の近代、あるいは近代語としての日本語ということが問題になると思う。手っとりばやくいえば、近代日本語はできているか、できているとすればいつ出来たか、またそれは、言葉そのもののどういう歴史的流れと、社會・階級關係のどういう變化・發展との重なりからうまれたかということの問題である。

何かの──文學のであれその他の何かのであれ──何かの近代という以上は、つまるところは生活の近代ということであろう。つまるところは、人民の生活の近代化である。それだから、日本語の語としての近代（化）ということは、日本の人民生活の近代化に役立つものとしての、その方向での日本言葉の變化ということになろう。

また、「多数者の現代生活をゆたかにする、引きあげるという點にむすびつけて、はじめて民族語の近代化ということがいえるのであろう」との記述もある。思想的な違いにより、その中身は異なるが、(2)戦争、敗戦、占領、「独立」という歴史のなかで、「一九五一年あたりから」「表面に出て」きた(3)とされる「国民文学のかけ声」に呼応した研究者のことばとして、右に引用した杉本、松下の指摘を（両氏の意図はどこにあったかは別として）とらえることができる。

竹内好は「国語が成立しているかいないか（私はいないと思う）ということ、いないとすれば、どの方向にどう成立させたらいいかということ、これを言語学者や民俗学者と協力して究めたい(4)」とも記している。国語教育においても、一九五一（昭和二六）年に実施された学習指導要領を言語生活主義とし、時枝誠記の国語教育の方法を、文学を言語としてのみ把握するものとして批判し、人間形成の国語教育を唱えた（幸田国広「益田勝美国語教育論の軌跡—文学教育における「戦後」—」［『日本文學誌要』67号、二〇〇三年三月］）、益田勝美による有島武郎の教材の実践報告「ふぶきの一夜」も「折からの国民文学論の強い影響下で行われた」（同右）ことなど、戦後、一九五〇年代における研究者の時代へのかかわりをみることができる。周知のとおり、六〇年安保闘争後の政治的な状況のなかで、研究者にもそれまでの研究方法を検証するという動きがあったことが、例えば、日本文学協会を取り上げた深江浩「国民文学論をどう考えるか—思想的側面から—」（『日本文学』14巻4号、一九六五年四月）の論にある。

深江は、「一現場教師として（略）仕事に情熱をこめて当ることができたのは全く国民文学論の支えがあった」（三三頁）からであるとした上で、日本文学協会(5)のなかでも「国民文学論に対する否定的見解、または国民文学論を全く度外視した所からする発表などがあらわれるようになった」が、「国民文学論とは何であったのかをもう一度とらえなおしてみよう」（同頁）として論を書き始めている。深江の論文には、一九六〇年代の国民文学論をめぐる研究状況が書かれていて、大学在学中には聞いていた、国文学研究の中における歴史社会学的研究、あるいは、歴史社会学派ということばが、国文学研究に進まなかった者の耳に、その後入ってくることがなかった事情が理解できた論文であった。

右に述べた「国民文学論」は、一九四五年以降の日本の大きな転換に伴って生まれてきた研究（研究状況）であるが、同様に、大きな転換があった明治における日本語をめぐる議論について見ておきたい。

言語生活史上の明治

天保の最後の年、天保一四（一八四三）年に生まれた同志社の創始者新島襄は、明治二三（一八九〇）年に亡くなっているが、時代的には江戸から明治に生きた人であり、『国史大辞典』の時代区分の記述からするとまさに近代を生きた人である。新島が話し、書いていた日本語が、アメリカに渡るまでは近世日本語で、帰国してからは近代日本語であるということにはならない。

池上禎造は、明治以降を現代とする国語史の時期区分で、明治を一〇年単位に四期に分けて論を進めたことがある（「近代語」『日本文化史講座5』明治書院、一九五九年、二五〇頁）。池上の言っているところを私にまとめると次のようになる。

【資料3】

明治元年から十年……………前の秩序の切り替えの時期で前代に連なるところも多い。
明治十年から二十年…………新たなものが盛り上がる。
明治二十年から三十年………二十年代に興った近代化の施策、学問の開化のきざしが見える。
明治三十年代…………………小学教科書の仮名字体統一・口語教材の採用、学術・一般雑誌の平仮名の使用、普通文と言文一致文の用途の分担＝近代らしい秩序の成立(6)

そのうえで、「現代語というものを三十年代以降のものに限れば比較的均質かと思う。その骨格においては江戸語とほとんど等しい」とする。また、「言語生活の変遷」（『講座現代語2』明治書院、一九六四年、八頁）では、明治五年に学制がしかれて、「人々は読み書きの能力をもつことが当然となった」ことで、江戸時代までは特別な技能に属した漢字の読み書きが全ての人々に要求され、「字を知らなければ社会生活はできな」くなるという変動は「日本の言語生活の歴史で最も大きなことであった」とした。すなわち、明治時代の日本語の骨格は江戸時代と変わらないが、言語活動の「読む・書く」には、大きな変動があったというのである。

漢字と書くことの大衆化

新島は、マサチューセッツ州 Andover から父に宛てた手紙（一八六七年三月二九日）の中で、「此国（彼がアメリカ全体を把握したわけではないので、彼が住む Andover での見聞ではあったろうけれども）には（略）読み書きの出来ぬものは一切無御座候」と、アメリカの学校制度が全てのものに開かれている＝教育の機会均等を報告しているのである。

【資料4】

且此アンドウワは高名なる邑にして聖学校、大学校〈小氏罷在候〉、自由学校〈此の学校は一文も取不申候故、いかなる貧乏人も入門いたし学問修行いたし候故、此国には目あき目くら即ち読み書きの出来ぬものは一切無御座候〉、婦人学校・其外種々の邑学校・貧院、病院等有之〈是は邑の人々金を出し薬衣服食物等を求め乞者の如き者をやしなひ置くなり。嗚呼仁政の支那日本に勝れる事茲《ここ》に於而見るへし〉[7]

これは、想像でしかないが、「読み書きの出来ぬものは一切」無いことの理由を、わずか二六文字で自国語を表していることに求めたのではないかと思われる。それは、自らが英語で書くときに実感したのであろう。室町時代に日本にやってきたポルトガルの宣教師ルイス・フロイスが、「われわれは書物から多くの技術や知識を学ぶ。彼らは全生涯を文字の意味を理解することに費やす」（『日欧文化比較』『大航海時代叢書Ⅺ』岩波書店、一九七三年第二次発行、五九三頁）と書いたほどでなくても、アメリカでの新島に、日本語を書くときに漢字が大きな壁となっていることを認識させたのであろう。弟双六に宛てた一八六七年一二月二四日の手紙（全集書簡番号19）には、「日本語にて誰レにも読める様なる文を綴る事を注意すへし日本人の斯も漢字を用ゆるは大なる誤なるべし《ママ》」と書いた。また、新島襄よりは一〇年早く生まれた福澤諭吉の「福澤全集緒言」には、適塾での師、緒方洪庵から言われたという、先行研究にも引用される次の記述が見える。句読点を施し、振り仮名は略したところがある。

【資料5】

今足下《そくか》の飜訳する築城書は兵書なり、兵書は武家の用にして武家の爲めに譯するものなり、就《つい》ては精々《せいぐ》文字《もんじ》に注意して決して難解の文字《もんじ》を用ふる勿《なか》れ、其次第は日本國中に武家多しと雖《いえど》も大抵《たいてい》は無学不文の輩《はい》のみにして、是れに難解の文字は禁物なり、（略）高《たか》の知れたる武家を相手にすることなれば、返す〳〵も六かしき字を弄《もてあ》ぶ勿《なか》れ（「デジタルで読む福澤諭吉」http://project.lib.keio.ac.jp/dg_kul/fukuzawa_about.html によった）

漢字の多用を誡めた新島、福澤の記述は、日本語の近代を考えるときに留意すべき一文だと思われる。新島の「誰レにも読める様なる文を綴る事」という発言には、アメリカのように「読み書きの出来ぬものは一切無御座」き社会を理想とした思いがある。

漢字の廃止については、周知のように前島密が『漢字御廃止之義』を慶応二（一八六六）年に建議している。今、「国立国会図書館デジタルコレクション」によって、句読点をほどこして引用する。

【資料6】

然るに此教育に漢字を用ひるときは、其字形と音訓を學習候爲め、長日月を費し、成業の期を遅緩ならしめ、又其學ひ難く習ひ易からさるを以て、就學する者甚た稀少の割合に相成候。稀に就學勉勵仕候者も惜むへき少年活潑の長時間を費して、只僅に文字の形象呼音を習知するのみにて、事物の道理は多く暗昧に附し去る次第に御坐候。實に少年の時間こそ事物の道理を講明するの最好時節なるに此形象文字の無益の古學の爲めに之を費し、其精神知識を鈍挫せしむる事、返す〳〵も悲痛の至に奉存候。

子規の日本語の改良

正岡子規は、一八八五（明治一八）年の『筆まかせ』に「日本語ハ如何ニ改良スベキカ」（『子規全集第11巻』改造社、一九三〇年、三六頁）と書いた。それまでの日本語を改良すべきものとして考えていたのであるが、漢字を否定する立場ではなかった。

【資料7】

漢字は不便なりという説多く　西洋の人も此種類の文字を第三等とし最下等なる者なりとすれども、余の考は大に異なれり。（略）多少の弊害はあれども其利も亦少からず。先づ第一に一字づゝに意味を含む故、事を簡單に書き得べし（『筆まかせ』一八八九［明治二二］年、「漢字ノ利害」の節。『子規全集11巻』改造社、一九三〇年、九一頁）

子規は、言文一致を主張する人たちの文章に難しい語があるので、「形容詞に用ふるむつかしき言葉をやめて俗語にて平たくいわれたし（円朝の話の筆記の様に）。「視線」とか「鉛直」とかいうような言語は、三四年通學した小學生徒抔《など》の歯にあふしろものにあらざるなり」（『筆まかせ』）と書いている。つまり、言文一致であれば、小学校の三、四年生の子どもにも分かることばを使って書くべきであるというのが子規の主張である。ちなみに、「鉛直」は、『日本国語大辞典第二版』には『米欧回覧実記』の例を早い時期の例として引いているが、慶応二（一八六六）

年の『譯名字類』に「鉛直《えんちょく》トハ、スグナル意ニテ其隊ヲ開カント思フ線トマッスグニ置クヲ云フナリ」(『明治期漢語辞書大系 補遺1』大空社、一九九六年)とあり、「小學生徒抔の歯にあ」うものではなかったであろう。また、「視線」も『日本国語大辞典第二版』では、翻訳書『新精眼科全書』(一八六七年)の例を引き、「語誌欄」で、現代語の意味で明治中期から「小説に盛んに登場するようになり、明治後期にかけて一般語として定着した」とあり、「鉛直」同様、小学生が理解できる語ではなかったと思われる。

子規が俳句革新と日本語のあるべき姿について考えていたことを、秋尾敏は『子規の近代』(新曜社、一九九九年)で次のように述べている。

【資料8】

文学における近代的自我の多くは、庶民に先行する知識人が勝手に自分自身を語るという形式で出現している。だが子規は、庶民が自分自身の自我を表現する方法を、俳句という具体的な場において提示していった。子規は、誰もがあなた自身の言葉で書いていいのだ、ということを説きつづけたのだ。

思えば「書く」という行為の大衆化は、近代化の大きな要素であった。子規は、庶民がどう書くか、というテーマに早くから取り組んでいた。相馬庸郎が『子規・虚子・碧梧桐』で指摘するとおり、やがてそれは『ホトトギス』における写生文の全盛として結実する。農民、商人、職人、人力車夫などさまざまな人々の生き生きとした文章がそこに展開されるようになるのだ。庶民が「書く」という文化を個人的に身につけたのである。そこに私たちが見るべきことは、日本語の文体が変わったということと同時に、書かなかった人々が書くようになったという事実であろう。それこそが近代であるのだから。(二三二頁)

秋尾が日本語の近代を「書かなかった人々が書くようになった」としていることは、池上禎造が「人々は読み書きの能力をもつことが当然となった」と書いているところと、やや立場を変えての表現とは思われるが、共通した日本語の近代のとらえ方であると考えられる。

識字層の拡大

近世の文書支配によって、江戸中期には「一村で物知りとなる節用集」（『折句たわら』）と詠まれているように（佐藤貴裕「書くための辞書・節用集の展開」〔『月刊しにか』大修館書店、一九九三年四月号〕）、文字が村々に入ってきて、池上の言葉を真似ると「読めなければ社会生活はできなくなる」状況が生まれていた。江戸後期の文化年間には、滑稽本ということから、やや強調された書き方になっていることを割り引かないといけないのかもしれないが、式亭三馬『浮世風呂』には、子ども時代に「赤本」「黒本」程度を読んでいるおかみさんの層（二編巻之上、角川文庫、一〇九頁）から、『源氏物語』『栄花物語』を注釈書を見ながら読んでいる婦人の層（三編巻之下、角川文庫、二四一頁）が書かれている。また、『浮世床』では、振り仮名の片仮名を平仮名に直した『絵本通俗三國志』と思われる、他人が貸本屋から借りてきた「三國志」を、平仮名は「おいらにもおちかづきの字」という人物が、たどたどしく読む場面が描かれている（二編巻之下、日本古典全書、二一六頁）など、漢字は読めないが、平仮名であれば読めるという識字層の広がりがうかがえる。明治に入ると、仮名垣魯文『西洋道中膝栗毛』（一八七〇〔明治三〕年～一八七六年）には、北八はようやく仮名の拾い読みができる程度であるが、相棒の弥次郎は、当時流行していた漢語辞書の一つである『漢語図解』（第四章参照）をひねくり回すことができるという人物設定がなされていて、十分ではないけれども漢字が読める層に、一時代前よりも広がりが

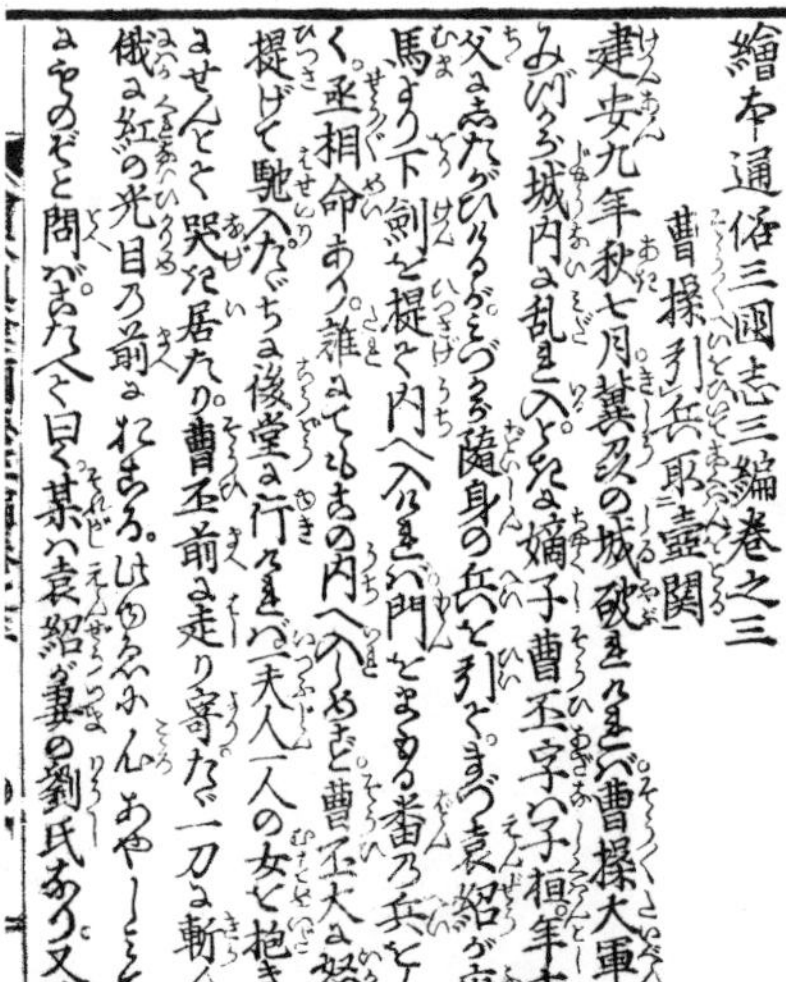
繪本通俗三國志三編巻之三
曹操引兵取壺關
建安《けんあん》九年秋七月冀州《きしう》の城破《やぶ》れしかバ曹操《さうさう》大軍を引て
みづから城内《じやうない》に乱れ入《い》る。嫡子《ちやくし》曹丕《さうひ》字《あざな》ハ子桓《しくわん》年十八歳にて
父にしたがひけるが。ひそかに随身《ずいしん》の兵《へい》を引《ひい》てまづ袁紹《ゑんせう》が府中《ふちう》に行《ゆき》
馬《むま》より下《おり》剣《けん》を提《ひつさげ》て内《うち》へ入《いら》んとす。門《もん》をまもる番の兵とゞめ止て曰
く。丞相《せうしやう》命《めい》あり。誰《たれ》にても此内《うち》へ入るべからずと。曹丕《さうひ》大に怒り剣《けん》を
提げて馳入《はせいり》ただちに後堂《こうだう》に行けれバ。夫人《ふじん》一人の女を抱きおハしけるが
見せんとて哭《なき》居《ゐ》たり。曹丕《さうひ》前《まへ》に走り寄《よつ》て一刀に斬《きら》んとせしが。
俄に紅の光目の前《まへ》にかゞやけバ。心やハらぎて。汝ハ何
ものぞと問バ。夫人曰く某ハ袁紹が妻の劉氏なり又懐なるハ

あったことが推測できる。
「読む」ということでは、明治には右に示したような識字層の拡大がうかがえるが、「書く」ことでは、お手本どおりに書く手習い程度で言えば、次に引用する『浮世風呂』の記述からも分かるように、江戸の寺子屋で学ぶ子どものなかにも「書く」は入り込んでいた。

【資料9】

（母親の辰）「（略）おのしはお手習《ならい》に行《いっ》たじやアねへか。何《なん》でお帰《けへ》りだ　馬「けふはね、あのウ、お清書だから、清書双紙《せいしょうざうし》を取りに　辰「そんならよし。早く行《いっ》てお習ひ（二編巻之上、角川文庫、一〇八頁）

学制後の児童作文

しかし、自らの考えを文字を使って文章に書くことは、明治になって、人々に、いわば強制するようになったのである。制度として「学制」が行われてまもない頃、「多くの教科書は文語文で書かれ、当時の文章としては平易な方であっても、小学生にとっては決してわかり易い文章ではな」く、言語活動についての十分な方法がなかったので、「読む」言語活動は暗誦、「書く」言語活動は「手本通りにしきうつして書くことによって書く力を養おうとした。いわゆる暗記主義をとった」ことから、「必ずしもあてはまるものではない例文を、杓子定規にあてはめてごまかす」「形式主義作文の奨励」（以上、松下貞三「近代における児童の文章の変遷」〔『同志社国文学』3号、一九六八年〕）が行われた結果、明治一〇年代の子どもの文章では、つぎのようなものが投稿雑誌に採択されている。【資料10】〜【資料12】は、合字をコト、トモに直した以外は原文のままである。

【資料10】

夫レ學問ハ身ヲ立ツルノ基ナリ故ニ人々皆幼稚ノ時ヨリ學校ニ入リ晝夜怠ラス勉強シ智識ヲ琢磨シ才藝ヲ得ル

ニ至テコソ身ノ安寧幸福ヲ得ヘキナレ若シ幼年ヨリ怠惰ナレハ何レノ業ヲモナスコト能ハサルノミナラス終ニ貧窮困苦ヲ招クナリ然レトモ唯文字ヲ讀ムコトノミヲ知リテ事物ノ道理ヲ辨ヘサル者ハ是ヲ學者ト云可ラス善ク道理ヲ辨ヘ勉強スレハ富貴安寧其内ニアリ須ラク勉強セスンハアルヘカラス因テ學問ハ身ヲ立ツルノ基礎ナリト云ヘシ（『穎才新誌　第三號』明治一〇年三月一七日）(9)

右の文章は、一一歳五ヶ月の旧士族の男児のものであるが、『世界大百科事典』の「穎才新誌」の解説（項目執筆・山本武利）にあるように「教科書風の紋切り型」であり、「夫レ」「コソ…ナレ」「若シ」「能ハザル」「可ラズ」「勉強セズンバアルベカラズ」などからわかるように典型的な漢文訓読体である。内容は勉強の大事さを言っているのであるが、これくらい分かっていれば、学校に来る必要も無いと思われる内容となっている。

明治、大正を経た五〇年後、一九三一（昭和六）年の満州事変を起点とする十五年戦争中の子どもの作文には、次に引く作文にあるように、「さっぱりわからん」の表現があり、右の『穎才新誌』のような「教科書風」ではない自由な表現が見られるが、内容は『穎才新誌』のものと同じくある意味での「紋切り型」になっている。

【資料11】

大切なのは算術讀本國史地理理科珠算であらう。しかし体操もまた大切だ。第二國民としてはづかしくない體をやしなっておいて、大人になったら、何時戰争に出てもい、やうにしなければならないのだ。（略）國史は又、今のやうな事変の時には一番大切だ。（以下略）昔からのを知ってゐてそれにまけないやうにがんばらねばならない。地理も知ってゐないと、どこに何があるのかさっぱりわからん。理科は戰争のために何かを發明するに大切だ。（以下略）（『テガラ21』中蒲原郡亀田町、早通校文詩集、一九三八年。『北方の児童文集　新潟編』東北電力株式会社、一九九一年による）

しかし、同文集には、【資料12】のように、生活の一コマを自分の気持を正直に描いた、後に引用する『やまびこ学校』に載った、生活を見つめた作文に繋がるものも見える。明治・大正の国定教科書をとおしての国語教育＝綴り方教育、昭和初期の生活綴り方の成果である。とくに、後者の活動は「紋切り型を破っての、児童がありのまま見、感じ、考えたことを、自分の言葉で表現するように」（戸田金一「北方の児童文集の復刻」『北方の児童文集　新潟編』東北電力株式会社、一九九一年）という考えで進められた。

【資料12】

いつも母は、耳がいたいと言って耳醫者にかよってゐる。だから學校へ行っても母の悪いのを心配して、よく勉強が頭の中に入らない。

中はん上りに家へ行くと母はうなってゐる。もし母が死んだら父は戰争に行って死んでくるかもしれない。そう思ふと胸がをどるやうにあつくなってくる。中はんして豚に餌をくれ、新聞くばらねばならない。おれはまんまを二ぜんばかにやめてすぐ新聞くばりに行く。おれがおしよさま（お寺）のあたりにくると二三郎などがもう學校へ行く。おれは気がもめる。（以下略）（引用者注・「中はん」＝昼飯）

右に述べたことを深めるには、たとえば、学校教育——国語科教育と子どもの識字能力の高まりというテーマで書かれた、府川源一郎『明治初等国語教科書と子ども読み物に関する研究　リテラシー形成メディアの教育文化史』（ひつじ書房、二〇一四年）に述べられた論と示された資料をたどる必要があるが、今は、一部を述べたに留める。

文学・ことばと幸福

一九六〇年代後半、大学三回生の「国文学概論」の授業を担当されていた南波浩先生は、「文学は人々を幸福にするためにあるのです」と言われた。先生の『物語文学概説』（ミネルヴァ書房、一九五四年）の「はしがき」には次のようにあった。

【資料13】

われわれの人生の目的が幸福の追求にあるとすれば、われわれの人間の一切のいとなみは、この目的に結集されるべきだ。學問も事業もすべて人間の幸福追求のためのものであり、文學自體も決してその例外ではない。文學は一部の階級、一部の知識人、一部の愛好者のためのみのものでなく、ひろく國民に愛せられ、國民の幸福追求に役立つものであるはずだ。

先生の考えられていた「幸福」は、「新しい國民文學の形成が要望されている今日」（同書二八六頁）とあるように、「一九五一年あたりから、國民文學のかけ聲が表面に出て」（竹内好「國民文學の提唱―伊藤整氏への手紙―」『國民文學論』東京大學出版会、一九五四年、七五頁）来たとある、「国民文学論」のなかにおいて考えるべきであるのは言うまでもないことであろう。竹内好は「文學の國民的解放」（同上「まえがき」三頁）として「国民文学論」を規定しているが、「国民」は、「被支配者の地位におかれている」（同上「日本の民衆」四頁）人々であった。南波先生も「實體はきわめて雑多であ」るとされながら、国民を「國民大衆」「勤労大衆」（二八六頁）とされている。南波先生に倣って言えば、文学を紡ぐことばも「人々を幸福にするためにある」ものであるとすることができる。

私たちは「読む」ことで真理を学び・考える中で、自己の幸福を阻んでいるものが何であるかを捉え、「書く」ことで、はっきりと問題を認識していくことになる。

『頴才新誌』に載った子どもの文章から六〇年以上が経過した、一九五〇年の日本教職員組合と教科書研究協議会主催の全国作文コンクールで、中学生作文の全国一となり、文部大臣賞を受賞した江口江一「母の死とその後」（当時中学二年生）の冒頭を【資料14】に引用した。この作文が載った無着成恭編『山びこ学校』（青銅社、一九五一年）[10]には、幼少期を太平洋戦争下に生きた中学二年生が、方言を交えた話し言葉で「書く」ことを獲得した詩、作文が収められている。（　）を付けた振り仮名は編者である無着の注記である。

【資料14】

僕の家は貧乏で、山元村の中でもいちばんぐらい貧乏です。そして明日はお母さんの三十五日ですから、いろいろお母さんのことや家のことなど考えられてきてなりません。それで僕は僕の家のことについていろいろとかいてみたいと思います。

明日は、いよいよいちばんちいさい二男（フタオ）と別れなければなりません。二男も、小学校の三年生だが、お母さんが死んでから僕のいうことをよく聞いて、あんなにちっちゃいのに、よく「やんだ《いやだ》」ともいわないで、バイタ背負い《たきぎ》の手伝いなどしてくれました。だから村木沢のお母さんの実家に行っても一丁前《一人前》になるまで歯をくいしばってがんばるだろうと思っています。

ツエ子も、明日三十五日に山形の叔父さんがつれて行くように、親族会議で決っていたのですが、お母さんが死んでからずうっと今もまだにわとりせき《百日ぜき》でねているので、なおってからつれて行くことになりました。それも間もなくつれて行かれることでしょう。そうすれば僕の家は今年七十四になる、飯たきぐらいしかできなくなったおばんちゃん《おばあさん》と、中学二年の僕と二人きりになってしまうことになるのです。

なぜこのように兄弟がばらばらにならなければならないかといえば、お母さんが死んだことと、家が貧乏だということの二つの原因からです。

僕の家には三段の畑と家屋敷があるだけで、その三段の畑にへばりついてお母さんが僕たちをなんとか一人前の人間にしようと心配していたのです。

「外地」の日本語

以上、近代語を明治維新から一九四五年までという時代区分によりながら、実際は、明治の言文一致運動のあたりの日本語をめぐる動きを見てきただけで、大正の一五年間、そして一九二六年から始まる昭和の二〇年間については、戦時中に作られた文集の中の作文を紹介することしかできていない。

日清戦争後の下関条約による一八九五（明治二八）年に始まる台湾の日本統治や、啄木が「地図の上朝鮮国にくろぐろと墨をぬりつつ秋風を聴く」(11)とうたった、一九一〇年八月二九日に公布施行された「日韓併合に関する条約」に基づき日本が行なった韓国領有、(12)一九三一年の満州事変の結果、大陸進出の前進基地、さらに中国革命の波及を阻止する拠点として、日本が中国東北三省および熱河省につくった「満州国」(13)の外、大東亜戦争として進出したインドネシアなどの南洋諸島での統治などによって、日本語は日本国以外の「外地」(14)と呼ばれる地域でも、日本国内と同様の日常会話語として話された。

【資料15】で、中国人の友達に日本語を教えようとしているヨリ子は、児童文学作品『二つの国の物語』（理論社、一九六六年）の主人公で、一九二七年山形県鶴岡市の生まれで、中国の鞍山常磐高女を卒業した作者赤木由子の少女時代（初版本への作者のあとがき）であり、中国人の友達から「ヨリ子の中国語は一等通訳なみよ」と言われている。

【資料15】

「そうだ、アルザとロンニに、日本語を教えよう。小学校一年生の本から、はじめればいい。そうすれば、アルザの身の上に、まんいちのことがあったとき、日本語をしっていれば、日本人の会社にだってはいれるんだから」

そのことをいうと、アルザとロンニは、とびあがってよろこんだ。（第一部九九頁）

右に百科事典の記述を並べたが、近代日本語は、一八七七年に永野萬蔵が渡ったのが最初と言われる、カナダに渡った人達の子孫や一九〇八（明治四一）年に始めてブラジルに渡った人たちの子孫が、カナダやブラジルで話していた日本語[15]をも含めて、さまざまな状況下[16]における日本語があった。本章はそうした近代日本語を含めて書くことはできていない。

ここでは、「満州国と「国家語」」の章が設けれているイ・ヨンスク『「国語」という思想』（岩波書店、一九九六年）があること、「日本の五〇年 日本の二〇〇年」（鶴見俊輔、上野千鶴子編集協力、全一二巻）の一冊である、小森陽一『日本語の近代』（岩波書店、二〇〇〇年）には、「戦争と「日本語」」「植民地の領有と日本近代文学の成立／〈台湾の植民地化と「日本語」〉」の章があり、そのような状況下での研究者については、安田敏朗『植民地の中の「国語学」—時枝誠記と京城帝国大学をめぐって』（三元社、一九九七年）、『「国語」の近代史—帝国日本と国語学者たち』（中公新書、二〇〇六年）があることを記す以上の準備はない。

ドーデ『月曜物語』（岩波文庫）所収の「最後の授業—アルザスの一少年の物語—」は、ドイツ語圏であるアルザスの子どもたちに、普仏戦争の戦勝国として、フランス語を話させるために派遣されたアメル先生が、次の普仏戦争でフランスがプロイセンに敗れたために、帰国しなければならなかった日の授業（最後の授業）を描いたものである。授業の中で、アメル先生は「ある民族がどれいになっても、その国語を保っているかぎりは、そのろう獄のかぎを握っているようなものだ」と言う。彼のことばは、一般的には正しいのかもしれない。しかし、アメル先生の言う、「その国語」は、フランツ少年の母語ではないフランス語をさしているのである（田中克彦『ことばと国家』岩波新書、一九八一年）。民族、国家、言語をどのようにとらえるか（田中克彦『言語からみた民族と国家』岩波現代選書、一九七八年）、外地での日本語について論じるとき、研究主体＝自己をどこに置いているかという問いに迫られる[17]。

本書の構成

江戸幕府の崩壊、明治政府の樹立によって、土地に縛られた身分制度が廃止され、封建制度から「解放」された不特定多数の人々が、日本語を書いて、人間関係を築き上げ、保っていける可能性をもった時代が、言語生活史上における明治＝近代の始まりであった。そうした時代の日本語が近代語であるとされるが、近代語を観察する資料も、日本語史の他の時期の資料と同様、不特定多数の人々（竹内好のことばで言えば「被支配者の地位におかれている」人々）が書き残した文献は限られている。第二章以降に用いた資料も、江戸時代の支配層である武士の家に生まれた人が書き残した資料である。

本書は、近代に用いられた漢語を対象としているが、この漢語は、二葉亭四迷「浮雲」に「私の言葉《ことば》には漢語《かんご》が雑《ま》ざるから全然《まるつきり》何《なに》を言《い》ッたのだか解《わか》りませんて……眞個《ほんと》に教育《けういく》のないといふ者《もの》は仕様《しやう》のないもんですネー」（第二章第Ⅰ節【資料3】参照）とあるように、教育を受ける機会がなかった不特定多数の人々にとっては距離のあることばであった。しかし、漢語は、明治の開化に大きな役割を果たしたことは否定することができない。[18] 第三章では新しい事物や思想の受容に果たした漢語について述べ、日常的に書く、読むということからは距離のあった人々にも漢語の波が押し寄せていたことを第四章でとりあげた。近代日本語の一斑を漢語に視点をおいて捉えようとしたものであるが、日本語の歴史において漢語が話し言葉の世界に入り込む様相、漢語の語義変化に与えた近世中国語の影響などについて、いわば漢語の近代前史を第二章で述べることにした。

注

（1）ネット上の「JapanKnowledge」によった。

（2）竹内好「国民文学の提唱—伊藤整氏への手紙—」、「国民文学の問題点」に各論者の主張する中身が整理されている。

いずれも『國民文學論』（東京大学出版会、一九五四年）所収。なお、同書は『竹内好全集第7巻』（筑摩書房、一九八一年）に所収。

（3）竹内好「国民文学の提唱—伊藤整氏への手紙—」（同右七五頁、全集第7巻、三八頁）。初出は一九五二年五月一四日付「日本読書新聞」。

（4）竹内好「文学の自立性など—国民文学の本質論の中—」（同右一〇一頁、全集第7巻、六〇頁）。初出は「群像」第7巻第11号（一九五二年）。

（5）日本文学協会が一九五〇年に採択した綱領には、「文学の遺産は、広汎な民衆に基礎をおく発展的民族的な新しい文化の建設に役立ってこそはじめてその意義をもち」という一文が見える（「日本文学協会綱領」http://nihonbunga-ku.server-shared.com/about_us/kouryou.html）。

（6）漢文の書き下し文と仮名文を合わせた文語文（『日本語学研究事典』「普通文」［項目執筆・遠藤好英］）。『學問のすゝめ』の「されば天より人を生するには萬人は萬人皆同じ位にして生れながら貴賤上下の差別なく」（「デジタルで読む福澤諭吉」http://project.lib.keio.ac.jp/dg_kul/fukuzawa_search.php［慶応義塾大学］による）のような文を言う。明治時代の「普通」は、現代語の「普通の成績」のように、特に取り立てて注意しなければならないところなどの無い、一般的という語義ではなく、漢字の字義どおり「あまねくつうじる」という語義である。早い時期の研究に新藤咲子「「普通」と「通俗」」（『近代語研究6』一九八〇年）がある。

（7）人権に関わる語があるが、時代的な資料として原文のまま引用した。

（8）「赤本」「青本」のいずれも表紙の色で称されている。一七世紀後半ころから「赤本」「黒本」そして「青本」「黄表紙」の順で刊行された挿し絵入の平仮名主体で書かれた草双紙の一種である。特に、「赤本」は、「桃太郎」「舌切り雀」などの昔話、「鉢かづき姫」などの御伽草紙、「頼光山入」などの歌舞伎などに題材を採ったもので、内容も、平仮名は読めるという子どもたち向けに作られた。

（9）『頴才新誌』（えいさいしんし）は、松下貞三先生の撮影された写真版をご遺族から貸与していただいたものによった。復刻版が不二出版から一九九一年一二月〜一九九三年一二月に刊行されている。

（10）今、増補定本『山びこ学校』（百合出版、一九五六年）によっている一九六九年初版発行の角川文庫版『山びこ学校―付『ふぶきの中に』抄―』によった。

（11）「一九一〇年（明治四十三年）十一月一日の「創作」に、「九月の夜の不平」と題されて発表された、三十四首中の三十番目におかれたこの歌は、啄木が「日韓併合」を批判した歌として有名である。」（池田功「石川啄木における朝鮮」［「文芸研究」67号、一九九二年二月］）。

（12）『日本大百科全書』（「JapanKnowledge」による）「韓国併合」（項目執筆・宮田節子）による。

（13）『日本大百科全書』（「JapanKnowledge」による）は「日本が満州事変によってつくりあげた傀儡《かいらい》国家」とする（「満州国」［項目執筆・君島和彦］）。

（14）神谷忠孝・木村一信編『〈外地〉日本語文学論』（世界思想社、二〇〇七年）、池内輝雄・木村一信・竹松良明・土屋忍編『〈外地〉日本語文学への射程』（双文社出版、二〇一四年）

（15）たとえば、彦坂佳宣「スティーブストン日本語生活誌―カナダ日系移民からの聞き取り―」（「立命館文學」540号、一九九五年七月）がある。

（16）岩手県農村文化懇談会編『戦没農民兵士の手紙』（岩波新書、一九六一年）

（17）前田均「（書評）安田敏朗『かれらの日本語―台湾「残留」日本語論』（人文書院　二〇一一）」（「社会言語学」12巻、二〇一二年一一月）には、「かれら」をめぐって、見落としてはならない視点の指摘がある。

（18）たとえば、『解体新書』にはじまる翻訳語としての漢語については、杉本つとむの一連の研究をはじめとして多くの研究があり、第二章以降に触れるところがあるが、近くは木村秀次『近代文明と漢語』（おうふう、二〇一三年）がある。

（付記）本章をなすにあたっては、多くの先行研究に負っているが、直接引用した文献に限って注に示した。

第二章　日本語の歴史の中の漢語

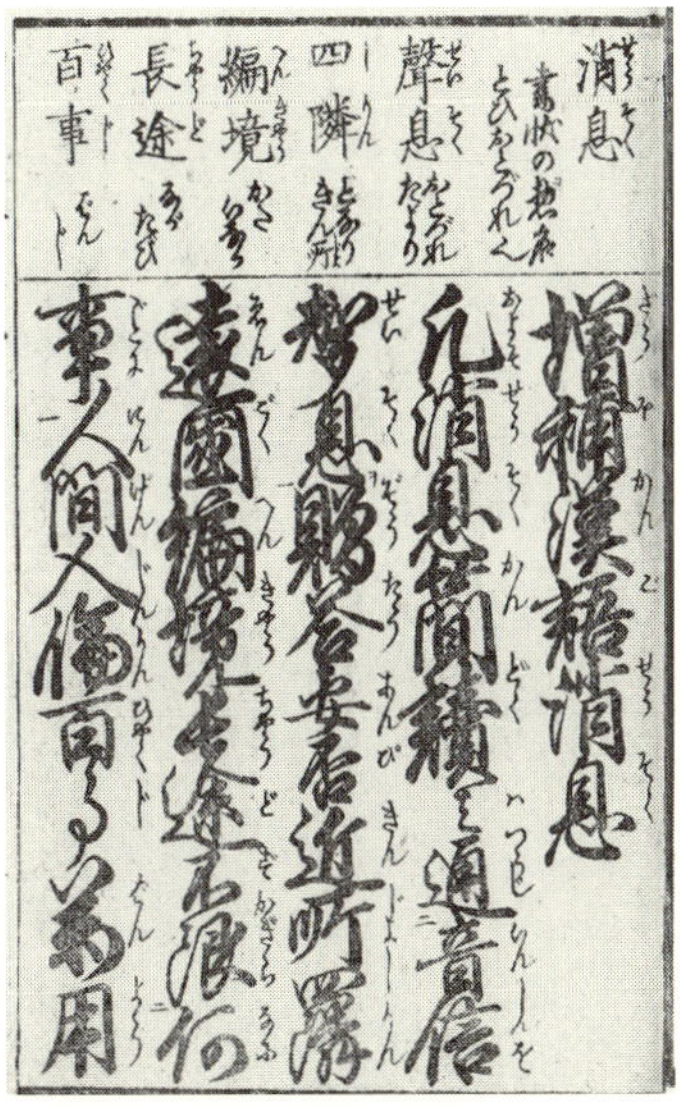

『頭書注解漢語消息』（條野採菊著、刊記不明）

I　漢語について

1　漢語とは

第一章では、近代語を、多くの人々が話し・聞き・書き・読むことばと考えた。南波浩先生が文学について言われたことにならって、ことばを、「人々を幸福にするためのものである」との方向で近代語を捉えるとなると、漢字の音読みからできている漢語は、積極的に評価されるべきものではない語種となる。なお「語種」は、国語辞典には立項されていない語であるが、日本語の出自、身元――出自、身元という語は、人について言われるときは、あるニュアンスを帯びることが多いが、ここでは、単に、単語が生まれたところという意である。

「漢語」は、漢民族の言語という語義が本来のものであるが、日本語の中の漢語は、狭くは「綺麗、退屈、遠慮」などの「漢籍や漢訳仏典から受け入れたことば」を指して、広くは「返事、出張、運営」など日本で作られた「和製漢語」[1]をも含めて言っている。つまり広義には「漢字の音読みからできていることば」となる。「年月」と表記されている漢字列を「ネンゲツ」と読めば「漢語」であり、「としつき」と読むと和語である。便宜的で本質的な規定でないが、本書では、漢語を「漢字の音読みからできていることば」とした。

2　言語生活における漢語

戦後の国語・国字問題の中で、漢語は「日本語の單語としてガンになっている」（奥田靖雄「民族解放と日本語―漢語の問題をめぐって―[2]」武藤辰男編『美しい國語・正しい國字』河出新書31、一九五四年、四〇頁）、また、「今日においては（略）、漢語を用いずにはほとんど思うことが言い表わせない實情にある。だが、この現状を、われわれは、はたしてこのままでよいと言い得るものだろうか」（松坂忠則「漢字・漢語の問題」同右一〇二頁）と批判の的になっていた。この漢語が、日本語が全ての人のためのことばとなるための妨げとなっていることについては、太平洋戦争後の民主化の中ではじめて主張されたのではなく、『美しい國語・正しい國字』は、上田《うえだ》萬年《かずとし》[3]の『國語のため』を抄出して、すでに明治にも指摘のあることを紹介している。『國語のため』を、扉に「國語は帝室の藩屏なり[4]／國語は國民の慈母なり」とある、冨山房から出版された一八九五（明治二八）年初版の一八九七年再版本を「国会図書館デジタルコレクション」によってみるに、上田は、「世人は猶文字を支那に法《のっと》るの弊に眩惑して、猥りに漢字漢語を使用して怪まず」（「國語と國家と」二四頁）、「支那の古書にある語であれば、何時日本文に輸入しても恥《はずか》しくないとは、何という馬鹿氣た事であります」（「國語研究に就て」三三頁）と述べている。なお、明治二〇年代の日本語をめぐる状況下における上田の論が持つ価値と限界とについては、水野清「「国語のため」解説」（『美しい國語・正しい國字』）に指摘がある。

3　明治初期の漢語の流行

上田萬年が、漢語を無批判に用いる様相を「何といふ馬鹿氣た事」だと断じた背景を象徴させる例としてよく引用される「都鄙新聞第一」（慶應第四年夏五月、『日本初期新聞全集』ぺリカン社、一九八五年）の次の例がある。

【資料1】
此頃《コノコロ》鴨東《カハヒガシ》ノ芸妓《ゲイコ》少女《マイコ》ニ至ルマテ専《モッハ》ラ漢語《カラコトバ》ヲツカフコトヲ好ミ霖雨《リンウ》ニ盆池《ボンチ》《センスイ》ノ金魚《キンギョ》カ脱走《タッサウ》シ火鉢《ヒハチ》ガ因循《インジュン》シテキルナト何ノワキマエモナクイヒ合フコトトナレリ

「金魚が脱走し」の例は、ネット上にも「金魚が脱走してしまいました。大丈夫でしょうか?」(「教えてgoo」の二〇一二年一〇月二一日の質問http://oshiete.goo.ne.jp/qa/7760034.html)とあり、【資料1】も実際に使われたということではなく、この時期の漢語のありようを象徴させている例とする指摘によりたいが、このように、明治初期には漢語(和製漢語も含めて)が氾濫していたとされる(池上禎造「漢語流行の一時期」)。そのため、『西洋道中膝栗毛』の登場人物で、仮名の拾い読みができたばかりの北八が、漢字も少しは読めた弥次郎に揶揄される場面がある。「読み・書き」という点から、社会における被支配層に属する二人のやりとりが活写されているので、先行研究にも引用されているが引用することにした。『明治文学全集1』(筑摩書房、一九六六年)によったが、読みやすさを考えて、人物の発言ごとに改行を施した。係助詞の「ハ」とあるのは、「は」として引用した。

【資料2】
北「ヲツト大《おほ》ちがひそこは所謂鶏《いはゆるとり》が鳴東京子《なくとうけいこ》ウのおかげにやアちよび助連《すけれん》に附合《つきあ》ツて新規《しんき》おうへんのごまかしで痴呆《こけ》をおどかしつけてゐるから五分に油揚《あぶらげ》寸法はずれや引出《ひきだ》し違《ちが》へはないとこ唐人《とうじん》サ
弥「あんまりそうでもあるめへぜそういふ口の下からしんきおうへんなんぞといふ片言《かたこと》をいふから困《こま》るヨ
北「ナゼ〳〵しんきおうへんが何で片言《かたこと》だコリヤア一番字論《いちばんじろん》してへネ
弥「それ〳〵その字論《じろん》といふからして議《ぎ》ろんといふのだはおいらア臨奇應変《りんきおうへん》といふは聞《きい》たがしんきおうへんは始《はじめ》てだきさまのやうな行過《ゆきすぎ》だぜ或牛喰《あるうしくひ》が黒牡丹《こくぼたん》を買《かつ》てこいと言付《いゝつけ》たら早呑込《はやのみこみ》で白粉《をしろい》やへかけつけて白髪染《しらがそめ》の粉藥《こぐすり》を買《かつ》て来たり遊蕩《ゆうとう》の供《とも》をしろといツたら浴衣《ゆかた》を抱《かゝ》へて糠袋《ぬかぶくろ》を捜《さが》したといふ性《たち》だぜ

北「コウ〳〵弥次さんあんまり人《ひと》の事《こと》は言《い》はねへもんだぜ此頃《このごろ》漢語《かんご》図《づ》解《かい》なんぞをひねくりまはして人参具《じんぐ》足《そく》だの
弥「ヲツトまつたり因循姑息《いんじゆんこそく》の事《こと》だらう
北「そこが洒落《しやれ》だア黙止《だまつ》てゐねへヱ、渋扇《しぶせん》だの
弥「それも周旋《しうせん》
北「やかましい語呂《ごろ》でいふのだヱ、愉快《ゆくわい》だのといふことを二ツ三ツおぼへたとおもつて物知《ものし》りめかすが此間《こないだ》まで何も知《し》りもしねへくせにやたら高慢《かうまん》な語《こと》をい、たがつて豊臣太公房《とよとみたいかうばう》だの張子坊海尊《ちやうしばうかいそん》だのといツて町 年寄《ちやうどしより》の佐《さ》はいさんに笑《わら》はれたらう
弥「べら坊《ぼう》めそれも洒落《しやれ》だそして町年寄の佐はいさんとは何《なん》のこつた餘慶《よけい》をよかい神明前《しんめへまい》をしんまい〳〵といふ類《たぐ》ひか
北「それでも彼仁《あのひと》の事は此間《このあいだ》まで差《さ》配人《はいにん》といつたからヨ
弥「ハ、、、、そんなら佐兵衛《さへゑ》と差《さ》配《はい》と合併《がつぱい》したのだな

（「初編上」、興津要編『明治開化期文學集（一）』筑摩書房、一九六六年、四頁）

その他、明治初期の漢語意識については、飛田良文『東京語成立史の研究』（東京堂出版、一九九二年）「第四章　漢語意識と和語意識」が、「話し言葉にも書き言葉にも漢語の流行していることを記している」（四三一頁）例に、右の『西洋道中膝栗毛』も含めて諸文献を引いている。

4　教養層を象徴する漢語

また、『西洋道中膝栗毛』よりも一〇年ほど時代は下るが、飛田が引用している二葉亭四迷の『浮雲』には、漢

語を使うことができない者を下に見る記述が見られる。「青空文庫」によって「漢語」を検索語として検索して、本文は、国会図書館デジタルコレクション（http://dl.ndl.go.jp/info:ndljp/pid/885481）にある明治二〇年発行の金港堂版『新編浮雲』第一篇四五頁〜四六頁によった。

【資料3】

「それはさうですヨネー此間《このあひだ》もネ貴君《あなた》、鍋《なべ》が生意気《なまいき》に可笑《をか》しな事《こと》を言ッて私《わたくし》にからかうのですよ、それからネ私《わたくし》が餘《あんま》り五月蠅《うるさく》なッたから到底解《たうていわか》るまいとはおもひましたけれども試《こゝろみ》に男女交際論《だんぢよかうさいろん》を説《とい》て見《み》たのですヨさうしたらネ、アノなんですッて、私の言葉《ことば》には漢語《かんご》が雑《ま》ざるから全　然何《まるつきりなに》を言《い》ッたのだか解《わか》りませんて……眞個《ほんと》に教育《けういく》のないといふ者《もの》は仕様《しやう》のないもんですネー

「アハヽヽ其奴《そいつ》は大笑《おほわら》ひだ……しかし可笑《をか》しく思ッてゐるのは鍋《なべ》ばかりぢやア有《あ》りますまい必《きつ》と母親《おつか》さんも

……

「母《はゝ》ですか、母《はゝ》はどうせ下等《かとう》の人物《じんぶつ》ですから始終《しじう》可笑《をか》しな事《こと》を言《い》ッちやアからかいますのサ、其《そ》れでもネ其《その》たんびに私《わたくし》が辱《はづか》しめ〳〵為《し》い〳〵したらあれでも些《ちつ》とは耻《は》ぢたと見《み》えてネ此頃《このごろ》じやア其様《そんな》に言《い》はなくなりましたよ

北八にしても鍋にしても、漢語を知らないことによって笑われているのである。鍋は女主人のお勢から「教育のないといふ者は仕様のない」者とされている。上田萬年の指摘は、北八や鍋の側に立った漢語使用への批判ではなかったであろうが、近代語の中の話し言葉の中にも大量に入り込んだ漢語は、教育を受ける機会を得たものが使えるというように、漢語の使用の有無は社会的身分を示すものとなっているのである。

5　漢語の層

しかし、漢語とひとくくりにはできない。北八は、明治になって布令（お触れ）に多く使われるような「議論」「因循姑息」「周旋」という漢語には遠く、「漢語図解なんぞをひねくりまはして」いる弥次郎[5]から誤りを訂正されているが、「愉快」「高慢」は弥次郎には訂正されていないのである。

「愉快」は「愉快《ゆくわい》だのといふことを二ツ三ツおぼへたとおもつて」とあるように、弥次郎にしても漢語字引（辞書）の類から覚えた（『漢語図解』には「愉快 きみがよい」初編19オ）のであるから、北八の使用語でも理解語でもない漢語である。『西洋道中膝栗毛』第四輯序に「「ザマス」「ナンシ」の傾語箋《けいごせん》。流連愉快《りうれんゆくわい》の漢語通《かんごつう》」とあって、「愉快」は当時の「流行語」であった。

「高慢」は、次に例を示したように、JapanKnowledge『新編日本古典文学全集』の全文検索によると、江戸時代の黄表紙、洒落本、滑稽本に用例が見える漢語である。次の例で「高慢」を使っている「ちやぼ」は、「序にかえて」で記したように、漢字には振り仮名が付された漢字片仮名交じりの『通俗三國志』が、漢字と平仮名交じりになっている「三國志」（『絵本通俗三國志』か）をたどたどしく読む、北八と変わらない識字層の人物である。「ちやぼ」の使用語でもあった「高慢」は、北八の使用語でもあったものと考えられる。

【資料4】

ちやぼ「ム、土龍《とりう》か。高慢《かうまん》な口《くち》ぶりだのう。何をいふか、唐人《たうじん》の寝言《ねごと》ばかり云居《いつて》るぜ（『浮世床』二編巻下、『日本古典全書』二一五頁）

漢語は、右に記したように、ある人物（お勢）にとっては使用語であっても、ある人物（北八、鍋）には理解できない幅のある語種である。位相による違いは、和語でも、外来語でも同じ[6]であるが、とくに漢語はそのことが顕著であるとされている。

次章において近代における漢語を考察するが、その前に、拙著『国語史のなかの漢語』（和泉書院、一九九八年）に収めた「綺麗・うつくし・きよし」から、現代語では「美しさを表す語彙」の代表語となっている「綺麗」を取り出して、日本語の歴史における漢語のありさまを見ておきたい。前著に収めた論を再度用いることになるが、文章語として受容された「綺麗」が室町時代に口頭語として使われ、和語「うつくし」「きよし」の意味領域に入り込んでいったという趣旨は変えずに、漢語の歴史の代表的な語としてとりあげ、用例を加え、論述の仕方は大幅に変えた。

注

（1）和製漢語についてまとまったものとして陳力衛『和製漢語の形成とその展開』（汲古書院、二〇〇一年）がある。
（2）『奥田靖雄著作集05国語教育編』第一部「国語国字運動から民間教育研究運動へ」（むぎ書房、二〇一七年）に収録された。
（3）上田萬年（一八六七～一九三七）は、明治から昭和時代にかけての国語学者で、ドイツ留学によって得た印欧言語学に拠って、近代科学としての日本語研究を国語学として確立し、国語の研究・調査の指導・促進と、国語政策の啓蒙に実績が多かった以外に、「国語」という用語を提唱、主張し、東京大学の国語研究室の創設・充実、国語調査委員会での後進の誘掖など、その指導的な役割は大きなものがあった（『国史大辞典』［項目執筆・山田俊雄］）とされる。
（4）「藩屏」は一般的には守りの塀を言い、特に、皇室を守護することを言う。
（5）松井利彦『近代漢語辞書の成立と展開』（笠間書院、一九九〇年）に、弥次郎がひねくり回しているのが「『新令字解』や『漢語字類』ではなく、これらを承けて成った、しかも絵入りの『漢語図解』であり、それだけ幼稚であるからこそ、北八が弥次郎兵衛を皮肉るのである。弥次郎兵衛の漢語の知識が即席の浅薄なものであることと、ひねくりまわすのが『漢語図解』であることは表裏一体の事柄として描写されている」との指摘がある。

（6）和語の例では「わたし」と「おれ」という一人称は、言語主体の性別や使用場面によって、使用が決定される。外来語では「バンド」と「ベルト」、「チョッキ」と「ベスト」は、一時代前だと、年齢層による違いがあった。

Ⅱ　漢語「綺麗」の歴史

1　平安時代の美しさを表す語彙

資料等による違い

古代語から中世語への転換期とされている院政期（一一世紀後半から一二世紀後半）の「美しさを表す語彙」として、『今昔物語集』巻二五以降の本朝世俗部を基本的な資料とし、形容詞、形容動詞の中から「美しさを表す語」として次の二二語を抜き出したことがある。(1) なお、「髪」は、それ自体が女性の美しさを表す語であり、神尾暢子は、平安時代には「髪」を対象とする語に「うつくしげなり・をかしげなり・めでたし」のような語の外に「長し・多し・翡翠だつ・まよふ筋なし」などの表現があることを指摘している（『王朝語彙の表現機構』第一部第二章「範疇語彙の体系原理―物語女性の美的表現―」新典社、一九八五年、六八頁）。拙論は、形容詞・形容動詞という文法的な枠組みで限定し、【資料1】に示したように、端的に「美」を表していると思われる語に限って取り出した。

【資料1】

きよし・きよらなり・きよげなり・きよらかなり・うるはし・うるはしげなり・いつくし・いつくしげなり・うつくし・うつくしげなり・みぐるし・みぐるしげなり・きたなし・きたなげなり・きたなげなし・きらきらし・きららかなり・なまめかし・美麗なり・端正なり・美なり・端正美麗なり

佐藤武義「今昔物語集における類義語に関する一考察―美人の表現を中心に―」(「国語学」91、一九七二年一二月)には、【資料2】に示した語をあげている。【資料1】と対象とした資料は重なっているが、「メデタシ・端麗・端厳美麗・玉ノ・玉光ル」が【資料1】にないのは、【資料1】が『今昔物語集』の巻二五以降のみを対象としていて、巻一～巻二〇を対象としていないためであるが、「ヨシ・ヨロシ・カハラカナリ・チカマサリ」は、「美しさを表す語」として認定しなかったためである。前者は、対象とする資料の範囲の違いから生じたものであるが、後者は「美しさを表す」という意味範疇の認定の違いにあり、意味範疇から語彙を取り出すことの課題を示しているといえる。

【資料2】

メデタシ・キヨゲナリ・ウルハシ・ヨシ・ヨロシ・カハラカナリ・チカマサリ・玉ノ・玉光ル・キタナゲナシ・端正・端正美麗・美麗・端麗・端厳美麗

学習研究社が電子計算機を用いて作った(あとがき)、金田一京助序・吉沢典男編『学研古語辞典』(一九六八年初版)は、「系統的古語分類語彙表」と名付けた語彙表を巻末に付けている。それによると、平安時代に限ってはいないが「美しさを表す語彙」に属する語は次のようである。

【資料3】

《美しい》

【きれい】くはし(細し)・めでたし・めやすし(目安し)・いつくし(美し)・きよげなり(清げなり)・きよらなり(清らなり)・けうらなり(清らなり)・みめよし(眉目佳し)

【かれん】うつくし(美し)・めづらし(珍し)・いつくし(厳し)・まぐはし(目細し)

【華美】きらきらし(綺羅綺羅し)・にほはし(匂はし)・いろいろし(色色し)・にほひやかなり(匂ひやかな

り）・はなやかなり（花やかなり）・きら（綺羅）・にほひ（匂ひ）

【清澄】さやけし（明けし）・きよし（清し）・けうらなり（清らなり）・さやか・さや

【明朗】おもしろし（面白し）・をかし

【優美】あだめく（阿娜めく）・やさし（優し）・なまめかし・いう（優）・えんなり（艶なり）・えん（艶）

【崇高】けだかし（気高し）・みやびかなり（雅びかなり）・みやび（雅び）・あて（貴）

《醜い》あやし（賤し）・いやし（卑し）・うたてげなり・うたて・しこ（醜）・かたは（片端）・みにくし（醜し）・みにくやかなり（醜やかなり）

宮島達夫、石井久雄、安部清哉、鈴木 泰編『日本古典対照分類語彙表』（笠間書院、二〇一四年。以下『対照語彙表』と略称する。）には、『分類語彙表』[2]の意味分類番号が振られて、意味の面からも数量的に考察できるようになった。これによって、分類番号11345、31345の「美醜」に配されている語を【資料4】として示す。漢語は[漢]、混種語には[混]とした。なお、この書は、平安時代以外の「万葉集」「宇治拾遺物語」「平家物語」「方丈記」「徒然草」「新古今集」の語彙データが入っているので、それらにのみ見える語には＊を付した。

【資料4】

あしさ・あてさ（貴）・いぶせさ・うつくしげさ（美）・うつくしさ（美）・うるはしさ（麗）・うるはしみ（麗）・かをり・きたなげさ（汚）・きよらさ（清）・＊きら（綺羅）[漢]・＊くはしさ（妙）・けうらさ（清）・＊しこ（醜）・＊たましき（玉敷）・＊たんじやう（端正）[漢]・なまめかしさ（艶）・にほはしさ（匂）・にほひ・にほひやかげさ（匂）・はえばえしさ（映映）・はな（花）・＊はなにほひ（花匂）・びさう（美相）[漢]・ひとばへ（人）・びれい（美麗）[漢]・みぐるしさ（見苦）・よさ（良）・よしあし・あきらけし（明）・＊いうび（優美）[漢]・＊いぶせげ・いぶせし・いろ（色）・＊いろぐはし（色妙）・うたてげ（転）・うつくし（美）・うつくしげ

（美）・＊うらぐはし（心妙）・うるはし（麗）・うるはしげ（麗）・えん（艶）[漢]・えんげ（艶）[混]・かたほ（偏）・きたなげ（汚）・きたなし（汚）・きよげ（清）・きよら（清）・きよらか（清）・きらきらし（煌煌）・きららか（煌）・くはし（詳・妙）・けうら（清）・こまか（細）・こまごまと（細細）・＊しやうじやう（清浄）[漢]・＊しようめう（勝妙）[漢]・つやつやと（艶艶）・つややか（艶）・にほはし（匂）・にほひやか（匂）・はえばえし（映映）・＊はなぐはし（花細）・はなばなと（花花）・はなやか（華）・＊はまぎよし（浜清）・びびし（美美）[混]・ふつつか（不束）・＊まぐはし（目細）・みぐるし（見苦）・みぐるしげ（見苦）・みにくし（見難・醜）・みにくやか（見難）・むつかし（難）・ものぎたなし（穢）・ものきよげ（清）・ものきよし（清）・やさし（恥・優）

【資料1】から【資料4】に語の出入りがあるのは、対象とされた資料の大きさは別にして、どの語を「美しさ」「美醜」と認定するかに違いがあり、すでに述べたが、意味（語義）の観点からまとまりをもった単語の集まりとしての語彙を分類することの難しさを表している。

『日本古典対照分類語彙表』を資料にして

いま、『対照語彙表』を用いた【資料4】の中で平安時代の資料にみえる漢語、混種語は「美相」（源氏物語）、「美麗」（大鏡）、「艶」（更級日記・紫式部日記・源氏・枕草子）、「艶げ」（源氏）、「美美し」（紫式部日記・源氏・枕・蜻蛉日記）の五語である。その中で「艶」は『源氏物語』に五七例とぬきんでて多いばかりでなく、四作品に見えるなど他の漢語に比べて特異な様相を示している。また、「12411 管理的・書記的職業」（按察使《あぜち》・内舎人《うどねり》・采女《うねめ》・大臣《おとど》など）をみると、意味分野「美醜」とは異なり、漢語の占める割合が多くなっている（【資料5】）。

平安時代の漢語は、一般的に、性別では男性に、文体では和漢混淆文に多いとされるが、漢語が少ないとされる女性による和文体でも意味領域によっては、漢語が四分の一を占めている分野もある。指摘するまでもないが、平

【資料5】

	和語	漢語	混種語
美醜	92%	6%	2%
管理的・書記的職業	25%	62%	13%

安時代の漢語についての全体像は、現代語においてされているように、(3)そうした作業を通して、よりはっきりとした像を捉えることができる。

『対照語彙表』では、『平家物語』『大鏡』にはなく、『源氏物語』のみにある「美相」は、『日本国語大辞典第二版』では「文明本節用集」まで用例があがっていない。漢籍のデータベース（「漢籍電子文献資料庫、中国哲学電子化計画」）で検索しても「美相」の例は少ない。索隠、顔師古の『史記』の注釈書に「美貌」が見えるので、多くの例のある「相貌」から「相＝貌」と考えれば、「美貌」から「美相」は造語が可能であり、紫式部の造語とも推測できるが、十分な調査、考察をしたものではなく、これ以上の推測はおいておく。ただ、このようにして個々の語についてあきらかにすることで、漢籍に通じていて「日本紀の局」とあだ名された紫式部の漢語語彙を明らかにしていくことになると考えるのである。小島憲之は、早くに「漢語の中の平安佳人―『源氏物語』へ―」（「文学」50巻8号、一九八二年）のなかで、翻読語から、漢語の受容を指摘し、翻読語の全容はまだ明らかにはなっていないとした。翻読語を原漢語に戻すことも行いながら、紫式部のみでなく、平安時代の女性―層があるが―の漢語の全容を明らかにしていく課題は残されている。(4)

現代語の美しさを表す語彙

現代語では、漢語「綺麗」（奇麗、きれい、キレイ）が、「美しさを表す語」の代表語となっていることは、日常語を内省すれば明らかであり、数値をもってするまでもないことであるが、参考までに、【資料6】に示した。

「雑誌九十種」は、国立国語研究所報告21『現代雑誌九十種の用語用字第一分冊―総記および語彙表―』（秀英出版、一九六二年）、「テレビ放送」は、国立国語研究所報告114『テレビ放送の語彙調査II―語彙表―』（大日本図書、一九九

【資料６】

	綺麗	美しい
「雑誌九十種」	982位（4.5％）	250位　（1.1％）
「テレビ放送」	220位（3.0％）	893位（12.4％）
「インターネット」	465,090.000件	244,607,300件

七年）によった数値である。

「綺麗」と「美しい」は、文章語と口頭語とでは違った様相を示している。「雑誌九十種」では上位4.5％にある「綺麗」は、「テレビ放送」では上位3.0％である。逆に「美しい」は、「雑誌九十種」では上位1.1％のなかにあって、頻度の高い語であるが、「テレビ放送」では、上位12.4％に落ちている。つまり、「綺麗」は口頭語の色合いが高く、「美しい」は文章語としての色合いが高いといえるのである。このことは、ウェブサイトでの検索結果[5]からも同じ結果を得ることができた。なお、雑誌とテレビとでは、用いた資料の調査に三〇年近い開きがあるが、これを、そのまま時代的な変化をも表していると考えることはできない。

以下、「美しさを表す語彙」において、「綺麗」＝口頭語、「美しい」＝文章語といった現代語の状況が生じてくる様相を「綺麗」の口頭語化に焦点をあてて述べていきたい。

2　古代中国語の「綺麗」

前著（『国語史のなかの漢語』和泉書院、一九九八年）においても用いた例であるが、日本語の歴史における「綺麗」の早い時期の例として【資料7】にあげた例がある。以下、訓読文は、断ったもの以外は先行研究を参考にして、私に試みたものである。

【資料7】

①然性奢豪務在華侈。帷帳車服窮極綺麗廚膳滋味過於王者。（晋書巻三三、『佩文韻府』所引による）

（然ルニ性《ひととなり》奢ニシテ豪ナリ、務《かざ》ルトコロ華侈ニアリ。帷、帳、車、服ハ窮極ナル綺麗ニシテ、廚膳ノ滋味ハ王者ニ過ギタリ[6]）

②四月初八日、京師士女、多至河間寺、観其廊廡、綺麗無不歎息、以為蓬萊。（『洛陽伽藍記』序）

（四月初八日、京師ノ士女、多ク河間寺ニ至ル、其ノ廊ノ廡ヲ観ルニ、綺麗ニシテ歎息セザルハ無シ、以テ蓬萊ト為ス）

③自従建安来　綺麗不足珍（李白「古風其一、大雅久不作」『御定全唐詩』、「中国哲学電子化計画」による）

（建安ヨリコノカタ　綺麗ノミニテ珍トスルニ足ラズ）

清少納言が『枕草子』で、「文は文選」とした、中国六朝時代に成立した詞華集『文選』には「華やかな美しさ」の語義である「綺麗」と、「めったに手に入らない珍しい美しさ」である「奇麗」とが見える。(7)子規が漢字を擁護する理由に書いたように（第一章【資料7】）、漢字は意味を持っている（＝字義）文字で、近年は従来のような表意文字とするのではなく、単語文字とされることが多いが、この字義を持っている点が、漢字が現在、世界で通用している他の文字と大きく違っているところである。

【資料7】①の「晋書」には、「輿馬、器服ハ窮極ナル綺麗ニシテ後房ノ伎妾ハ數十ニシテ、絲竹ノ音絶ヘズ。」と同様の表現があり、②とともに「綺」＝あやぎぬのような「麗」＝美しさを言っている。③は詩の評価であるが、「豊饒かつ多様な世界を構成している」（『デジタル版 集英社世界文学大事典』「李白」［項目執筆・松浦友久］Japan-Knowledge による）とされる李白が、批判的に建安以降の詩を評価しているのであるから、「建安以降の詩にあるのは、きらびやかさだけであり、その他に珍重すべきものは無い」と言ったものであろう。

「綺麗」は漢籍の他に、仏典では「光明照耀シ，天衆《あまた》ノ寶ヲ以テ嚴飾ス，床座、器物ハ皆菩薩ヲ稱ス，微妙ニシテ綺麗ナルコト人天ニ所無シ」（『方広大荘厳経巻上』、「大正新脩大蔵経テキストデータベース」(8)による）の「微妙綺麗」以外に「荘厳綺麗」と使われることが多くある（大正新脩大蔵経テキストデータベースでは『洛陽伽藍記』、『法苑珠林』、『高僧伝』も含めて四八例検索できた）が、②も、新築された寺や仏像が仏具などで飾り付けられた様子を言っているので、①と同様「きらびやかな美しさ」を言ったものである。『一切経音義』も「綺麗」を見出し語にあげている（『一切経音義巻第三二』）。このように、漢籍や仏典に用例が見えるのであるが、日本の古代の資料には「綺麗」の用例は見つかっていない。

一方「文選」で「めったに手に入らない珍しい美しさ」を言った「奇麗」が日本語では用いられる。もっとも【資料7】①は、「めったに手に入らない珍しい美しさ」でも、「きらびやかな美しさ」でも理解できる例である。

3　日本語の中の「綺麗・奇麗」

平安時代の「奇麗」

天平三年九月八日書写の識語を持つ聖武天皇自筆宸翰『雑集』——これは聖武天皇が仏教関係の詩文をみずから抄録したものであるが、ここに、中国眞顔法師が「綺麗」を用いた讃が採られているので、聖武天皇自身が使うことはなかったとしても、抄録していることから、語義などの理解はできていた「理解語」としての「綺麗」の受容と言える。また、『日本後紀』延暦二三年一〇月一〇日と同一二日所載の二つの宣命は、同一内容を違った表記でなされたものである。原文では小書き、割り注になっている箇所は〈　〉でくくった。本文、訓読は『増補六國史』（名著普及会復刻版、一九八二年）によった。

【資料8】

①辛亥《かのとゐ》。詔《みことのりして》曰《いはく》。（略）今年〈波〉年實豐稔〈弖〉人々産業〈毛〉取收〈弖〉在。此月〈波〉閑時〈爾之弖〉。
國風御覽〈須〉時〈止奈毛〉。常〈毛〉聞所行〈須〉。今行宮所〈乎〉御覽〈爾〉。山野〈毛〉麗。海瀲〈毛〉
清〈之弖〉。御意〈毛〉於太比爾〈之弖〉御坐坐。（延暦二三年一〇月一〇日）

今年は年實《いね》豊かに稔りて人々産業《なりはひ》も取り収めて在り。此の月は閑《いとま》ある時にして国風《くにふり》御覧《みそなは》す時となも常も聞《きこしめ》所行す。今行宮《かりみや》所《どころ》を御覧《みそなはす》に山野《のやま》も麗《うるはしく》、海瀲《なぎさ》も清《さやけく》して御意《みこころ》もおだひにして御坐坐《おほまします》。

②今御坐所〈乎〉御覧〈爾〉。礒嶋〈毛〉奇麗〈久〉。海瀲〈毛〉清晏〈爾之弖〉。御意〈母〉於多比爾御坐坐。

（同一二日）

今、御坐《おほまします》所《ところ》御覧《みそなはす》に礒嶋《いそしま》も奇麗《うるはし》く海瀲《なぎさ》も清晏《きよくしづか》にして御意《みこころ》もおだひに御坐坐《おほまします》。

①と②を対照させると、①の「麗」と②の「奇麗」、①の「清」と②の「清晏」とが対応していて、いずれも「うるはしく」「きよらかに」を表していると考えられる。つまり、②の「奇麗」「清晏」は、各々漢語「キレイ」「セイアン（エン＝呉音）」を表したものではない。日本語「うるはし」の表記としての「奇麗」であって、漢語「キレイ」ではないと思われる。しかし、「奇麗」が「うるはし」と漢語と和語とで対応するという理解があってのうえでの使用であったであろう。

『万葉集』、巻五・八〇四番の題詞に「哀世間難住歌一首〈并序〉」と見えるが、佐竹昭広・木下正俊・児島憲之共著『萬葉集―本文編―』（塙書房、一九八三年）は、「世間の住み難きことを哀しぶる歌一首〈并せて序〉」と「セケン」と訓み、歌は「世間能　周弊奈伎物能波　年月波　奈何流々其等斯」とあり、「よのなかの　すべなきものは　としつきは　ながるるごとし」と訓んでいる。漢文の序に使われた「世間」と歌の「よのなか」の表記に使われた「世間」との関係が、『日本後紀』の「奇麗」と「うるはし」との関係と同様であると考えられる。言い換えると、漢語の語義を日本語に置き換え、翻訳することができていたのである。[9]

鎌倉時代の「奇麗」

使用語としての早い例は、宮内庁書陵部蔵『雲州（明衡）往来』（一一世紀後半の成立。『勉誠社文庫84』）に「其ノ衣ハ則チ斉紈越布《セイクワンエツホ》ノ奇麗《キレイ》（中国春秋時代の斉《せい》の国の白い練り絹で織った服や越の国＝今の福井県の布で織られた着物は奇麗である)」と用いられた例である。奢侈を誡めた文脈上で用いられているので「きらびやかな美しさ」を言った例であろう。【資料9】①の「奇麗」も「めずらしい」という語義ではなく、「瑠璃・朱・紫・玉・金・銀」が使われているので「きらびやか」であると思われる。また、あまりにもきらびやかすぎて、これまでに、見たことも聞いたこともない建物であると言っているので、「奇麗」であるとも言える。②も夢の中に表れた高い巌《いわ》の上に立てられた灌頂堂であり、きらびやかであると同時に、「これまで見たことのない」の語義が含まれていると考えることはできるかと思われる。

【資料9】

①瑠璃ノ沙厚ク玉ノ甃暖ニシテ、落花自《オノヅカラ》繽粉タリ。朱楼紫殿玉欄干、金ヲ鐺ニシ銀ヲ柱トセリ。其ノ壮観奇麗、未曽テ目ニモ不㆑見耳ニモ聞ザリシ所也。(『太平記』巻一五、『日本古典文学大系35』九九頁)

②或る夜の夢に、大高厳の上に、奇麗の灌頂堂を立てて、師匠を受者として灌頂を授け奉ると見る(『栂尾明恵上人伝記』巻上『講談社学術文庫』一二九頁。原文漢字片仮名交り文)

きらびやかな美しさを言った「綺麗」は、「奇麗」という表記の中に組み込まれる形で、日本語のなかに入り込んだものと思われる。

4　室町時代における「綺麗」の様相(10)

「きよし」と「綺麗」

ところが、一五世紀から一六世紀にかけての室町時代の口頭語を反映していると考えられている資料には、珍しい(奇麗)、きらびやかな(綺麗)「美しさ」ではない、よごれていない「清潔」という語義の「Qirei」(表記が多様になるので、便宜上『日葡辞書』の見出し語に見える表記を用いた)が見られるようになり、現代語「きれいな水」へと連続する。『毛詩抄』は『抄物大系』、『山谷抄』は『続抄物資料集成』にそれぞれよったが、『抄物資料集成』、『中華若木詩抄』は『抄物資料集成』『続抄物資料集成』の索引によって検索した。引用にあたって踊り字を仮名に直したり、濁点を補うなどした。

【資料10】

①澡ハ沐浴ノ心ゾ。キレイニ潔ウ洗フト云心ゾ。（『毛詩抄』）

②淵明ガ足ヲアラハバ・結句足ハ・ヨゴルベシ。何ト洗トモ・キレイニハ・ナルマイゾ（『中華若木詩抄』）

③溝ノゴモクドモヲ、取ノケテ、蓮池ハ、水ヲ入ソ、落葉ヲ掃テ。竹逕ヲキレイニスルゾ（『山谷抄』）

「Qirei」が仮名表記になっているのは、漢語の「奇（綺）麗」の語義ではなかったからと思われる。文章語であった「奇（綺）麗」は、漢字のもつ字義から自由ではなかったが、口頭語＝話し言葉となった「Qirei」は、文字を媒介としないことで、「清潔」の語義を持つに到ったと推測される。禅宗学僧の講義録である抄物や後に引用する狂言の詞章にあることで、文字を離れて「Qirei」と聞き手に届いていたと想像できるのである。しかし、この時期に「綺麗」の語義が「きらびやかな美しさ」の語義をなくして、「清潔」の語義に変化したというのではなかった。

【資料10】①と同じ『毛詩抄』には、「毛詩註疏」の「倹以足用」を「華美キレイナ事ノ無用ヲセイデ国用ノタクサンナヤウニセラレタゾ」（『毛詩抄』巻二〇、『抄物資料集成第六巻』三八五頁上段）と講義したところがあるが、この例は、「尚之以瓊瑩乎而」の注釈である、「毛傳」の「瓊瑩石似玉卿大夫之服也」、「毛箋」の「云石色似瓊似瑩也」を踏まえた「其ヲ見レバ瓊華ノ玉ヲスルゾ瓊ハ玉ノウツクシイト云ウ用ゾ美ノ字ノ心ゾ」とある「うつくし」と同義の語義での使用と考えられる。「秋水[11]ハ美女ノキレイナヲ云ゾ、荷花[12]ヲモ美女ノミメヨイニタトユルゾ」（『山谷抄』）のように、女性の美しさを「Qirei」を用いて言っているので、「女ノウツクシイヲ常ニ云ガ爰ハサハナイゾ」（『毛詩抄』巻一、『抄物資料集成第六巻』九頁上段）の例があるように、「うつくし」の語義をたもっていたといえる。

平安時代の次の用例を【資料10】①、③と比較すると、「Qirei」が「きよし」の表現していた意味分野に入り込んでいたことがわかる。

【資料11】

①今は、ただ、迎ふる蓮《はちす》を待ちはべるほど、その夕まで、水草清き山の末にて勤めはべらむとてなむまかり入りぬる。（『源氏物語』若菜上、『新編日本古典文学全集』一一五頁）

②手づかひいといたう唐めき、揺《ゆ》の音《ね》深う澄ましたり。伊勢の海ならねど、清き渚に貝や拾はむなど、声よき人にうたはせて、（『源氏物語』明石、同右二四三頁）

④右衛門佐宣孝といひたる人は、「あぢきなき事なり。ただ清き衣を着て詣でむに、なでふ事かあらむ。」（『枕草子』一一五段、同右一一五頁）

「美」の語義の「消失」

さらに、【資料12】の虎明本狂言、虎寛本狂言の詞章の対応は、江戸中期には「Qirei」の持つ「清潔な」の語義で「きれひ」が理解されることを避けるために、虎寛本は「きらびやかな」を用いたのであろうと思わせる例である。つまり、「Qirei」には「美」の語義を含まず、「Qirei」＝「清」であったことから生じる狂言詞章の改変が行われているのである。

大蔵虎明本は、大蔵流狂言師の虎明が、江戸初期の寛永一二（一六三五）年から数年を費やして、伝承されていた詞章を文字化したものといわれるものである。(13) 寛政四（一七九二）年にまとめられた(14)大蔵虎寛本よりも一六〇年早く、狂言の詞章も室町のことばを窺わせるものと思われる。①は「綺麗」の語義で用いられたもので、【資料10】①～③の「キレイ」とは異なり、【資料7】①と同義である。

【資料12】

①いやそちは一段ときれひながどちへゆくぞ（庖丁聟、虎明本、『大蔵虎明本狂言集の研究』表現社、一九七二年）

②扨そなた殊の外きらびやかなが、どれへ行くぞ（庖丁聟、虎寛本、岩波文庫『能狂言集中』二〇四頁）

また、

【資料13】

①（教え手）誠に此ほどは久しうあはなんだ、いや、あれには事の外きれいなが、どちへゆくか（聟）何ときれいに御ざるか（教え手）あふわごりよが是へきはじまつて、今ほどきれいな事は見ぬよ（鶏聟、虎明本）

②（教え手）それはちかごろ念の入ったことじゃ。さて　きょうは、殊の外きらびやかな出立じゃが、どれへおりゃるぞ（聟）何と、きらびやかに見えまするか。（教え手）殊の外きらびやかなことじゃ。（鶏聟、山本東本）

②は幕末に書写された（『日本古典文学大系狂言集上』小山弘志解説）ものであるが、虎寛本と同じような事情から「きらびやか」を用いたものであろう。

「美」「清」の語義をもつ

室町時代の日本語で書かれた資料からは「このあたり近く、水の清き所やある（『宇治拾遺物語』巻七、『新編日本古典文学全集』二三八頁）」「切岸（断崖）ヨリ清潔ノ水出ニテ、口ス、キ手ヲ洗ニ」（『多聞院日記』天正八年一二月二九日、『増補続史料大成第40巻』臨川書店、一九七八年［元版三教書店、一九三二年］）、「その中にも、常葉は一《いち》とぞ聞えける。千人が中の一なれば、さこそは美しかりけめ。（『平治物語』下、『新編日本古典文学全集』五五七頁）とあった「清き」「美し」に代わって、「Qirei」がそれらの語義を担うようになっていたことが見てとれるのである。そのことを『羅葡日辞書』『西日辞書』等の外国資料で見ておくことにする。つまり、見出し語であるラテン語、ポルトガル語、スペイン語に宛てられている訳語の日本語を通して「Qrei」の語義を見ておこうと思うのである。

資料には金沢大学法文学部国文学研究室編『ラホ日辞典の日本語』（ラホ日辞典索引刊行会、一九六七年〜一九七三年）、島正三編『羅葡日対訳辞書検案』（文化書房博文社、一九七一年初版、一九七七年五版）、大塚光信・小島幸枝共編『コリヤード自筆西日辞書―複製・翻刻・索引および解説―』（臨川書店、一九八五年）、大塚光信解説『エヴォラ本日葡辞書』（清文堂出版、一九九八年）を用いた。

『ラホ日辞典』によると、「qirei」（以下キレイ）と「vtçucuxiji」（以下ウツクシイ）とが、見出し語のラテン語、ポルトガル語の訳語として併記されていることはない。代表的な例を示すと、「（名詞）1見ばえのよいこと、優雅。2魅力、愛らしさ。3飾り、装飾」、「（形容詞）美しい、優雅な」（田中秀央編『研究社羅和辞典』）の語義である"decor"の訳語に「ウツクシサ、ビレイ、ビカン、ジンジョウ」（原文ローマ字をカタカナに直した）が使われている。一方、「清潔に、奇麗に、適切に」の語義である"munde"（=munditer）の訳語に「キレイニ、ショウジョウニ」とある。辞書作成者の日本語理解では、「美」は「ウツクシ」、「清」は「キレイ」が担っているというものであった。

コリヤードも、「1きれいなこと、よごれ・けがれのないこと、清らかさ。2清潔・清掃、掃除。3清純、純粋。4潔白、正直。5何もないこと」（高橋正武編『西和辞典』白水社）の語義を持つ"limpieza"には「キレイサ」、「美しい・立派な・晴れた」の語義である"hermosa"には「ウツクシイ」が訳語としてあてられている。コリヤードも「清」と「美」は、それぞれ「キレイ」と「ウツクシイ」とが分担していると理解していたと考えてよい。

『日葡辞書』は「ウツクシイ」の例文に「猫ガウツクシウ食ウタ」をあげて、"O gato comeo tudo limpamente"と

【資料14】

語義	狂言・抄物	ラホ日辞典	日葡辞書
〈綺麗〉	事の外きれいなが	キラビヤカ、ウツクシ	キラビヤカ
〈清潔〉	キレイニ潔ウ洗フ	キレイ	キレイ
〈美麗〉	美女ノキレイナ	ウツクシ、ビレイ	ウツクシ・ウルハシ

「キレイ」の語釈に用いた"limpa"の副詞形"limpamente"を使っているのである。

右に述べたことの大枠を示したのが【資料14】である。なお、『日葡辞書』の成立よりも後の成立である『ヴァチカン図書館蔵葡日辞書』（臨川書店、一九九九年）には、"molher fermoza"に"qireina uõna（キレイナオンナ）"と語釈していて、「キレイ」は、〈清〉と〈美〉の両意義分野を担っていた。

さらに、『日葡辞書』は、「綺麗」の類義語でもある「美麗」には「Vtçucuxiji vruuaxij」のように、漢字表記からのいわば訓読した形の「訓釈」（森田武『日葡辞書提要』第Ⅶ章Ⅰ、清文堂出版、一九九三年）を記載しているが、「Qirei」には、「あやし」「うるはし」（いずれも『キリシタン版落葉集』の訓）という語釈はないので、字義による受容ではなかった、つまり、「Qirei」は漢字を離れての宣教師達の受け入れがあったと思われるのである。

また、慶長頃の成立かとされる『印度本和漢通用集』（『古辞書大系14』勉誠社、一九八〇年）から、根上剛士の索引によって語釈にみえる語を検索すると、次の結果が得られる。

【資料15】

奇麗《きれい》　きらびやか也
忌敷《いみしく》　きれいの義
爽《さわやかなり》　きれい也
取繕《とりつくろふ》　きれいにする也
麗《うるはし》　物の美《び》なる也
寄羅美《きらびやか》　けつこうの義

嚴《うつくしく》　仁《同》　妖《同》　姈《同》　姸《同》　姝《同》　（注記）村井本は妖、姈、姸、姝には「ウルハシク」と振り仮名

「Qirei」が「きらびやか」とされる一方で、「さわやかなり」の語釈に使われているので、「Qirei」が「美」と「清」にわたっていることが見られる。室町時代の「さわ（は）やか」は、『日葡辞書』には「すなわち、「きれいな」」（『時代別国語大辞典室町時代編』三省堂）とあり、時代別は「孔子ノ廟ヲ掃地サセテ、孔子の履ナドヲサワヤカニスルゾ」（蒙求抄九）を引くほか、「人の言動にてらいやためらいがなくて、すがすがしく感じられるさまである」「心身の障りが消えて、気分がすっきりと快いさまである」の語義を立てているので、「さわやかなり」が「清」の意味分野の語であると理解できる。その語を「きれい也」としているのであるから、「Qirei」が「清」の意味分野を担っていて、「綺（奇）麗」が「美」の意味分野を担っているのである。「きらびやか」は漢語「綺（奇）麗」と結びつき、「さわやかなり」は、漢字を離れた「きれい」が担っているという不均衡な様相を示しているが、「清」を口語である「キレイ」、「美」を口語「きらびやか」と文章語「奇麗」が担っていることを示している。

文章語の「綺麗」

抄物、狂言といった口語資料における「綺麗」は、それまでになかった「清」の語義をもち、和語「きよし」にとって代わった。次には、同じ語義を有していた和語「うつくし」をも追いやることになった。では、文章語ではどうであったか。室町時代、京都五山の禅僧の詩文集を集めた上村観光編『五山文学全集』（思文閣、復刻版一九九二年）を花園大学「五山文学データベース」によって検索した。結果は、『済北集』二例、『雪村和尚岷峨集』一例、『東海一漚《いちおう》集』一例、『南游稿』一例の計五例が得られた。

「宮殿奇麗不可説」（『雪村和尚岷峨集』）、「賜一双璧。綺麗可観対白抽黄」（東海一漚集）は、「宮殿」「双璧」を形容したものであり、きらびやかな美しさを言ったものである。「秋水落霞誇綺麗」（南游稿）も、「秋の澄み切った

水に夕焼けが照り映えて綺麗を誇っている」と解すると、「綺麗」は「きらびやか」でよいのではないか。ただ、虎関師錬の『濟北集』の例は、右のように明確ではないが、「きらびやか」であると捉えておいて問題はないだろうと思われる。斑竹で作った筆を「亦《ま》タ孔《あな》奇麗ナリ」としている後に、『李文饒集』にある「湘中ノ守、贈ルニ斑竹ノ筆ヲ以テス。奇彩爛然タリ」を引いているので、「きらびやかな美しさ」でよいかと思われ、「夫レ黄ガ書ノ雄健奇麗ナルコト人皆焉《これ》ヲ称ス」も書に華がある様の評価であろう。

5　まとめ

日本語の中に取り入れられた「Qirei」は、眼前に見えるものの描写としての「綺麗」、それは、これまでにも見たことのない美しさ「奇麗」として受容され、文字から離れた室町時代には、「きらびやかな美しさ」でも「めったに手に入らない珍しい美しさ」でもない、「清潔な」の語義を有するようになって、語義の拡大を行なった。

しかし、和語「うつくし」は「美」を表す語として、方言には長く用いられた語のようである。井上博文「九州方言に於ける「美しい」を表わす形容詞の意味の地域性」（「学大国文」37号、一九九四年一月）では、佐賀県姫島村では、掃除がしてあって「ウツクシー部屋だ」「キレイナ部屋だ」とは言うが、庭に「キレイナ花が咲いた」とは言わずに、「ウツクシー花が咲いた」と言うとの報告がされている。井上によると、この土地では「美」を表す意味分野では、「ウツクシー」が日常語で、「キレイナ」は標準語的であって新しい語であるという。「キレイ」は「清潔」の意味分野に入り込み、ついで、「美」の意味分野に入り込んだと言える。

以上、「綺麗」の語史を通して、語の変化は、文章語、口頭語という違い、話し手による違い、空間的な違いなどいくつかの位相の異なる要素が絡み合って、時間軸の上で変化していくことが教えられるのである。さらに、漢語が和語を量的に凌駕していくという事例ではなく、ある意味分野を担う語の和語から漢語への交替の様相をも見ることができた。

注

（1）一九六八年に「院政期の語彙―形容詞を通して見たる―」として提出した卒業論文（未発表）。
（2）後に増補改訂版（大日本図書、二〇〇四年）が出版されたが、初版は国立国語研究所資料集6として、一九六四年に秀英出版から刊行された。
（3）林大監修・宮島達夫・野村雅昭他編『図説日本語』（角川小辞典9、一九八二年）の〈語彙〉のなかの「語種」参照。
（4）発話部（会話部）の漢語を対象として、平安時代の漢語を立体的に捉えようとされた小野正弘「『源氏物語』における女性と漢語」（和洋女子大学編『東アジアの文学・言語・文化と女性』武蔵野書院、二〇一四年）がある。
（5）二〇一六年一〇月二五日二一時三七分~四一分でのGoogleによる検索で、検索語は「綺麗・奇麗・きれい・キレイ」「美しい・美シイ・うつくしい・ウツクシイ」である。
（6）漢文の用例は、柳田征司『日本語の歴史1~5』（武蔵野書院、二〇一〇年~二〇一六年）にならって、先行研究を参考にして私に訓読するように努めた。
（7）煩雑になるので、なるべく用例は少なくするようにした。詳しくは、拙著『国語史のなかの漢語』（和泉書院、一九九八年）参照。
（8）http://21dzk.l.u-tokyo.ac.jp/SAT/
（9）奥村悦三『古代日本語をよむ』（和泉書院、二〇一七年）の第四章「日本語は漢字でどう書かれているか――漢字を和語でどうよむか」参照。
（10）「様相」は、「言語景観」とするほうが内容をより分かり易く表していると思われる。「景観」を論題に用いたものは、国立国語研究所「日本語研究・日本語教育文献データベース」での検索によるかぎりでは、彦坂佳宣「近世語の言語景観小見―近畿・東海方言の地理的状況をめぐり―」（「論究日本文学」51号、一九八八年五月）が早いものである。その論文が収められた『尾張近辺を主とする近世期方言の研究』（和泉書院、一九九七年）には、「方言景観」として、「終章の題に用いた「方言景観」とは、なじみのない言い方であるが、各方言を体系的な深さまで掘り下げるには至らないまでも、複数の地域方言の点綴・鳥瞰を通して得られる比喩的な意味での方言的山野の風景ということである。そこには、地域の方言的特色や歴史的関係がかくされているはずで、こうしたものを展望してみたいのである」とある。

（11）「秋水」は、「秋の清く澄みきった水」の意であるが、「すべて清らかなもののたとえ」として使われ、「美人の清らかな目」にも譬喩として使われる（『角川大字源』角川書店、一九九二年）。

（12）「荷花」は「蓮の花」であるが、類義語の「芙蓉」は、「美人のさま」（『角川大字源』）を言うのに使われる。

（13）『朝日日本歴史人物事典』（項目執筆・石井倫子。「コトバンク」https://kotobank.jp/による）

（14）飛田良文他編『日本語学研究事典』（明治書院、二〇〇七年）

Ⅲ　漢語「光景」の歴史

1　はじめに

奈良時代と平安時代との時代区分は、都の所在地の違いによって七九四年で区切っているが、政権の主体が貴族であったという点においては連続している。歴史は、このように連続と非連続が重なり、連続を作っているとも言える。

言葉の歴史においても、文字言語の上で語形「kirei」は連続しているが、語義は非連続＝変化している。口頭語では、江戸時代の後期には［kire:］という語形になっていたと考えられる。

ところで、語義変化は、「うつくしい」のように、日本語を使う人々が使う過程で変化するのが一般的である。

【資料1】

「うつくしい」は、肉親の愛から小さい者への愛に、そして小さいものの美への愛に、さらに室町時代になってから、ようやく美そのものを表わすようにと、移り変って来たのである。（大野晋『日本語の年輪』新潮文庫、一九四六年）

しかし、本節で考察の対象とする「光景」は、「光」の語義での用例が、平安時代に見出されながら、鎌倉時代の用例が得られず、江戸時代に現代語の「ありさま」の用例が見える漢語であり、日本語のなかで使われていく過程で、語義変化を生じた漢語ではない、と考えられるのである。

『日本国語大辞典第二版』（以下『日国』と略称）の記述を引用例文を除いて示す。

【資料2】

①ひかり。日のひかり。＊田氏家集（892頃）＊九暦（944）＊本朝文粋（1060頃）＊中右記（1093）＊釈名

②目に見える景色。また、事件などの具体的な場面の有様。現在では多く人を感動させたり、刺激したりする情景をいう。＊翁問答（1650）＊東海道中膝栗毛（1802〜09）＊浮世床（1813〜23）＊抒情詩・田山花袋（1897）＊面影・芝木好子（1969）

『日国』の例から帰着するところは、次のようなところかと思われる。すなわち、古代中国語と同様、古代日本語での語義は漢字の「光」「景」の字義どおり［ひかり］の意味であった。現代語のような語義になったのはいつの頃か不明であるが、少なくとも江戸時代初期には、現代語と同じ語義の例を見出すことができる。

また、『漢語大詞典』によると、古代中国語には現代日本語のような語義はなく、語義を「情況・景況」としている用例には、『初刻拍案驚奇』『儒林外史』という白話小説があがっていて、近世中国語での語義と思われる。

2　古代・中世の「光景」

『日国』が引いている『九暦』の「右近欲射之　光景已傾也（右近射むと欲するに、光景已に傾く）」の例のように、平安時代公卿の漢文日記＝古記録では、「光景已傾（光景すでに傾く）」「光景頗傾（光景すこぶる傾く）」「光景漸傾（光景やうやく傾く）」「光景漸暮（光景やうやく暮る）」「光景推遷（光景うつりゆく）」のような類型表現であることが、東京大学史料編纂所「古記録フルテキストデータベース」の検索からあきらかである。また、平安時代の国語辞典『色葉字類抄（黒川本）』（中田祝夫・峰岸明編『色葉字類抄研究並びに索引　本文索引編』風間書房、一九六四年による）

に「光景年月分クワウケイ」（中79オ）とある「年月分」は、年月の範疇に属するとしていて、平安時代漢字文献の「光景」の語義を象徴した記述である。

中国語「光景」の語義変化

佐藤晴彦「〈光景〉考―近世語語彙研究の方法―」（『神戸外大論叢』48、一九九七年一〇月）によって、この語の中国語における語義変化をみておきたい。佐藤によれば、上古漢語では「光り」がその基本義で、中古漢語も「光り」が基本義である。しかし、中古漢語では「時間」「風貌、姿」という派生義をもっているが、「様子」という意味はまだ無かったとする。唐代においては、「光り」という語義での使用が少なくなり、「時間」の意味で多用されるようになり、李白には時間の意味での使用例が多いと指摘している。

つまり、佐藤によれば唐代までは、「様子」という語義は、「光景」にはなかったということになる。また、『紅楼夢』の「程乙本」は、「脂硯斎本」で時間、年月の意味で使っている「光景」を他の言葉に直したり、「光景」を含む箇所を削除したりしているが、『漢語大詞典』のいう「状況、景況」の語義での「光景」には手を入れていないという指摘がある。佐藤は、これを南と北の方言の違いに求めているが、「程乙本」は『紅楼夢』の成立から三〇年ほど後の成立になるので、時間、年月の語義での「光景」は文言臭さがあり、他の言葉に置き換えたり、削除したりしたということであるのかもしれない。「光景」に語義変化が生じていたからだろうと解釈したい。

以上、佐藤の研究を参看すれば、現代日本語の「光景」の語義に近い中国語「光景」の用法は、『紅楼夢』の成立あたりの一八世紀中頃にまで下るということになる。それまでは、「光景」の原義が持っていた「光り」とその派生義である「時間、年月」で解することができると考えられるのである。『日国』の例でいえば、一七世紀中頃の『翁問答』では早すぎて、一九世紀初頭の『東海道中膝栗毛』頃ということになる。

用例の検討（一）

『日国』のあげた『翁問答』以前で手元にある用例は、『時代別国語大辞典室町時代編』（以下『時代別』と略称）があげる三条西実隆の『再昌草』（一五〇一～一五三六）、『角川古語大辞典 CD-ROM版』の全文検索で得た以心崇伝編『翰林五鳳集』（一六二三）である。

『時代別』は「目のあたりにする世の中の様子」とするが、『翁問答』には「七年光景一弾指、双鬢風霜幾断腸」とあり、佐藤が中国語の近世漢語の例に挙げているものに共通する「～年光景」「～日光景」の例と関係しているように思われる。佐藤は、こうした「光景」を陸澹安編著『小説詞語匯釈』や『辞源』が、それぞれ「情景、模様」「約略估計之詞」としているのを否定して「時間」の意味だとする。

「七年光景」は「双鬢風霜」と対をなしているので「風霜」＝年月の移り変わり（『学研漢和大字典』）と「光景」とが対応していると考えられる。また、『学研漢和大字典』の見出し語「弾指」（短い時間）の例に「四十二年弾指に過ぐ」（元好問・済南雑詩）もあり、「七年光景」は、「七年の年月は一はじきにすぎないほどの短い時間であった」と解釈すべき例ではないだろうか。かりに、この解釈が正しいとすれば、『時代別』の『翁問答』の例は現代語の「様子」とは異なる語義になる。

次に、五山文学（「五山文学データベース」による）の『翰林五鳳集』にある「一年の光景只春三、柳を指し花を尋ねて遊事酣《たけなは》なり」の例であるが、この例も『再昌草』と同じく「一年光景」と「～年光景」という表現になっているので、同様に「一年の年月は只春の三ヶ月のみである」と解釈できる。とくに、『翰林五鳳集』が五山文学であるので、佐藤が引いている『大慧普覚禅師語録』の「百年光景、能得幾年」などの禅語録をその影響源と見ることもできる。この『翰林五鳳集』と同じ五山の文学で、『翰林五鳳集』よりも一世紀以上さかのぼり、『再昌草』の成立と前後して亡くなっている万里集九（一四二八～没年不詳）の『梅花無尽蔵』には二例の「光景」が見える

（市木武雄『梅花無尽蔵注釈』索引編、続群書類従完成会、一九九三年）。いま、東京大学史料編纂所本を底本とした玉村竹二編『五山文學新集第六巻』（東京大学出版会、一九七二年）によって示した。

【資料3】

①野菊一藂秋入レ花、如レ飛光景奈難レ遮、蟷螂幸有二英雄志一、揚二左臂一宜支二日車一、（巻三、八一六頁）

②或問、禪恵大師、瓦屋何故却似二木皮盖一、師曰、錦府豈従二機上織一、劍門寧自匣中開、巽岩詩、瓦屋如二案平一、
金仙閲二光景一（巻四、八三八頁）

①の「藂」、②の「盖」は、それぞれ「叢」「蓋」の異体字である。市木武雄の注釈ではいずれの光景も「有様。様子」となっているが、「如飛光景」は、後に「日車＝太陽」が使われていて、「飛ぶような日の光り」という意味であろうし、「金仙閲光景」は、「仏は日の光り＝太陽を見る」であろうと思われる。

以上のことから、一七世紀前半ころまでの「光景」には、現代語のような「様子」という語義はなかったと考えられるのである。

用例の検討（二）

次の検討例は『翁問答』である。「元来名はなけれども、衆生にをしへしめさんために、むかしの聖人、その光景をかたどりて、孝となづけ給ふ」（岩波文庫、五一頁）とある。『日国』は、あげている箇所からすれば、「目にみえる景色」の意味で解釈したのであろうと思われるが、「その姿を象って」という語義で理解できるところと考える。佐藤が、『漢語大詞典』の「敬称、猶光儀」の派生義とする「風貌、姿」の語義で解釈できるものである。この「風貌、姿」の語義は唐代漢語の李白などに見られるものであり、新しい語義ではない。

ところで、『再昌草』『翰林五鳳集』『翁問答』はいずれも具体的なものを指しているものではない。その点で

『東海道中膝栗毛』以降の例と異なるのである。現代語の「光景」は『日国』が記述するように「具体的な場面の有様」であり、この意味で『東海道中膝栗毛』が、現代語につながってくることになる。

『翁問答』の作者中江藤樹は、『雑書』（『藤樹先生全集巻五』所収）のなかで、「此れは是れ道心自有の光景なり。位に在らず。物に在らず。生に在らず。死に在らず。人に求めず。常に在りて不滅なり。故に之を号して独楽と曰ふ」（楽）としている。この「光景」も、『翁問答』の例と同じく、「姿」でよいと思われる。藤樹のこの表現は、『朱子語類』[1]の「死スル時ハ、其ノ魂ノ氣ハ上ニ發揚ス。昭明、是レ人ノ死スル時ノ自有一般ノ光景ナリ」（鬼神）にみえる「自有（自づから有る）」を用いていることからも、朱子の影響下にあるものであろうし、「光景」は「姿」と解しうる。『朱子語類』の「恰モ久キ雨ノ積陰スルニ、忽チ天ノ晴レルニ遇フガ如シ。光景便チ別レ、赫然トシテ之ガ爲ニ一新ス」（春秋・経伝附）は、中古中国語の「光り」の語義でよいように思われ、現代日本語の「光景」にかよう語義はなかった、と考えてよいと思うのである。

3　近世の「光景」

語義の変化

「光り」はその光りに照らし出されている物を指すようになると「景色」となり「姿」となる。そして、その「姿」のありようを問うことになると「様子」という語義が生じてくる。佐藤の引く『古今小説』の「看見光景凄涼、好生傷感」[2]、『水滸全伝』の「就那裡観看光景一遭」[3]などの「景色」とも解釈できる「光景」の例が、『東海道中膝栗毛』などにつながるものであると考えられる。以前、個人のコンピュータからのアクセスも可能であった「国文学研究資料館日本古典文学大系データベース」（以下旧を冠する）によって検索すると、『東海道中膝栗毛』には、日国が引用する例のほかに四例を得ることができた。

【資料4】

①それが中に、風土《ふうど》の異《こと》なる遺風《いふう》を録《しる》し、亦土人《どじん》の言語都會《げんぎよとくはい》に替《かは》れるくさぐ〵の多かる中に、往來旅客《りよかく》の光景《くはうけい》、或は貴遊《きゆう》或は卑賤《ひせん》の患苦《かんく》、（中略）なべて鄙情《ひじやう》のおかしげなる有増《あらまし》を、白地《あからさま》にかいつけたる道中の滑稽《こつけい》を、膝《ひざ》栗毛《くりげ》と題号《だいがう》し、（三編序、岩波文庫上一八八頁）

②人家九千軒ばかり、商賈《しやうこ》甍《いらか》をならべ、各《おの〳〵》質素《しつそ》の荘厳《しやうごん》濃《こまやか》にして、神都《と》の風俗《ぞく》おのづから備《そなは》り、柔和《にうわ》悉鎮《しつちん》の光景《ありさま》は、余國に異《こと》なり、參宮の旅人たえ間なく、繁昌《はんじやう》さらにいふばかりなし。（五編追加、岩波文庫下八八頁）

白話小説の中の「光景」

右のように、「クハウケイ」、「アリサマ」と音訓両方の振り仮名が見えるが、語義はいずれも「ありさま」である。『東海道中膝栗毛』における光景の初出は第三編であるので、文化元（一八〇四）年になるが、実は、「光景＝ありさま、ようす」の用例が大量に出るのは、それよりも四〇年ほどさかのぼる宝暦一〇（一七六〇）年に刊行された、中国の明、清時代の近世中国語で書かれた白話小説を「翻訳」した、いわゆる「通俗もの」とよばれる中の一つの『通俗隋煬帝外史』である。

【資料5】

①天子ノ威儀《イギ》ヲ打忘《ワスレ》。只顧《ヒタスラ》笑《ワラ》ヒ戯《タハム》レテ。正体《シヤウダイ》モナキ光景《アリサマ》ナレバ。大将軍賀若弼《シヤウグンカジヤクヒツ》。コレヲ看《ミ》テ。（巻二下、四四五頁）

②已《スデ》ニ冬《フユ》ノ天気《キ》ナレバ。寒風《カンフウ》厲《ハケ》シク吹来《フキ》リ。軍士們《グンシラ》身ヲ蔽《ヲヽ》フベキ處《トコロ》モナク。凍《コヾ》ヘ死《シ》スル者モ多カリケリ。高熲《カウケイ》。賀若弼《カジヤクヒツ》。コノ光景《アリサマ》ヲ看《ミ》テ。二人トモニ嘆息《タンソク》シ。（同右、四四七頁）

①は、『翁問答』の光景の「姿」という語義でも解釈できるが、②は、『明鏡国語辞典』の「惨憺たる光景を呈す

る」という作例に該当する用法で、現代語の「光景」はこのあたりまでさかのぼることができる。「通俗もの」には、「光景」が多く使われているが、それは日本語としての「光景」ではなく、近世中国語の「光景」であり、振り仮名の「アリサマ」「ヤウス」は、「光景」を翻訳した日本語であり、この段階で、日本語として「光景《コウケイ》」を受容したというのではないと考えられる。

いま、原典が参照できる条件がある『通俗醒世恒言』を【資料6】①〜④、『通俗繡像新裁綺史』を【資料6】⑤にあげて、原点との関係を見てみるに、拾うことができた五例は、原典にも「光景」がみえる。煩をいとわず次に対照して示す。右が『通俗醒世恒言』『通俗繡像新裁綺史』の例で、左が原典の例である。原文にある振り仮名は、必要と思われるもののみにした。

【資料6】

①今這狐《コノキツネ》ノ為《タメ》ニ弄《タフラカ》サレ。カ、ル光景《ヨウス》トナリシハ。ミナ己《ヲノ》ガ作《ツク》リシ禍《ワザハイ》ト云モノナリト云ケレハ。（巻一、四一頁）

＊今反喫他捉弄得這般光景都是自取其禍（第六巻、小水湾天狐詒書）

②ツク〳〵夢中《ムチウ》ノ光-景《ヤウス》ヲ想《ヲモヒ》出《イタ》セバ。越發《イヨ〳〵》癡《クチ》ヲゾ増《マシ》ニケル。（巻二、七〇頁）

＊此時又被夢中那嘸光景在腹内打攪越発想得癡了（第二八巻、呉衛内隣船赴約）

③且他《マツカレ》ガ門ヲ開《ヒラキ》テ出《イテ》来ルヲ等《マチ》テ光景《ヨウス》ヲ看《ミ》ルベシトテ。（巻三、一二二頁）

＊且等他開門出来、看他什麼光景（第二四巻、一文銭小隙造奇冤）

④知ラズ湖《コ》ヲ過《スク》ル人ハイカナル光景《ヨウス》ナルヤ（巻四、二一七頁）

＊不知過湖的怎様光景哩（第一八巻、施潤澤灘闕遇友）

⑤又郷里《フルサト》ノ念《ヲモヒ》ニ觸《フレ》心中更ニ一倍ノ光景《フゼイ》アリ（第四回、三一八頁）

＊触了個郷里之念心中更有一倍光景喫了数杯（第三巻、売油郎独占花魁）

右に引いた二書が原文に忠実な逐語訳であるという指摘（『近世白話小説翻訳集第四巻』徳田武解題）によると、「光景」という漢字表記と「ようす」という和語とが結びつけられた契機は、こうしてみると中国白話小説の翻訳物＝通俗ものに求めることができる。

右に引用した「通俗」と冠されたものは、『近世白話小説翻訳集』全一三巻（汲古書院、一八八四年～一九八八年）によったのであるが、この他にも同書所収の作品には多くの「光景」の用例を見ることができる。つまり、中国白話小説の翻訳物に通俗と付けた「通俗もの」にはおなじみの近世中国語であったのである。振り仮名＝翻訳は、【資料5】の『通俗隋煬帝外史』の「ありさま」のほか、【資料6】①～④に見えるように「ようす」、【資料6】⑤に挙げた『繡像新裁綺史』の「ふぜい」がみられる。

『日国』には引いていないが、『角川古語大辞典』の全文検索では、馬琴の『椿説弓張月』（一八〇七～一八一一）、『南総里見八犬伝』（一八一四～一八四二）の例が拾える。旧「国文学研究資料館日本古典文学大系データベース」での『椿説弓張月』の検索では二一例が検索できた。なお、すべて「ありさま」の振り仮名がある。日本古典文学大系が底本としたのと同じ系統の版本の複製である板坂則子編『椿説弓張月前編』（笠間書院、一九九六年）によって、前編のみ確認したが、日本古典文学大系の振り仮名は原本に忠実であるので、二一の用例と振り仮名「ありさま」は版本のままと考えてよい。版本の 。は適宜読点に直した。

【資料7】

①野風《のかぜ》はこれを聞《きゝ》もあへず、頭《かうべ》を低《た》れ涙《なみだ》さしぐみて、ふかく愁《うれふ》る氣色《けしき》なり。この光景《ありさま》を見給ふにも、重季《しげすゑ》が事いよ〳〵痛《いたま》しくて、その夜僧《よそう》をむかへて経《きやう》を讀《よま》せ、かの男《をとこ》と山雄《やまを》が爲《ため》に、ながく追善《ついぜん》の仏事《ぶつじ》を修行《しゆぎやう》し給ひけり。

（椿説弓張月前篇巻之一、第三回）

②衆皆《みな〳〵》裡《うち》に入りたれど、輙《たやす》く捕《とら》へんやうもなければ、むなしく塔《たふ》をうち瞻《まも》り、明《あけ》ゆくそらを待《まつ》のみ也。既《すで》に東《ひがし》も

しらみ、烏《からす》の森をはなれて鳴声《なくこゑ》するに、山際《やまぎわ》むらさきたちて、陽旭《はるのひすこ》少し出《いづ》るころ、忠國《たゞくに》も馬《うま》をはやめ、居多《あまた》の士卒《しそつ》を領《い》て来《きた》りしがこの光景《ありさま》を見て、あれ射《い》て落《おと》せと焦燥《いらだて》ども、（巻之二、第四回）

馬琴が白話小説の影響を受けていることは言われていて、②にみえる「居多（あまた）」「焦燥（いらだて）」も白話小説に多く見える近世中国語である。用例の①、②を通して、「経」「追善」「士卒」には、音読みの振り仮名であるが、「光景」「居多」「焦燥」にはいわゆる熟字訓が振られているのは、「コウケイ」「キョタ」「ショウソウ」という近世中国語を日本語としてはまだ受け入れてはいないことを示していると考えられる。

『浮世風呂』（一八〇九～一八一三）には、「朝湯《あさゆ》の光景《ありさま》」「昼時《ひるどき》の光景《ありさま》」（早稲田大学蔵文化三年再刻本）とあって、「光景」は、「ありさま」の漢字表記としては特別なものとは思われない使い方がされている。江戸時代成立の『俗語解』の校訂本である『雅俗漢語譯解』（一八七八年）を改変した佐伯富編『雅俗漢語譯解』（東洋史研究資料叢刊、一九七六年）によると、「光景　やうす。ありさま。」とある。なお『小説字彙』には見えない。編者秋水園主人にとっては、特にとりあげるべき白話語とは思われなかったのであろう。

このようにして、「光景」は、一九世紀の後半には「ありさま・ようす」という語の漢字表記として定着していたと思われるのである。文政一〇（一八二七）年刊行の『雅俗幼学新書』には、「在様アリサマ／アリヤウ　形勢同／身ノ―　状同　分野同／土地ノ　光景同／景色」（国会図書館蔵本、巻二・64オ）と「ありさま、ありやう」の漢字表記として記載があり、よく知られていた表記であったと思われるのである。

一八四八年に広東に渡って布教活動を行なったドイツ人宣教師ロブシャイド（中国名＝羅存徳）は、中国語の光景を『英華字典』で〝appearance of a landscape, 形勢, 光景〟〝a good appearance of a landscape, 好光景〟〝open view, 光景〟〝a fine sight, 好睇, 好光景〟のように使っているところを見れば、一九世紀中頃の中国語「光景」は白話小説を訳した作家達が理解していた語義であったと考えられるのである。

4　漢語「コウケイ」

右に引いた例の多くは、「ありさま・ようす」という語の漢字表記としての「光景」の例であった。では、ことばとしての「コウケイ」はどうだったか。

明治期の翻訳文学には次のように振り仮名に「こうけい」とあるほか多くの例を得ることができる。

【資料8】

①場内のむし熱《あつ》きに窓《まど》はすべて明《あ》け放《はな》ちたれば、一切《いっさい》の光景《くわうけい》皆眼中《みながんちう》に在《あ》りき（『有声画』一九〇三年。『明治翻訳文学全集《新聞雑誌編》アンデルセン集』による）

②然《しか》るに、其観察《そのくわんさつ》の結果《けつくわ》、昔見《むかしみ》たるとは大《おほい》にその光景《くわうけい》を異《こと》にして（田山花袋訳「『擬ひ真珠』の後に題す」一九〇二年。『明治翻訳文学全集《新聞雑誌編》ドーデ集』による）

鷗外、漱石にも「こうけい」としての使用例がある。

【資料9】

①ここで或《あ》る珍《めづ》らしい光景《くわうけい》が純一《じゆんいち》の目《め》に映《えい》じた。（『青年』籾山書店、一九一七年。『名著復刻全集』による）

②健三は斯いふ昔の記憶を夫から夫へと繰り返した。今其處へ行つて見たら定めし驚く程變つてゐるだらうと思ひながら、彼はなほ二十年前の光景を今日の事のやうに考へた。（『道草』第八回、一九二一年発行袖珍本。岩波書店復刻版による）

③健三は自分の父と島田とが喧嘩をして義絶した當時の光景をよく覚えてゐた。然し彼は自分の父に対して左程情愛の籠もつた優しい記憶を有つてゐなかつた。其上絶交云云に就いても、さう厳重に云ひ渡された覚えはなかつた。（『道草』第一四回。同右）

『青年』には「くわうけい」と振り仮名が振られており、「光景」という漢語であったと考えられる。一方の『道草』には、振り仮名がないが、第八回では、漢字の音読みと異なる読みには、「判然」に「はつきり」、「始終」には「しよつちゆう」と振り仮名があるので、振り仮名がない「光景」は「コウケイ」と音読みであったと考えてよいと思われる。第一四回でも、「素直」「先刻」「悉皆」「交際つても」「厭氣」にそれぞれ「すなほ」「さつき」「すつかり」「つきあ」「いやき」とあるが、「會話」「察した」「權柄づく」などには振り仮名はない。「權柄づく」は、「ちからづく」かとも思われるが、『日国』は「権柄ずく」の項目で『吾輩は猫である』の例を引いているので、「けんぺいづく」であったと考えておく。

【資料8】【資料9】の例に見えるように、明治三〇年代には、光景は、「ありさま」ではなく、「コウケイ」という語の表記であった。高橋五郎『和漢雅俗いろは辞典』の一九〇五（明治三八）年増訂七版には「くわうけい（名）光景、ありさま、模樣」と見出し語にとられている。

5 まとめ

「光景」は、古代の例と現代語とを並べると、「[ひかり」から「ありさま」へ」と語義変化を起こしたように見える。しかし、中世の例を探すことが難しく、日本語として古代から現代まで連続して用いられた語ではないようであった。そうした事情がある語を単に現代語から古代語を引き算して、語義変化を考えることには問題があると思われる。

「光景」は、古代においては、公家日記、『本朝文粋』(4)という和化漢文、漢文という文章語の世界にのみ生きた語であった、和文には見られず、話し言葉の世界で語義変化を遂げながら引き継がれていった語ではない、と考えられる。

近世に入って、突如として多くの例を得ることができ、かつそれらの例が現代語の語義であるからといって、古代から語義変化を遂げてきたというのではない漢語であった。すなわち、近世中国語において、古代中国語から語義変化を遂げた段階での「光景」を、朱子学、白話小説などを経由して受け入れた漢語[5]であると考えたい。

ことばとしての「コウケイ」はどのようであったのであろうか。「光景」が「コウケイ」という漢語である例は、『日国』の挙げている『東海道中膝栗毛』三編序（【資料4】①）が早いが、本文では「ありさま」と振り仮名が振られている（【資料4】②）。明治の漢語辞書の『漢語字類』『必携熟字集』『新編漢語字林』には、「くわうけい」が掲出語にあがり、「ありさま」「やうす」と語釈がされているが（『明治期漢語辞書大系』索引による）、『和英語林集成』では第三版でも見出し語に収録されておらず（「明治学院大学『和英語林集成』アーカイブス」http://www.meijigakuin.ac.jp/mgda/waei/による）、『言海』の見出し語にもなく、明治八（一八七五）年の「明六雑誌」21、一八八七（明治二〇）年の「國民之友」第一号に見える（日本語歴史コーパス）ものの、明治二〇年ころまでは辞書に掲載される、一般的な語でも、また逆に特殊な語でもなかったらしいのである。明治一〇年一一月から翌年一〇月までの「郵便報知新聞」一年間の語彙を抽出調査した国立国語研究所報告15『明治初期の新聞の用語』（秀英出版、一九五九年）の語彙表には見えない。漢語「コウケイ」が、明治二〇年代頃に漢語として日本語のなかに取り入れられていたというのではなかった。漢語「コウケイ」が日本語の中に入り込むのは、右にのべたように明治三〇年代になってからであった。

なお、「光景」と同じように、近世中国語の影響を受けて語義変化を遂げたと思われる語に「元気[6]」、「運動[7]」がある。

注

（1）ネット上にある「中国哲学電子化計画」によって検索した。
（2）「はなはだ」
（3）「あちら」
（4）巻三「漏剋」に「風雨而晦與斗杓而冥府光景以移共圭陰而相傳（風雨ニシテ晦（クラ）ケレドモ斗杓ト冥府シ光景以テ移リ圭陰ト共ニ相ヒ傳フ）」とある例、巻一二「亭子院賜飲記」に「于時光景漸暮（時ニ光景漸暮ル）」とある他一例（巻三「漏刻」への対）が見える（検索は、藤井俊博編『本朝文粋漢字索引』おうふう、一九九七年による）。
（5）早くに、佐藤喜代治「中世の漢語についての一考察」（『国語学』84集、一九七一年三月。『国語語彙の歴史的研究』明治書院、一九七一年所収）に、「禅宗・朱子学等を通して入ってきた中国近世の語は近代におけるわが国の語彙の発達を考へる上で重要な意味をもつものであ」（二二〇頁）るとの指摘がある。
（6）小野正弘「元気」（『日本語学』12巻6号、一九九三年）
（7）拙稿「漢語『運動』の語義変化―日本漢語の語義変化と明清俗語―」（『国語語彙史の研究一七』和泉書院、一九九八年）

第三章　近代と漢語
——新しい世界の受け入れ——

『官版輿地誌略』（大学南校版、明治７年）

Ⅰ　西洋医学思想の受け入れと漢字・漢語
——『扶氏経験遺訓』を例に——

1　はじめに

蘭書中の医学書の全体像については、宮下三郎『和蘭医書の研究と書誌』（井上書店、一九九七年）の六九頁以降に「和訳和蘭医書の書誌（英文）」がある。また、西洋医学書の翻訳には限らないが、左記に示した目録でどのような書物があるかを知ることができる。その他、医学部が設置されている大学の蔵書目録などでも江戸時代に刊行された医学書をとらえることができる。ＵＲＬは、二〇一八年九月三〇日現在である。

・『東京大学総合図書館古医学書目録』（日本古医学資料センター、一九七八年）
・『京都大学　富士川文庫貴重資料画像』（http://edb.kulib.kyoto-u.ac.jp/exhibit/kicho/fuji.html）
・東京大学「医学図書館デジタル史料室資料一覧」（http://edb.kulib.kyoto-u.ac.jp/exhibit/kicho/fuji.html）
・九州大学附属図書館医学分館 古医書目録（和漢書）（https://www.lib.kyushu-u.ac.jp/hp_db_f/igaku/cat_east.html）

ここでは、一九世紀中葉、天保年間に活躍した緒方洪庵が、大きな影響を受けたドイツベルリン大学教授フーフェランド（Chrstoph Wilhelm Hufeland　一七六二年～一八三六年）の〝Enchiridiom medicum oder Anleitung zur medizinischen Praxis〟（一八三六年）のオランダ語訳（一八三七年）からの重訳である『扶氏経験遺訓』をとりあげて、近代語の中の漢語語彙の一斑をみておきたい。

洪庵の活躍した時代は、杉田玄白が『蘭学事始』の冒頭で、「ふとこの業《わざ》に志を興《おこ》せしことなるが、はや五十年に近し。今頃かうまでに至るべしとはつゆ思はざりしに、不思議にも盛んになりしことなり」（緒方富雄校注『蘭学事始』岩波文庫）と書いた時よりも半世紀近く経たころであり、蘭学が英学にその座を引き渡す直前の時代であった。

西洋医学の内科学を漢語を用いて移し替えた、いわば「翻訳医学書」の世界を通して、近世から近代へ変わろうとする時代の漢語のありさまをみておきたい。なお、「翻訳医学書」に見える「運営」について考察したものを拙著『国語史のなかの漢語』（和泉書院、一九九八年）に「運営―翻訳医学書の和製漢語―」として収めている。

2　洪庵の翻訳

安政四（一八五七）年に緒方洪庵は『扶氏経験遺訓』を刊行する。杉田玄白が主宰し、前野良沢、中川淳庵、桂川甫周らの協力によって、いわゆる《ターヘル・アナトミア》を訳した『解体新書』の刊行（安永三［一七七四］年）から八〇年後のことである。

塾生の一人長与専斎は、洪庵の主宰した適塾（現在の大阪市中央区北浜）を当時にあって全国第一の「蘭学解読の研究所」と言った（『松香私志』）(1)。適塾に学んだ塾生の中からは、明治政府に大きな影響を与えた人物が多く出ていることからすると、洪庵が活躍したこの時代を、蘭学によって西洋の知識を得て、その知識をもとに、次の時代（＝明治）を作り上げる胎動期と区劃しておくことは許されることかと思う(2)。

同じくフーフェランドの医学思想に共鳴し、『済生三方附医戒』の翻訳がある杉田成卿と洪庵との翻訳に対する姿勢の違いを、飛田良文は、諭吉のことば（全集緒言）を引用しながら次のようにまとめた(3)。

【資料1】

成卿は、一字一句もおろそかにせず、「原文の儘に翻訳する」流儀で、できあがった訳文もちょっと手にとって読んだだけでは理解できない高尚な文であるのに対して、洪庵のものは、一向に字句に拘泥せず、翻訳ができて訳文を作る段にいたっては「原書を軽蔑して眼中に置かず」というように、杉田玄白や大槻玄沢などが原文に忠実で漢字に厳しかった方法に洪庵は反対した。

洪庵の教えを受けた諭吉は、『西洋事情』（慶応大学図書館「デジタルで読む福澤諭吉」によったが句読点を施した）の巻之一小引で「洋書ヲ訳スルニ、唯華藻文雅ニ注意スルハ、大イニ翻譯ノ趣意ニ戻《（もと）》レリ。乃チ此編、文章ノ体裁ヲ飾ラズ、勉メテ俗語ヲ用ヒタルモ、只達意ヲ以テ主トスルガ為メナリ」と述べているのは、洪庵の方法に通じるのであろう。また、飛田が引用している、諭吉が師洪庵から諭されたことばを【資料2】に示した。

【資料2】

足下《そくか》などは年も少《わか》くして固《もと》より漢學の先生には非ざれども、士族の中では先《ま》づ以て知字《ちじ》の學者と申して宜《よろ》し、左れば此の知字の學者が洋書を譯するに難字難文を用ひんとすれば、唯《ただ》徒《いたづら》に讀者の迷惑たる可きのみ、故に飜譯の文字は單に足下の知る丈《だ》けを限りとして苟《（いやしく）》も辞書類の詮議立《だて》無用たる可《（べ）》し、玉篇《ぎよくへん》又は雑字類編《ざつじるいへん》なども坐右に置く可からず、難字難文を作り出すの恐れあればなり、但《ただ》し人間の記憶には自から限りありて易《やす》き文字も不圖《ふと》忘るゝこと多し、その時には俗間の節用字引《せつようじびき》にて事足る可し、醫師の流《りう》には學者も多くして自から譯字の議論喧《かまびす》しきことなきに非《あら》ざれども、足下《そくか》は醫流に縁なし、高《たか》の知れたる武家を相手にすることなれば、返すく〱も六かしき字を弄《もてあそ》ぶ勿《なか》れ云々と警《いまし》められたる先生の注意懇到、父の子を訓《おしふ》るも啻《ただ》ならず、余は深く之を心に銘して爾来曾《じらいかつ》て忘れたることなし。（『福澤全集緒言』「デジタルで読む福澤諭吉」[4]によったが句読点を施し、振り仮名は適宜省略した）

と記し、平易な文章ばかりではなく、平易な漢字を用いることを洪庵から教えられ、それを肝に銘じて忘れたことはなかったと書いている。この「俗間の節用字引」は、佐藤貴裕の研究（『節用集と近世出版』和泉書院、二〇一七年）によって節用集の刊行状況を参看すると「早引き節用集」の類と推測できる。

参考までに、『扶氏経験遺訓』巻之一冒頭部に対応するハーゲマンのオランダ語訳の部分を示すと次のとおりである。原書は、国際日本文化研究センター所蔵のものによった。

【資料3】

Eerste Klasse.

Heete koortsen.

Febres acutae,Febres continuae.

Algemeene aaumerkingen.

Er bestaat slechts ééne heete ziekte:de Koorts.Het grondkarakter van dezelve is:verhoogde werkzaamheid des vaatstelsels en bespoediging van het levens-proces,met de daarmede onafscheidelijk gepaarde vermeerderde voortbrenging van warmte in de hewerktuiging.（八四頁）

明治に入って内務省衛生局長についた長与専斎は、自伝の『松香私志』（『東洋文庫』386所収）の中で、「初学のうちは冠詞前詞等のほかは一語も見識りたるものもなく、片端よりみな字引にて引出す」と記している。一九世紀のハーゲマンのオランダ語訳は、正書法の改正により現代オランダ語と綴字が異なったところがあり、語義の変化もあり、現行の『講談社オランダ語辞典』を用いての検索は、オランダ語の歴史に通じていないと難しいが、試みにいくつかの単語を引いてみる。

洪庵が「急性熱病」と訳した Heete koortsen は、『講談社オランダ語辞典』を用いて訳すと「激しい熱病」

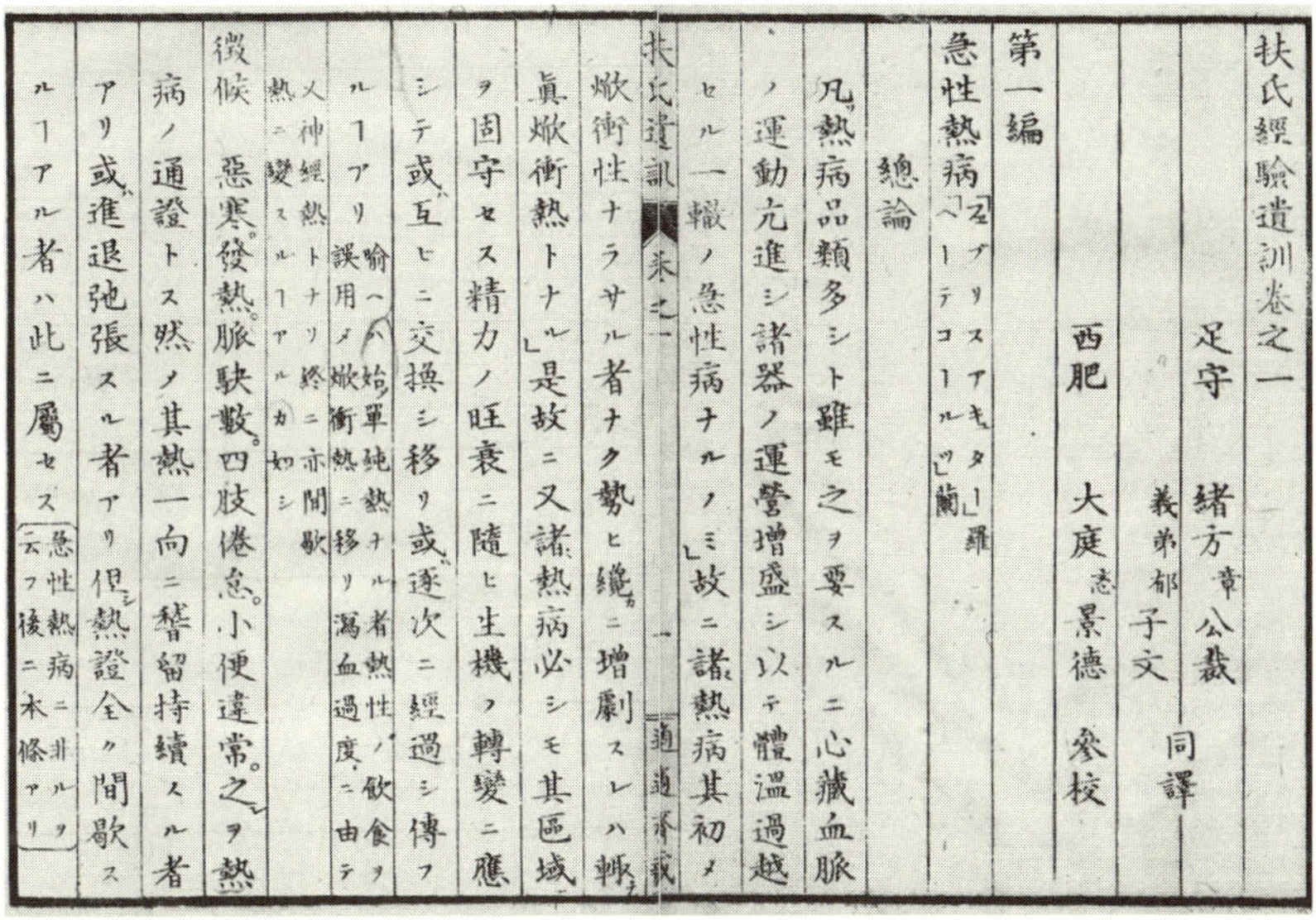
扶氏經驗遺訓巻之一
足守　緒方章公裁
義弟郁子文　同譯
西肥　大庭忞景德　參校
第一編
急性熱病［フブリスアキユタ］羅［ヘーテコールツ］蘭
總論
凡ソ熱病品類多シト雖モ之ヲ要スルニ心臓血脈ノ運動亢進シ諸器ノ運營増盛シ以テ體温過越セル一轍ノ急性病ナルノミ故ニ諸熱病其初メ焮衝性ナラサル者ナク勢ヒ纔ニ増劇スレハ輙チ眞焮衝熱トナル是故ニ又諸熱病必シモ其區域ヲ固守セス精力ノ旺衰ニ隨ヒ生機ノ轉變ニ應シテ或ハ互ヒニ交換シ移リ或ハ逐次ニ經過シ傳フルヿアリ［喩ヘハ始單純熱ナル者熱性ノ飲食ヲ誤用メ焮衝熱ニ移リ瀉血過度ニ由テ又神經熱トナリ終ニ亦間歇熱ニ變スルヿアルカ如シ］
徴候　悪寒發熱脈駃數四肢倦怠小便違常之ヲ熱病ノ通證トス然ノ其熱一向ニ稽留持續スル者アリ或ハ進退弛張スル者アリ但シ熱證全ク間歇スルヿアル者ハ此ニ屬セス［急性熱病ニ非ルヲ云フ後ニ本條アリ］
扶氏遺訓　巻之一　一　適適齋藏

（Heete＝激しい、熱い、暑い／koorsten＝熱病）となる。オランダ商館長 Hendrik Doeff が、ハルマの『蘭仏辞書』のフランス語訳の部分を日本語に訳した蘭日辞書の『ズーフ・ハルマ』[5]（ドゥーフ・ハルマ）にも、Heet. Heete の見出し語には「熱き」としており、用例にみえる Heete koorts は「やけるやうなコールツ」とあり、「急性」という訳語は見えない。Heete koorsten を急性熱病と訳したのは、字句に拘泥しない洪庵の翻訳姿勢によるものとも考えられる。ただ、『講談社オランダ語辞典』では、「短気な、おこりっぽい」となっている heetgebarerd を、『ズーフ・ハルマ』には「性急なる」とあるので、あるいはこのような語義を用いたのかも知れない。また、vaatstelse も『講談社オランダ語辞典』では「血管系、リンパ管系」とあるが、洪庵は「心臓血脈」と訳しているようである。

3　『扶氏経験遺訓』の漢字

『扶氏経験遺訓』について

原本は、多くの図書館が所蔵していて、数多く刷られたことがわかる。『緒方洪庵全集』（大阪大学出版会、二〇一〇年）

1、2に『扶氏経験遺訓上・下』が翻刻、刊行された。これには芝哲夫編の語彙索引が付けられていて、洪庵研究や『扶氏経験遺訓』研究の基本的な文献である。なお、以下の翻刻は、データ処理のために架蔵本によって電子化したものである。

今回の調査で用いたのは、本文編九冊、薬方二冊、付録三冊の計一四冊本からなる架蔵本である。前頁の図は、巻一冒頭部の一丁表と裏を合せたものである。

初冊の題簽は「扶氏經驗遺訓一二三」とあり、巻一・二・三は合本されている。以下同様である。見返しには「安政四年丁巳初秋新雕」と右から左に横に書かれた刊記があり、「緒方洪庵譯本／扶氏經驗遺訓／適適齋藏」とある版である。なお、早稲田大学、大阪成蹊短期大学所蔵本のように合本になっていずに、巻毎に一冊となっていて、形態は架蔵本とは異なる本もあるが、見返しは同じであり、本文においても異同はないように思われる。

次に巻一、一丁表裏、二丁表を翻刻して示す。割り注は〈　〉にくくってポイントを落として示した。一行の文字数は、小書きの文字を除いて二〇字であるが、改行せずに示した。小書きの文字はポイントを落とした。

【資料4】

扶氏經驗遺訓巻之一

足守　緒方章公裁　同譯
義弟郁子文
西肥　大庭忞景徳　參校

第一編

急性熱病〈「フェブリスアキュター」羅「ヘーテコールツ」蘭〉

總論

凡ソ熱病品類多シト雖モ之ヲ要スルニ心藏血脈ノ運動亢進シ諸器ノ運營増盛シ以テ體温過越セル一轍ノ急性病ナルノミ」故ニ諸々熱病其初メ焮衝性ナラサル者ナク勢ヒ纔カニ増劇スレハ輙チ眞焮衝熱トナル」是故ニ又諸々熱病必シモ其區域ヲ固守セス精力ノ旺衰ニ隨ヒ生機ノ轉變ニ應シテ或ハ互ヒニ交換シ移リ或ハ逐次ニ經過シ傳フルヿアリ〈喩ヘハ始メ單純熱ナル者熱性ノ飲食ヲ誤用メ焮衝熱ニ移リ瀉血過度ニ由テ又神經熱トナリ終ニ亦間歇熱ニ變スルヿアルカ如シ〉

徴候　悪寒。發熱。脈駃數。四肢倦怠。小便違常。之レヲ熱病ノ通證トス然メ其熱一向ニ稽留持續スル者アリ或ハ進退弛張スル者アリ但シ熱證全ク間歇スルヿアル者ハ此ニ屬セス〈急性熱病ニ非ルヲ云フ後ニ本條アリ〉凡ソ熱病ノ解散スル大抵第七日第十四日第廿一日第廿八日ヲ以テス故ニ之ヲ分利日トス又其經過ヲ五期ニ別ツ初期。進期。極期。退期。復期。是ナリ而メ其極期ハ即チ應サニ分利ヲ營ムヘキノ期トス故ニ此時ニ於テ其分利全キ者ハ必ス較然タル排泄〈發汗尿迸等〉有テ率ネ復期ニ至ルマテ連綿ス」分利若シ全キヲ得サレハ轉徙〔病〕變形〔病〕ヲ以テ他病ニ變シ或ハ病ヒ益々劇クシテ總身ノ生力虚脱シ若クハ貴重ノ器其害ヲ被ムリテ終ニ死滅ニ歸ス」其全分利ヲ得ルト否ラサルトハ殊ニ皮膚ト小便ト

漢字の計量

調査の対象としたのは、巻一～五までの序文、凡例、目次を除いた本文部分の全てである。すなわち書名、訳者、校訂者、各巻最後の「扶氏經驗遺訓巻之一終」などとあるものも含めた。さらに、注記、この中には緒方洪庵自身の考えを書いた部分（〔　〕で示されている）もあるがこれなども含め、加えて、『病学通論』『舎密開宗』などに記述があることを示した〔病〕〔舎〕などの記号と思われるものなども含めた。また、ラテン語、オランダ語での病名を片仮名で示したあとで「羅」「蘭」と言語を注記しているが、これらの「羅」「蘭」も含めた。

今回の調査は、分量的には『扶氏経験遺訓』本編二五巻の約18％であるが、洪庵の『病学通論』全三巻（予定では全一二巻）、青木浩斎『察病亀鑑』全三巻のほぼ倍の分量であるので、この種の医学書の調査の量としては決して少なくないと考える。

コンピュータで処理するために、本文の電子化にあたっては次のような基準に基づいて入力した。

①原文本文部分の字体がJIS漢字にないために、JIS漢字にある現行字体で入力したもの。

悪→悪／黄→黄／囬→回／蟹→蟹／陥→陥／卧→臥／强→強／既→既／器→器／冝→宜／昊→具／逥→迴／兼・兼→兼／髙→高／指→指／狀→状／寸→時／施→施／騷→騒／鼠・竄→鼠／增→増／但→但／脫→脱／點→點／涅→泥／熱→熱／能→能／亾→亡／忘→忘／靣→面／遊→遊／罹→罹／屢→屢／潑→溌

②原文本文部分に二字体あり、その双方ともにJIS漢字にあり入力したもの。なお、処理にあたっては、後述するとおり、これら複数字体を傍線を施した字体にまとめた。

悪・惡／解・觧／器・噐／慎・愼／静・靜／腸・膓／没・沒／綿・緜／将・將／来・來／為・爲／舎・舍／真・眞／鬱・欝／擧・舉／欠・缺／縦・縱／乗・乘／蘇・蘓／邊・邉／両・兩／冒・冐／塩・鹽

③原文本文部分に二字体あるが、JIS漢字には一方しかなく、入力はJIS漢字（下の字）のみにしたもの。

昊・具／增・増／熱・熱／随・隨／羮・羹

極端な例を示せば、『扶氏経験遺訓』には「悪・悪・悪」の三つの字体があるが「悪」に統一した。

なお、字体については、緒方洪庵自身が、「初編都合七十四丁慥ニ入手仕候。段々御配慮千万難有奉多謝候」と箕作秋坪に書き送った安政四年閏五月一二日付けの手紙の中で、版下の字体（×・○・△は注記に原本字体を示した）について注文している所がある。洪庵が手紙の中で言っている「初編」は巻一〜巻三までの初秩の意である。

【資料5】

×の字形不面白、名物考凡例ヲ手本ニ御見セ可被下候事。（注記）×・○・△
刺衝刺絡ナドの刺字ミナ一画多キ事。刺トアリ。刺ナリ。
施ノ字施トアリ。イカガ
疫ノ字○トアリ。イカガ
其外但ヲ△ト書シ、共ヲ共ト記スル類定メテミナ漢例有之事と相察し候へ共、願ハクハ世眼ニ慣レタル字形ニイタシ度奉存候事。是等何卒御序に御命置可被奉願候。
（緒方富雄・適塾記念会編『緒方洪庵のてがみ（その一）』菜根出版、一九八〇年。『緒方洪庵全集第四巻日記書状（その一）』大阪大学出版会、二〇一六年）

洪庵の手紙をうけて改められたことを示すために、巻一と巻四のそれぞれ一丁表のコピーを【資料6】として次頁に示す。扶の偏の第二画のはねの違い、「同譯」（巻一）と「仝譯」（巻四）、「編」の旁の第一画と第二画とが離れている（巻一）のとつながっている（巻四）のとの違いなど、版下の違いがあることが見て取れる。手紙のなかで洪庵が指摘した字体は、巻四以下では彼が要望した字体になおっている。

それ以外にも、複数字体のうち、「真・眞」は、巻一～三までは「眞」で、巻四、五は「真」とあり、【資料5】の洪庵の手紙にあるように、初編（巻一～三）とそれ以下との版下の違いと思えるものである。これと同様の字体としては、「鬱」と「欝」、「擧」と「舉」、「鎭」と「鎮」などあるが「解・鮮」のように、同一頁の隣り同士の行で同一語を二つの字体で表記しているものもある。

弱ヲ起サスメ患部ノ積血ヲ疎解スレハナリ（巻五・11オ7）

積血ヲ疎鮮シ滞液ヲ吸収セシムルノ術モ亦怠（巻五・11オ8）

『真福寺本将門記』では、複数字体に使い分けの或る場合（拙稿「真福寺本将門記にみえる複数字体の漢字について

【資料6】巻一と巻四

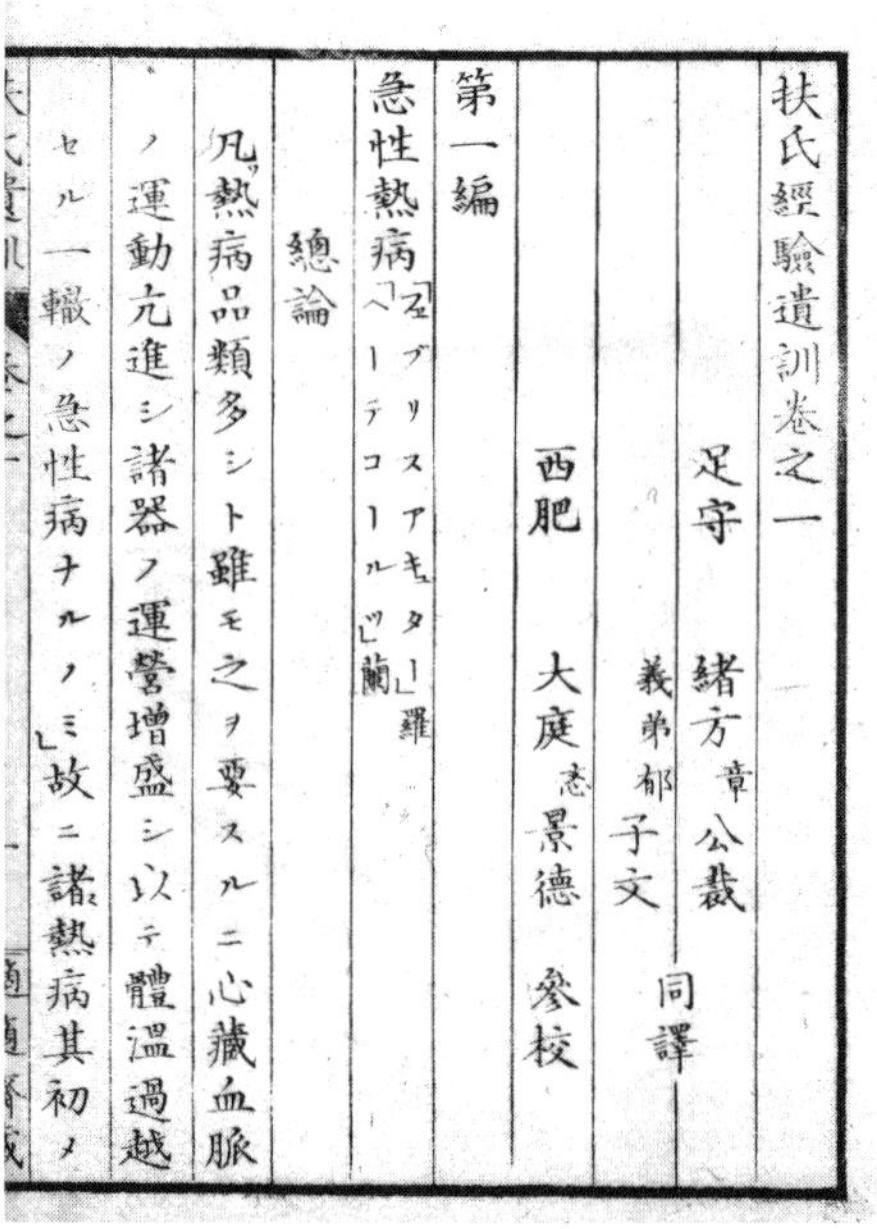
扶氏經驗遺訓巻之一
足守　緒方章公裁
義弟郁子文　同譯
西肥　大庭忞景徳　參校
第一編
急性熱病「フエブリスアキュータ」羅「ヘーテコールツ」蘭
總論
凡ソ熱病品類多シト雖モ之ヲ要スルニ心藏血脈ノ運動亢進シ諸器ノ運營増盛シ以テ體温過越セル一輙ノ急性病ナルノミ」故ニ諸熱病其初メ

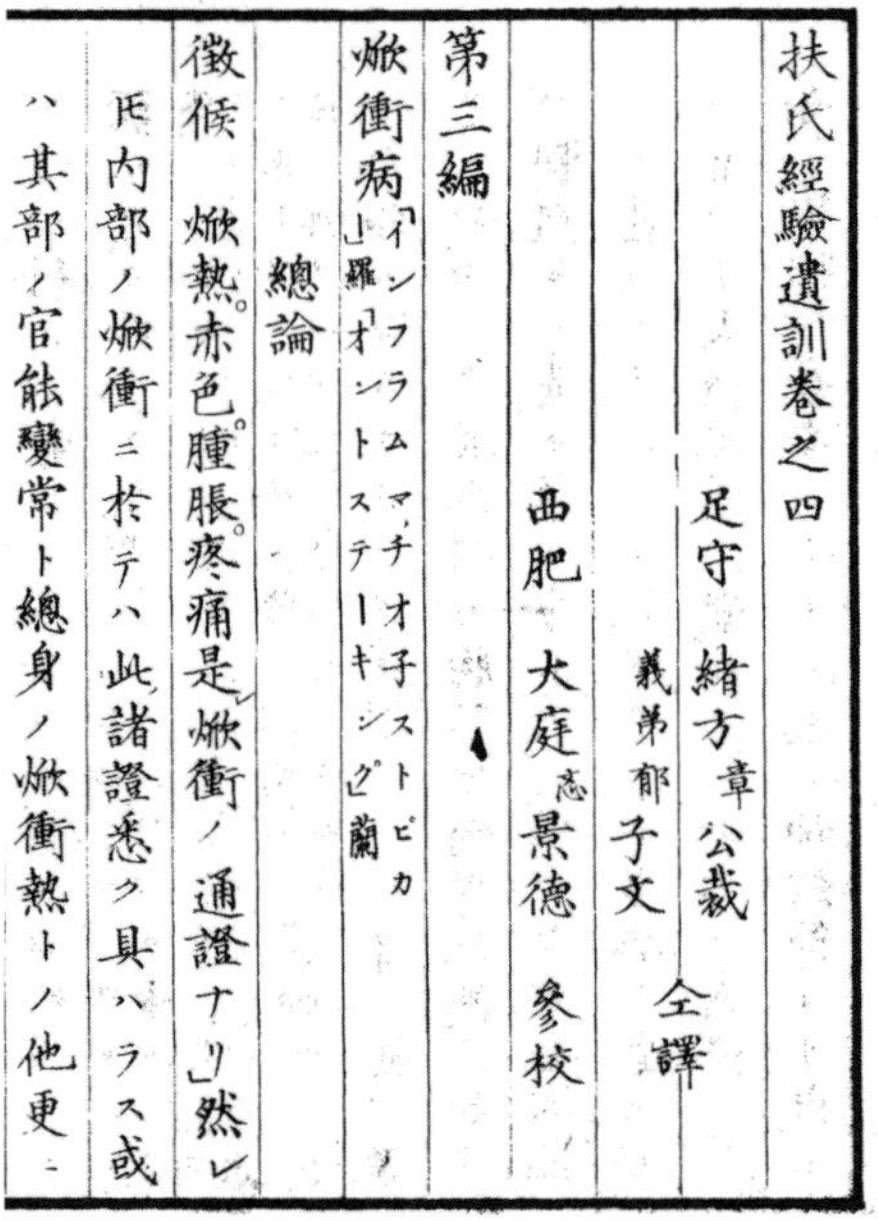
扶氏經驗遺訓巻之四
足守　緒方章公裁
義弟郁子文　仝譯
西肥　大庭忞景徳　參校
第三編
焮衝病「インフラムマチオ」羅「オントステーキング」蘭
總論
徴候　焮熱。赤色。腫脹。疼痛。是焮衝ノ通證ナリ」然レ氏内部ノ焮衝ニ於テハ此諸證悉ク具ハラス或ハ其部ノ官能變常ト總身ノ焮衝熱トノ他更ニ

—日本語の歴史における漢字の受容—」「同志社国文学」41号、一九九四年一〇月）があり、このような事例では同一字としてまとめることはできないが、『扶氏経験遺訓』巻五までについては、そのような類の複数字体はない。さらに、「心藏」（巻二）と「心臓」（巻五）のように「藏」「臓」とが用いられているがこれも、【資料1】にある洪庵の指示によって巻四以降訂正された結果と思われるが、字体の違いとは異なり、字そのものが違っているので、これについては、問題もあるが原文のままにした。「草」と「艸」、「欠」と「缺」は別字体として原文どおりとした。

また、「一輙ノ急性病ナルノミ」故ニ諸々熱病其初メ」（巻一・1オ10）にみえる繰り返し符号は、直上の漢字と同じと考えて処理する方法もあり、筆者も他の調査ではそのように処理したこともあったが、「諸々」が一つの表記

であると考え、「々」は記号として処理した。なお、「々」を含む漢字列は左のとおりである。数字は用例数である。

一々＝1／益々＝9／各々＝25／間々＝10／僅々＝1／偶々＝5／交々＝3／時々＝7／屢々＝19／種々＝8／諸々＝17／少々＝1／甚々＝1／但々＝1／微々＝3／慢々＝1／綿々＝1／愈々＝17／唯々＝16／抑々＝3／區々＝1／徃々＝1／數々＝1／稍々＝2／

また、「若シ全キヲ得サレハ轉徙〔病〕變形〔病〕」のように、他の書を参照するようにした記号も対象にしたが、この種のものの一覧は左の通りである。数字がその用例数である。

〈鏡〉＝12、〈病〉＝21、〈附〉＝6、〈補〉＝16、〈名〉＝78、〈舍〉＝7

さらに、〈急性熱病「フェブリスアキュター」羅「ヘーテコールツ」蘭〉のように原語を注記した「羅」「蘭」も対象としたが、それらの用例数は左の通りである。

蘭41、羅43

右に述べた基準で作成した本文に用いられている漢字は【資料7】のとおりである。

【資料7】

延べ字数	31645
異なり字数	1668
平均使用度数	19.0

上掲【資料7】は『扶氏經驗遺訓』の巻一から巻五までに範囲を限って調査した漢字の定量的調査結果である。『扶氏経験遺訓』全体から見れば本編二五巻の約18％であるが、前述したように同じ洪庵の著作である『病学通論』全三巻（予定では全一二巻）、青木浩斎の『察病亀鑑』のほぼ倍の分量である。

片仮名を含めた総文字数は五六七六九字で、漢字は総文字数の56％（＝漢字含有率）にあたる。精査を行なったがなお存在するであろう誤入力を考えれば、延べ約三一六〇〇字の漢字が使われて、異なり字数＝種類は、延べ字数の5％程度の一六〇〇字であると捉えておいてよいであろう。異なり字数の数からだけ言えば、新常用漢字[6]二一三六字よりも少ない。

4　漢字の概観と漢字列

a．累積使用率からみると、上位263位までで71％をカバーし、上位383位までで80.2％をカバーし、上位622位までで90.3％をカバーしている。すなわち、90％をカバーするのには、『扶氏経験遺訓』で使われている字種の四割以下でまかなえる、ごく粗く言えば、使用度数上位四割の漢字の音、訓の読みが分かっていれば、『扶氏経験遺訓』は90％読めるという計算であるが、語彙が関係するので、理解できるということにはならない。

b．者、其、等、之、此などが多いのは、これらの漢字が「もの・その・など・これ・この」などの日本語の語彙調査のおりにも上位に来る語を表記している結果である。「以、如、然、而」などは文体からくるものであろう。「或」も「××或いは○○」という表現が多いためであり、同様に文体の事情によるものと考えられる。

c．衝、焮は、現代語の「炎症」に該当する「焮衝」を表記するのに用いられていて、その語の使用度数が200以上あることによる。

d．熱、病は、調査対象とした巻が熱病を説明している箇所であることによる。

e．諸、證は「諸證」、部は「患部・一部」の例が多いことにもよるが、證は現代では「症」の字が使われる「軽證・劇證・○○證」などの漢字列に用いられていることが、使用度数の多い結果となっている。

f．發は、「發汗・發熱」などの漢字列の表記以外に、「痛ヲ發スル・粟疹ヲ發シ・證ヲ發スル」などの表現が多いことによる。

g．神、經は、「神經」「經驗」を表記しているからである。

h．血、液、痛、藥は、医学書であるので多いのは当然である。

【資料8】

以下、上からア累積使用率　イ使用度数　ウ同位の異なり字数　エ漢字列の意である。紙幅の関係で累積使用率80％（使用度数20）以下は省略して数値のみを【資料9】として示した。累積使用率37.7％以上、使用度数100以上については、当該漢字を含む二字漢字列の一部を示した。また、傍線を引いた漢字（使用度数100まで）は、二〇一七年三月に改訂された学習指導要領「国語」の「学年別漢字配当表」にある、小学校で学習する漢字一〇二六字にみえる漢字である。ただし、「證」のように、小学校では「証」であるという字体の違いは学習する漢字とした。

ア	イ	ウ	エ
2.3％	[722]	1＝者	〈患者・學者・醫者〉
4.0％	[533]	1＝其	
5.5％	[492]	1＝衝	〈衝痛・衝動・衝撞・焮衝・刺衝〉
7.0％	[477]	1＝熱	〈熱氣・熱勢・熱性・熱毒・熱病・温熱・加熱・解熱・起熱・灼熱〉
8.5％	[474]	1＝焮	〈焮灼・焮腫・焮衝・焮痛・焮熱・防焮〉
9.7％	[368]	1＝證	〈外證・劇證・兼證・諸證・定證・熱證・病證・本證・惡證〉
10.8％	[358]	1＝或	
11.9％	[350]	1＝病	〈病因・病患・病弱・病後・發病・各病・胸病・疾病・諸病・肺病〉
12.8％	[290]	1＝法	〈法則・法律・試法・治法・捷法・通法・良法・瀉法〉
13.7％	[279]	1＝血	〈血液・血管・血行・血脈・血量・赤血・多血・咯血・吐血・下血〉
14.6％	[277]	1＝發	〈發汗・發現・發作・發疹・發熱・揮發・現發・病發・奮發〉
15.4％	[275]	1＝等	〈同等・中等〉
16.3％	[262]	1＝之	

17.4% [248]　1＝一〈一向・一時・一次・一種・一層・一定・一部・一般・一擧・同一〉
17.8% [222]　1＝治〈治術・治法・治療・全治・退治・難治・不治・醫治・誤治・根治〉
18.4% [221]　1＝此
19.1% [219]　1＝性〈性質・性命・急性・虚性・劇性・弱性・天性・熱性・本性・悪性〉
19.8% [213]　1＝用〈用法・過用・外用・兼用・誤用・功用・作用・代用・常用・連用〉
20.5% [205]　1＝經〈經過・經久・經血・經年・經閉・經證・經驗・月經・神經〉
21.0% [186]　1＝部〈部位・一部・外部・内部・各部・患部・胃部・胸部・腎部・頭部〉
21.6% [183]　1＝諸〈諸因・諸液・諸患・諸器（噐）・諸臟・諸病・諸方・諸證・諸國〉
22.2% [174]　1＝以〈以上　以内　以爲（おもへらく）　所以（ゆゑん）〉
23.2% [169]　2＝液〈飲液・稀液・血液・津液・粘液・體液〉
　　　　　　　多〈多飲・多寡・多血・多少・多量・過多〉
23.8% [163]　1＝刺〈刺戟・刺衝・刺痛・刺絡〉
25.2% [155]　3＝神〈神氣・神經・精神〉
　　　　　　　痛〈痛風・胃痛・胸痛・劇痛・頭痛・疼痛〉
　　　　　　　如〈如何（いかん）〉
25.7% [153]　1＝藥〈藥液・藥草・藥味・藥劑・温藥・下藥・主藥・毒藥・熱藥・方藥〉
26.6% [150]　2＝起〈起因・喚起・催起・腫起・堆起・蜂起・隆起〉
　　　　　　　是
27.1% [145]　1＝脈〈脈管・脈力・血脈・動脈・尿脈・靜脈〉

27.6% [142] 1=大〈大人・大抵・大率・大概・大狂・一大・強大・最大・増大〉
28.0% [140] 1=患〈患害・患苦・患者・患部・疾患・諸患・病患・餘患〉
28.4% [139] 1=由〈自由・原由〉
28.9% [135] 1=然〈確然・依然・較然・頑然・自然・卒然・班然〉
29.3% [133] 1=因〈遠因・起因・近因・原因・所因・諸因・素因・病因・誘因〉
30.1% [129] 2=故〈事故〉
若
30.5% [128] 1=甚〈激甚〉
31.4% [127] 2=分〈分界・分析・分泌・分娩・分利・分離・分量・分辨・三分〉
劑〈飲劑・鉛劑・下劑・散劑・舐劑・藥劑〉
31.7% [124] 1=吐〈吐下・吐逆・吐血・吐劑・吐涎・吐瀉・嘔吐〉
32.1% [118] 1=徵〈徵候・確徵・死徵・諸徵・善徵・定徵・良徵・惡徵〉
33.2% [117] 3=時〈時期・時刻・一時・三時・春時・瞬時・定時・同時・當時〉
而
亦
33.5% [115] 1=毒〈毒性・毒中・毒虫・毒物・毒藥・犬毒・邪毒・諸毒・病毒・黴毒〉
34.6% [114] 3=下〈下血・下剤・下肢・下利・上下・心下・皮下・嚥下・瀉下〉
得
二〈二三・二般・二服・二錢・第二〉

35.0% [113]　1＝與
35.3% [112]　1＝動｜〈動機・動作・動靜・感動・運動・劇動・激動・衝動・發動〉
36.4% [110]　3＝行｜〈行歩・運行・血行・循行・立行〉
内｜〈内外・内臟・内部・以内・眼内・口内・室内・腹内・體内〉
利｜〈利尿・下利・快利・分利〉
37.0% [108]　2＝過｜〈過越・過強・過劇・過失・過酒・過食・過敏・看過・經過〉
名｜〈一名・地名・地名〉
37.4% [105]　1＝第｜〈第一・第三・第七・次第〉
37.7% [100]　1＝腸｜〈腸胃・腸管・腸内・直腸・盈腸・小腸〉
38.3% [97]　2＝宜　全
38.6% [96]　1＝劇
38.9% [95]　1＝力
39.8% [94]　3＝胃　間　兼
40.4% [93]　2＝感　後
41.0% [92]　2＝外　生
41.5% [91]　2＝殊　爲
41.8% [90]　1＝水
42.7% [89]　3＝候　質　瀉
43.2% [88]　2＝十　要
43.8% [86]　2＝少　常
44.3% [81]　2＝腫　轉
44.5% [80]　1＝日
45.8% [79]　5＝所　麻　羅　絡　鬱
46.5% [75]　3＝弱　消　變
46.7% [74]　1＝加
46.9% [73]　1＝四
47.2% [72]　1＝必
47.4% [70]　1＝施
48.0% [69]　3＝三　歇　氣

48.7%［68］3＝小積増
48.9%［67］1＝至
50.1%［66］6＝衰他能腐唯腦
50.4%［65］1＝中
50.8%［64］2＝肺類
51.0%［63］1＝雖
51.3%［62］2＝且強
51.9%［61］3＝物方防
52.5%［60］3＝急服處
52.9%［59］2＝膏覺
53.0%［58］1＝結
53.4%［57］2＝進膿
54.5%［56］6＝皆機吸功斯身
55.2%［55］3＝石敗總
55.7%［54］3＝及但度
56.2%［53］3＝原貼凡
56.8%［51］4＝非良實疼
57.4%［50］4＝在退便毎
57.6%［49］1＝胸
58.4%［48］7＝温終同那又量數
59.4%［47］5＝幾虚酒頭皮
59.7%［46］2＝難冷
60.7%［45］7＝各自足腹蘭仍體
61.1%［44］3＝解不兒
61.6%［43］4＝期久先痙
62.4%［42］6＝運汚合重食有
62.7%［41］2＝意硬
63.6%［40］7＝色清即抵粘膜僂
64.0%［39］3＝壊減除
64.8%［38］7＝飲共極死染注泄
65.5%［37］6＝易布復別亞壯
66.5%［36］9＝阿異寒管止出傳汞隨
66.8%［35］3＝甘始冒
67.7%［34］8＝謂可作蒸直營惡輕
68.5%［33］8＝交爾種臟息連芫菁
69.5%［32］10＝右延最子次乃微列和疽
71.0%［31］15＝越於黄却局侵勢赤漸卒
膚勞蜞當眞

71.7%［30］　7＝危上心閉無勿蓉
73.0%［29］　14＝移汗緩去固人遷前定芙併面滯鍼
73.6%［28］　7＝既盛脱脹軟攣欬
74.6%［27］　12＝凝呼五口細散主通密誘辨痓
75.0%［26］　5＝現昏失對氏
75.9%［25］　12＝近具純尚精尿排風本留痺餘
76.3%［24］　5＝素速敏兩徙
77.1%［23］　10＝害肝器係喉状適煩來膽
78.0%［22］　13＝咽回眼砂術浴流壓灌礦鎭驗溻
78.8%［21］　12＝恐緊効痔條睡相知潰篤悶静

【資料9】

ア 累積使用率	イ 使用度数	ウ 異なり字数
80.2%	20	23
81.3	19	19
82.2	18	14
82.9	17	14
84.1	16	24
84.9	15	16
85.6	14	16
86.6	13	27
87.7	12	27
88.0	11	29
89.4	10	21
90.3	9	32
91.5	8	49
92.8	7	57
93.9	6	56
95.3	5	89
96.4	4	94
97.5	3	114
98.8	2	207
100	1	381

使用度数100までの漢字は、小学校で学習する一〇二六字（二〇一七年改訂の『学習指導要領』による）と重なる漢字が多い、言い換えると「易しい」漢字が多いが、その漢字で書かれている漢語、漢字列は小学生の理解をはるかに超えたものが並んでいる。

5 『扶氏経験遺訓』の漢字列

作成した『扶氏経験遺訓』巻一から巻五までの二字からなる漢字列は、そのなかには、「足守」という洪庵の生誕地を含んでいたり、本来は「類、是レ」というところを機械的な処理のために「類是」という漢字列に取ってしまっているのもあるが、二三六四の漢字列を得たなかから、乱数表を使って4.2%にあたる一〇〇の漢字列を取り出した。一〇〇には割合を見るために便宜であるということ以外の理由はない。二三六四の二字漢字列は頻度順（＝の下の数値）に並べると

1焮衝＝208、2治法＝129、3刺絡＝73、4血液＝67、5諸證＝65、6欝積＝53、7衰弱＝49、8徴候＝49、9瀉血＝47、10患者＝46、11生力＝45、12分利＝45、13疼痛＝45、14患部＝41、15刺衝＝38、16汚物＝33、17神經＝33、18一部＝31、19幾那＝31、20原由＝31（以下略）

のようであるが、無作為に一〇〇を選ぶために、乱数を割り当て、そこから一〇〇を乱数表を使って取り出した。

取り出した一〇〇の二字漢字列を、『日本国語大辞典第二版』（以下『日国』）と照らし合わせ、見出し語としての記載の有無、見出し語に登載されていれば、示されている用例の時代を見た。「無作為」と言いながら、『扶氏経験遺訓』の巻一から巻五という対象とした巻は無作為でなく、この五つの巻の内容（巻一、巻二は第一編「急性熱病」、巻三は第二編「慢性熱病」、巻四、巻五は第三編「焮衝（炎症の意）病」）から来る語の偏りがあるのは、【資料8】の漢字の用例数にも現れていた。

右に述べた問題点もあるが、『日国』に登載されていない漢字列（漢字語）は次に示すaのとおりである。地名（足守）、数量（三銭・三氏）を表しているもの、原語の音訳（weiウエイ「沕乙」）以外に漢字表記の違いから来るものがあるが、これについては、漢字語（漢語）として取り上げたほか、見出し語にあるとしたものには「推按」を「推案」、「襍用」を「雑用」と同じと見なした語がある。

なお、前述したように、適塾記念会緒方洪庵全集編集委員会編『緒方洪庵全集第一巻扶氏経験遺訓上』『緒方洪庵全集第二巻扶氏経験遺訓下』（以下全集上、全集下と略称）が刊行され、全集下に芝哲夫よる「語索引」が収められ、それによって芝による注釈をも参看できる。全巻を対象として作成された「語索引」によって行うべき作業のようでもあるが、「語索引」は、例えば、「一轍・区域・固守・難事」などは立項されておらず、『扶氏経験遺訓』の全語彙が取られているのではない。それゆえ、すでに作成していた巻一から巻五までの電子化データを用いて、『扶氏経験遺訓』の漢字列（語）の性質を考察して、本書に用いられた漢字語の大凡の姿を捉えようとしたのである。

a『日本国語大辞典第二版』の見出し語にない漢字列（語）

過房＝1、眼赤＝1、機撥＝5、~~機發＝5~~、強實＝6、＊凝流＝1、~~近由＝1~~、三銭＝1、三氏＝1、△諸器＝1、除遂＝1、尖挺＝1、△全腹＝1、×足守＝5、第七＝1、△同比＝1、×琶布＝4、肺肋＝1、浮大＝3、飽旨＝1、脈度＝3、脈力＝1、~~類是＝1~~、△兩病＝1、呃逆＝5、嚴醋＝1、屎氣＝1、増熱＝2、籥（磠）砂＝17、經日＝1、舐劑＝3、鹽浴＝1、×沕乙＝14

右の例で、「＊凝流」は、全集は「凝流二体」としていて「凝体と流体」で「凝・流」と考える可能性のあるもの、△は「諸々の○○」「全ての○○」「同じ○○」「兩つの○○」などとして考えられ、辞書の見出し語には取られないと考えられるもの、×は地名、音訳であり、見出し語に出ることがないと思われるものである、その他、数詞を伴っているものも見出し語には上がることがないと思われる。‖二重線は、データの誤入力や二字漢語として取り出しの誤りであるが、乱数表を用いたのであらためて削除することはしなかった。これら以外のものが、『日国』の見出し語に無いと考えてよいものである。＊1、△4、×3、‖3であり、母集団二三六四のそれぞれ1％、4％、3％、3％を占めていると考えることになる。「機發」は「機撥」の誤入力で、「機撥」は一〇例である。

「過房」は、「其漸ニ衰耗セシムル者ハ過劇ノ刺衝。非常ノ労力。房事過度。熱病。」（巻一一）とある「房事過度」、あるいは、「房労過度。年齢傾老等ニ由テ甚シク衰弱セル者」（巻二一）の「房労過度」を二字の漢字列にしたものであろう。『漢語大詞典』には立項されているが、語義は「子どもが居ないので兄弟や親戚の子どもを跡継ぎにする」「人の子どもを我が子と言ったり、義父母であると言う」こととあって、洪庵の「過房」とは語義を異にする。「語索引」には「過」を含む漢字列では、「過愛、―溢、―飲、―越、―喫、―久、―急、―誤、―酸塩酸、―餐、―失、―酒、―酒酩酊、―少、―剩、―食、―甚、―盛、―泄、―動、―動飲酒、―敏症、―不及、―服、―用、―慮、―了、―量、―労」は立項されているが、「過房」は立項されていない。また、『漢語大詞典』に立項されているのは、「過愛、―飲、―越、―誤、―失、―酒、―甚、―動、―敏、―不及、―用、―慮、―量」である。立項されている上記の漢字列からは、洪庵が翻訳にあたって造「語」した様相がみてとることができる。「語索引」にみえる「過」を含む漢字列が、『日国』に立項されているか、どの時期の用例があがっているかを示したのが次の【資料10】である。

【資料10】を見ると、『日国』に登載されている六割が明治以降に使用があったもので、『漢語大詞典』に登載されている、中国と連絡がつく漢語は四割という結果が見える。なお、「過量」「過労」は、『日国』はともに『福翁百話』の例をあげている。諭吉が洪庵のものに学んだという語であるとの推測をさせられる漢字列である。付け加

【資料10】

語索引	『日本国語大辞典第二版』	『漢語大詞典』	語索引	『日本国語大辞典第二版』	『漢語大詞典』
過愛	×	○	—食	一八七五	×
—溢	一八九三	×	—甚	一七五六	○
—飲	一八九四	○	—盛	×	×
—越	一四七七	○	—泄	×	×
—喫	×	×	—動	下斜筋過動症	○
—久	×	×	—動飲酒	×	×
—急	一七八一	×	—敏症	一八八六	○
—誤	一七八七	○	—不及	一五七一	○
—酸塩酸	過酸化	×	—服	×	×
—餐	×	×	—用	一八二七	○
—失	七〇三	○	—慮	一八九七	○
—酒（家）	×	過酒	—了	×	×
—酒酩酊	×	×	—量	一八五九	○
—少	一九二八	×	—労	一八九七	×
—剰	一八七五	×			

えれば、「**過房**」は、ホブソン（合信）『内科新説』（『幕末期医学書復刻Ⅱ』冬至書房、一九八六年）に漢字列ではないが、「有因房事過度者」（巻上頭痛）が見える。「**浮大**」は、同『西醫略論』（『幕末期医学書復刻Ⅱ』冬至書房、一九八六年）巻中[中風証]に「凡人忽然昏倒、不ㇾ省二人事一、脈浮-大、面紅-腫、鼻-息聲-高而粗」と見える。さらに、「**呃逆**」は、『漢語大詞典』は明の李時珍『本草綱目』を引いている。

「**眼赤**」は西山英雄『漢方医語辞典』（創元社、一九七一年改訂再版）には、「眼目赤腫」が見出し語にあり「眼が赤く腫れること」とある。このように見てくると、洪庵の造語になるものもあるが、江戸時代に入った中国の漢、洋の医学書からの影響で、当時の漢方医、蘭方医の理解語や使用語になっていたものも当然のこととして考えられるのである。

b『日本国語大辞典第二版』の見出し語にある漢字列（語）

＝の下の数字は、『扶氏経験遺訓』巻一～五の用例数である。

①中世以前の例がある漢字列（語）　30

1安静＝2、2一般＝7、3一服＝2、4夏日＝1、5戒慎＝1、6皆是＝1、7驚駭＝2、8稽留＝7、9差異＝2、10産婦＝1、11少壮＝6、12心臓＝4、13性命＝2、14整薺＝2、15泉源＝1、16大便＝10、17悲愁＝2、18病後＝2、19方今＝1、20没薬＝2、21本證＝3、22容易＝1、23假令＝3、24悪露＝1、25擧動＝1、26數日＝1、27溷濁＝4、28眩暈＝2、29解散＝3、30襍（雜）用＝1

②近世以降の例のみがある漢字列（語）　22

一七〇〇年以前の例があがっているもの　11

1外傷＝9、2肉食＝3、3鬱滞＝1、4骨膜＝2、5諸地＝2、6心悸＝1、7的切＝2、8癒着＝1、9睾丸＝2、10焮腫＝2、11病毒＝24

一八〇〇年代以降の例があがっているもの　11

1疑似＝2、2循行＝1、3側臥＝1、4預防＝3、5減殺＝1、6通常＝5、7吐剤＝30、8内面＝1、9脈動＝6、10壓窄＝2、11靜脉＝1

③明治以降の例のみがあるもの　11

1加熱＝1、2感染＝8、3奇功＝1、4強烈＝1、5原由＝31、6推按（案）＝1、7赤血＝1、8逐次＝1、9熱性＝12、10縫合＝1、11膽石＝1

④古代中国語の例のみがあがっているもの　3

1灰汁＝1、2灰色＝1、3殘痕＝1

文久年間（一八六一〜一八六四）には成立していた『航米日録』には、③にある「**強烈**」が、「大砲〈二百ホンド〉ヲ発ス、声極メテ強烈ナリ、然レドモ小砲ノ声ニ比スレバ響甚シキニ至ラズ」（巻六、日本思想大系一六七頁）とあり、「**縫合**」も、「台下足ヲ掛クル処アリ、是ヘ足ヲ掛クレバ、其車運転シテ台上ノ針自然ト上下シ、暫時ニ四五尺モ縫へ《ママ》出スナリ。尤糸ノ繰出シ等皆台上ニ備ル。其縫合、俗ニ所謂寛政縫ノ如クニシテ極メテ精密ナリ」（巻一、同右二九頁）とみえる。また、「**熱性**」は、「早稲田大学古典籍データーベース」に公開されている坪井信道書写『道訳氏法馬』が、"heet, sherp"の訳に、「熱辣なる」として、その割り注に「蕃椒胡椒のごとき熱性なるをいう」とあるのに見える。「**赤血**」はホブソン『内科新説』に「左下房主發赤血運行週身」（巻上心病證論）とあるのに見える。語彙が閉じられた世界ではないことによって、語彙の新旧を問題にするにあたっては、早くに佐藤喜代治が、橋本左内（一八三四〜一八五九）の書簡に用いられた漢語のなかで、「漢籍または漢訳仏典に典拠を見いだし得ず、わが国の文献にも用例があるか否か確かでないもの」として、「悪評・異存・寄留・恐縮・患者・完了」をあげたうえで、「これらも今後の調査によって出典・用例を見いだし得るかと思ふ」（「橋本左内の書簡に見える漢語について」［『国語と国文学』四四巻四号、一九六七年四月。『国語語彙の歴史的研究』明治書院、一九七一年に収録］）としたように、留保しなければならないことが多い。

事実、橋本が適塾で学んだ洪庵のこの『扶氏経験遺訓』に「**患者**」が見えるのである。(7) しかし、「患」は、『康熙字典』が「《説文》憂也。《玉篇》禍也，疾也。《廣韻》惡也，苦也。」と小学書を引いているように、「ウレウル者」

「クルシム者」としての「患者」は、漢籍に詳しい江戸の武士達には造語が可能である。誰が先に用いたか、どの文献が先か、また、影響を受けたかという調査も欠かせないが、右のような無作為抽出によって得られた数値をもって、当該文献の語彙のありようとしておきたい。

くりかえすことになるが、二三六四の漢字列（語）から無作為に一〇〇を抽出して、『日国』に挙がってる用例を基準にして右のように分類してみた。二三六四を母集団、十分な大きさではないが、一〇〇を二三六四から無作為に抽出した標本と考えれば、『扶氏経験遺訓』の二字漢字列の三割が近世以前から見えるものであるが、一方それと同程度のものが、『日国』の見出し語にあがっていない語であると言える。語の調査は調査対象とする文献の数を増やすことが求められるので③に分類した漢字列、『日国』の見出し語に無いものも含めて、それらを洪庵の漢字列（語）に見える近代語と言えなくもないが、今は、無作為抽出した標本を一つの文献（辞書）に照らした結果が、『扶氏経験遺訓』の巻一から巻五の二字漢語の中の三割が辞書の見出し語にないものであり、中世以前の用例にあるものが三割あった。また、一割が近世までの用例がないものであったとするにとどめておきたい。

元治元（一八六四）年にアメリカに密出国した同志社の創設者新島襄の書簡の一部を調査して得た、一四八二の漢語を、『日本国語大辞典第一版』の用例と比較したときは、近世以前の例があがっている漢語は、七割（75.7％）を越えていた（本書一五三頁）。一方、『扶氏経験遺訓』では五割強であるのは、一般的な語で書かれる書簡と異なり、訳語や専門語を多用して書かれている『扶氏経験遺訓』の文献としての特殊性によるものであろう。

6　おわりに

洪庵が訳したのは、フーフェランドの著書の一部「実務編」の全訳であるが、「診断編」は、青木浩斎によって『察病亀鑑』（一八五三年）、山本致美によって『扶氏診断』（一八五八年）として訳され、杉田玄端によって『内治全

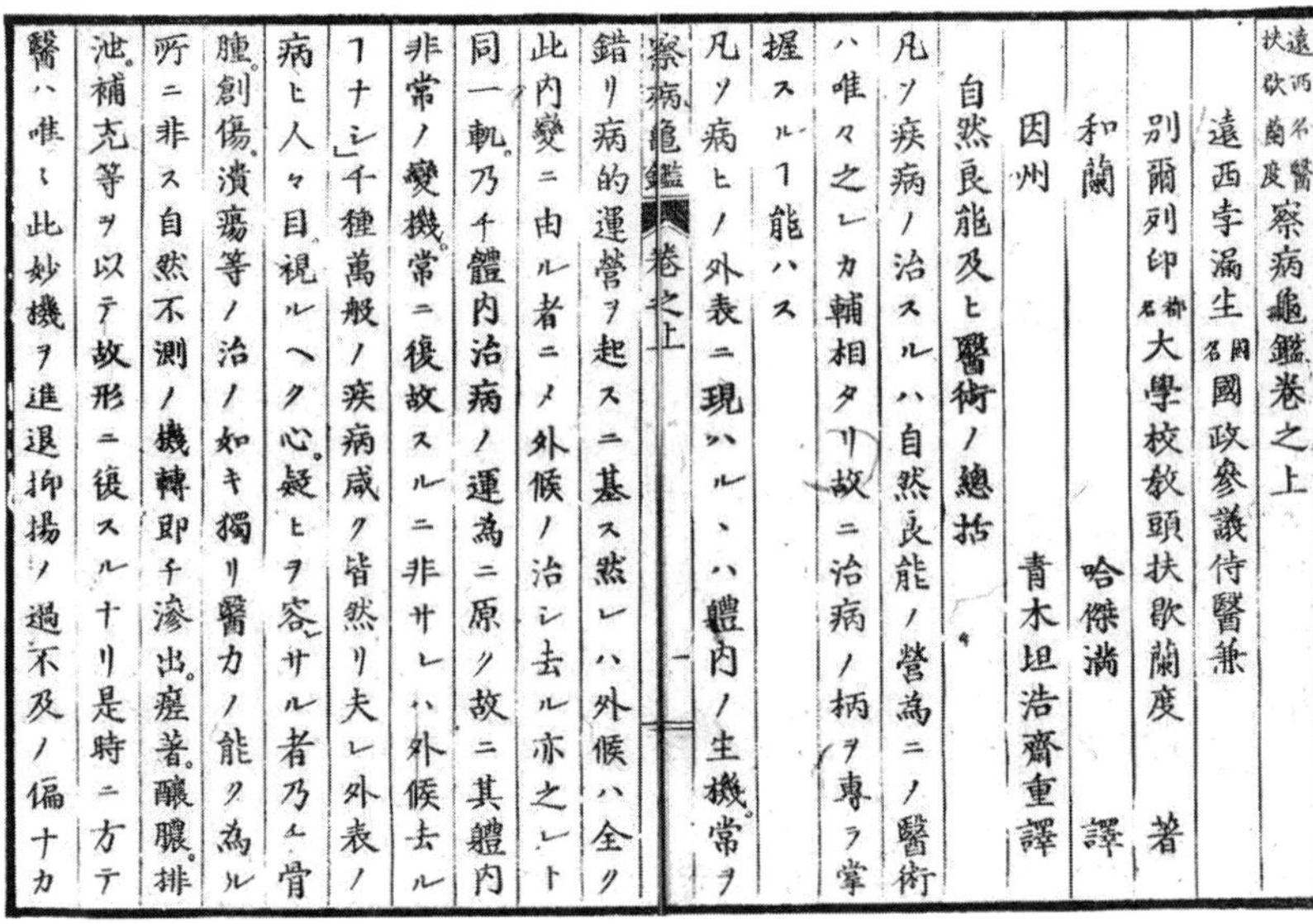
遠西名醫扶歇蘭度察病龜鑑巻之上
遠西亨漏生名闕國政參議侍醫兼
別爾列印都名大學校教頭扶歇蘭度　著
和蘭　哈傑滿　譯
因州　青木坦浩齋重譯
自然良能及ヒ醫術ノ總括
凡ソ疾病ノ治スルハ自然良能ノ營為ニノ醫術ハ唯々之レカ輔相タリ故ニ治病ノ柄ヲ專ラ掌握スルヿ能ハス
凡ソ病ヒノ外表ニ現ハル丶ハ體内ノ生機。常ヲ錯リ病的運營ヲ起スニ基ス然レハ外候ハ全ク此内變ニ由ル者ニシテ外候ノ治シ去ル亦之レト同一軌。乃チ體内治病ノ運為ニ原ク故ニ其體内非常ノ變機。常ニ復故スルニ非サレハ外候去ルヿナシ」千種萬般ノ疾病咸ク皆然リ夫レ外表ノ病ヒ人々目。視ルヘク心。疑ヒヲ容レサル者乃チ骨腫。創傷。潰瘍等ノ治ノ如キ獨リ醫力ノ能ク為ル所ニ非ス自然不測ノ機轉即チ滲出。瘧著。釀膿。排泄。補充等ヲ以テ故形ニ復スルナリ是時ニ方テ醫ハ唯〻此妙機ヲ進退抑揚ノ過不及ノ偏ナカ

書』としてオランダ語の原本が出版されている。また、「治療の主な三点と義務」は、杉田成卿によって『済生三方附医戒』（一八四九年）、洪庵によって『扶氏医戒之略』（一八五七年）として要約が出されている。

『察病亀鑑』、『扶氏診断』が原典の同一箇所を訳したところを次に示す。

・凡ソ疾病ノ治スルハ自然良能ノ營為ニノ醫術ハ唯々之レカ輔相タリ故ニ治病ノ柄ヲ専ラ掌握スルヿ能ハス（『察病亀鑑』）

・凡ソ疾病ハ悉皆自然ノ良能ヲ待テ後チニ治ス故ニ醫術ハ唯良能ヲ助ケテ進退スルニ過キス畢竟病ハ皆自癒スルノミ（『扶氏診断』内閣文庫本）

右の翻訳に該当する原典箇所は、"ENCHIRIDION MEDICUM" の目次に続く本文冒頭部である。

【資料11】

Alle genezingen van ziekten worden door de Natuur teweeg gebragt, de kunst is slechts hare helpster, en geneest alleen door haar.（一頁）

【資料11】のオランダ語を翻訳ソフト（Google 翻訳）で英

語に訳すとAll the cures of diseases caused by nature, art is only their helper, and heals only from her. となる。病気を治すのは患者自身であり、医療はそれを手助けするという、古代ギリシャの医師、ヒポクラテスの「自然治癒」思想を表したもので、フーフェランドが治療の基本姿勢（"Natuur en kunst"）を述べているところである。この思想を、江戸の蘭学者は、『孟子』にある「良能」で受け止めたのである。

孟子曰、人之所不學而能者、其良能也、所不慮而知者、其良知也。（盡心章句上）

岩倉具視の米欧使節団の一人に加えられた長与専斎は、米、英で「サニタリー」「ヘルス」という語をしばしば耳にし、ベルリンでも「ゲズンドハイツプレーゲ」ということばが「幾度となく問答の間に」現れてきたが、それが、「健康保護といへる単純なる意味」ではなく、「国民一般の健康保護を担当する特殊の行政組織」をいったことばであることに気づく。長与はそのときの気持を「発見しぬ」と表現している。長与はそうした行政組織を日本にも設け、それに部局名を与える必要から、荘子にある「衛生」[8]を採用したという（永島剛「Hygieneと衛生―長与専斎のみた欧米と日本」［『適塾』46号、二〇一三年一二月］）。

【資料12】

南榮趎曰わく、里人に病あり。里人これを問うに、病む者能く其の病を言う。然らば其の病を病とする者は猶《な》お未だ病まざるなり。趎の大道を聞く若きは、譬えば猶《な》お薬を飲みて以て病を加うるがごときなり。趎、願わくは衛生の經を聞かんのみと。（金谷治訳注『荘子雑篇・庚桑楚篇』（岩波文庫第三冊一九九頁、一九八二年）

「衛生之経」は、「生命を安らかに守る方法」（同右二〇一頁）という。西洋の医学思想を日本に移し植えるのに際して訳語を用いることなく、中国の古典にあり、知識層になじみのあった語を用いたということである。個々の語を訳するのに漢字が大きなはたらきをしていること以外に、知識層の思想を形作っていた中国古典が西洋思想の受容に大きな働きをしていたことを、すでに、指摘されている「良能」、「衛生」を通して理解できるのである。

注

(1) 小川鼎三・酒井シヅ校注『松本順自伝・長与専斎自伝』（『東洋文庫』386、平凡社、一九八〇年所収）。

(2) 福澤諭吉、大村益次郎、長与専斎、佐野常民、箕作秋坪、橋本左内がいる。

(3) 『東京語成立の研究』（東京堂出版、一九九二年）「第五章訳語の成立事情」四五四頁参照。

(4) 句読点を施こし、振り仮名は一部のみ残した。

(5) 早稲田大学古典籍データーベースにある『道訳氏法馬』（坪井信道旧蔵本）による。『福翁自伝』には、『ズーフ・ハルマ』を引く塾生の様子を記している。今、慶應大学図書館［デジタルで読む福澤諭吉］によって示す。「いよ〳〵明日《あす》が会読だと云うその晩は、如何《いか》な懶惰生《らいだせい》でも大抵寝ることはない。ヅーフ部屋と云う字引のある部屋に、五人も十人も群《ぐん》をなして無言で字引を引《ひき》つゝ勉強して居る。」なお、「懶惰生《らいだせい》」の読みは原文による。

(6) 平成二二年一一月三〇日内閣告示第二号として告示された、新「常用漢字」である。

(7) 左内が独自に造語したという考え以外に、既に触れた「過量・過労」が福澤諭吉の『福翁百話』に出るというのと同じ事情も考えられる。

(8) 『日本国語大辞典第二版』「衛生」の語誌には次のようにある。

命を守るという意味の「衛生」は漢籍に見え、日本でもその例を近世以降見出せるが、明治初期に英語 hygiology の訳語に当てられたこと、さらに明治九年、内務省に設けられた国民の病気予防のための行政機関名として「衛生局」を用いたことが、この語のその後の普及に大きく寄与したと考えられる。

また、参照としてあげられている「健全」は、語誌欄に「⑴漢籍に用例は見えず（略）主な蘭日辞書にその訳語は見えない。⑵（略）⑶（明治）二〇年代に（略）「衛生学」が用いられるようになり、「健全」は次第に（略）精神的あるいは抽象的な意味で用いられるようになった」とある。

最後に、稿をなすにあたって参考にしながら、本文中に直接記すことがなかった参考文献について記しておく。

【参考文献1】 洪庵、適塾関係に限った。

緒方富雄『緒方洪庵伝』（岩波書店、一九四二年）、『緒方洪庵伝　第二版』（岩波書店、一九六三年）

緒方富雄『蘭学のころ』（弘文社、一九五〇年）
財団法人洪庵記念会　除痘館記念資料室編『大阪の除痘館〈改訂・増補版〉』（編者発行、二〇一一年）
適塾記念会「適塾」（機関誌・年刊）
適塾記念会編『写真集適塾アーカイブ』（大阪大学出版会、二〇〇二年）
梅溪　昇『緒方洪庵と適塾』（大阪大学出版会、一九九六年）
伴　忠康『改訂新版適塾をめぐる人々―蘭学の流れ―』（創元社、一九七八年）
伴　忠康『滝塾と長与専斎―衛生学と松香私志』（創元社、一九八七年）
中野　操『大阪蘭学史話』（思文閣出版、一九七九年）
中山雅博『緒方洪庵―幕末の医と教え』（思文閣出版、二〇〇九年）

【参考文献２】

斎藤　静『日本語に及ぼしたオランダ語の影響』（篠崎書林、一九六七年）
杉本つとむ『江戸蘭方医からのメッセージ』（ぺりかん社、一九九二年）

（付記）本節の図版に用いた『扶氏経験遺訓』（安政四年刊記、適適齋蔵版）『察病亀鑑』（安政四年刊記、含章軒蔵版）は架蔵本である。

Ⅱ　『航米日録』の漢語語彙
――巻一を中心にして――

1　はじめに

一八六〇（万延元）年一月一八日、新見正興を正使とする日本最初の外国への使節団である遣米使節団が、日米修好条約批准のために、アメリカが用意した軍艦ホーハタン号に乗船して、横浜港から太平洋横断の航路でアメリカに向かった。『航米日録』は、この使節団に「幸ニシテ新見使君ニ陪スルヲ得」た玉虫左太夫(1)が、万延元年一月一八日の出発から同年九月二八日に帰港するまでの毎日を記した「十カ月にわたる世界一周」（小田基『玉蟲左太夫『航米日録』を読む―日本最初の世界一周日記』東北大学出版会、二〇〇〇年）の日記である。

玉虫ら正使一行が乗船したホーハタン号を護衛する名目で、勝海舟を船長とする咸臨丸が随行した。その咸臨丸に乗船していた福澤諭吉は、師の緒方洪庵が、オランダ語で書かれた医学書の翻訳によって西洋医学を紹介したのとは違い、自分の目で見た米欧を書物で紹介することになる。江戸末年の文久、慶応生まれである鷗外、漱石は、その西洋に滞在して勉学する留学という機会を得るのである。なお、玉虫、諭吉のアメリカ行きから四年後、同志社の創始者新島襄は、国禁を犯して函館からアメリカに渡った。

江戸時代に生まれ明治初期に活躍する人々、江戸の末年に生まれ明治三〇年代に活躍する人々という二代にわたる西洋の摂取を、語彙の連続と非連続とから探ることは、幕末から明治という日本の「近代化」を語彙の面から考察することになるのではないか。また、それは語彙の時代的な違いとして捉えることにもなるであろう。

本節では、右に述べた問題意識のなかで、諭吉や新島よりも一〇年〜二〇年早く生まれた玉虫左太夫の『航米日録』に見える漢語をとりあげる。鷗外、漱石からは時代遅れと目された世代[2]の漢語を考察しようとするものである。

本稿で取り上げる『航米日録』巻一は、横浜港を出帆後、太平洋で船長も経験したことのない暴風雨に遭遇し（【資料11】）、燃料、水の補給のために急遽オアフ島に寄港、上陸して、ハワイ、西洋の人々と出会い、西洋の建物、近代的な機械を備えた印刷所、ミシンなどを見学したことなどを記録している。いわば、『航米日録』全巻の記述を象徴的に描いている巻ともいえる。なお、全巻にわたって、「訳書云」としてその本文からの引用と思われる箇所がある[3]。この部分は玉虫が書いたのではないが、ここに見える語彙は玉虫にとっては理解語であったろうと思われるので、本文と区別しないで調査の対象とした。

日本思想大系66『西洋見聞集』所収の沼田次郎校注の本文[4]によって、『航米日録』[5]巻一から漢語を抽出した。本稿で対象とする「漢語」は、漢字語（山田俊雄『日本語と辞書』中公新書、一九七八年）である。松井利彦は、『新令字解』の見出し語にあがっている「取除・踏荒・分捕」などは「取り除く」「踏み荒らす」「分捕る」と和語であるが、荻田嘯のように漢文に通暁している者は「熟字をともすれば字音で読みがちであった」（松井利彦『近代漢語辞書の成立と展開』笠間書院、一九九〇年）と指摘している。

本稿でとりあげた「語」から例を挙げれば、「家鴨」は「アヒル」であり、「歌声」・「花園」・「蚊帳」は、それぞれ「うたごえ」・「はなぞの」・「かや」の可能性が大きいが、「カセイ」・「カエン」・「ブンチョウ」として採った。「花園」は、現代中国語で"huayuán"とあり、「花园」という表示を中国国内の案内板にみることができる。また「架菲」、「瓦斯」は外来語音の音訳表記であり、「干蒸餅」は「蒸餅」に「パン」の振り仮名があるので、外来語が漢字表記されたものであり、「和蘭」も「オランダ」の漢字表記であるが、いずれも漢字語として採った。

外来語の音訳を漢語として扱うについては問題があるが、この時期における「漢語」全体を見るための一段階として採りあげた。また、対象としたのは二字、三字からなる「漢語」であり、「解す」「喫す」「食す」「奏す」「列す」「艤す」など巻一に四〇語強見える一字サ変動詞は含んでいない。

2　『航米日録』の漢語から

『航米日録』の語彙については、拙稿「『航米日録』の漢語―古代漢語と近世中国語―」（坂詰力治編『言語変化の分析と理論』おうふう、二〇一一年。以下前稿）において、副題に沿っていくつかの漢語をとりあげて考察した。本章の論題はそれを広げて語彙としたのであるが、いま少し『航米日録』の漢語語彙に見える漢語のいくつかをとりあげて、本書に用いられた漢語語彙の一斑を見ておくことにする。なお、『航米日録』の引用にあたっては、原文に施された振り仮名は、必要に応じて施したが、基本的には省略して引用した。

音楽

「音楽」は、『日本国語大辞典第二版』（以下『日国』）の「語誌」欄では、

隋書・唐書の志に「音楽」と見えるが、実際に正楽の意で総称として多用されたのは「楽」であった。古代の日本でも「音楽」は「楽」よりさらに狭義で、仏教の聖衆が謡い奏でる天上の楽、あるいは天上の楽を地上に模して荘厳しようとする法会の舞楽の意で用いられ（以下略）

としていて、現代語のように「あらゆる音楽活動や形態の総称となったのは明治一〇年代以降」であるとしている。『漢語大詞典』も、古代は「音」と「樂」と区別があったとして、『礼記』の「楽記」を引いていて、後に、「音

樂」と総称して、「人々の思考や感情、社会的生活の一種の組織的な音楽表現の使用を指す」ようになるとしている。ネットにある「漢典」は、現代日本語の音楽と同じ語義を示し、『西遊記』『紅楼夢』の例を引いている。

『日国』の「語誌」、『漢語大詞典』、「漢典」からすると、『航米日録』の「音楽」は、『日国』が引く、一六世紀中頃の「虚空に花降り、音楽聞こえ、霊香四方に薫ず」（謡曲・羽衣）に代表される「音楽」を宗教、儀式の際に奏されている音楽に転用したとも言えるが、【資料1】に示した各例からすると、『航米日録』の例は、現代語の「音楽」の意味での使用である。すでに、ペリーが来航し、そのときには楽隊を引き連れてきたということであり、西洋音楽＝胡楽がどのようなものであるかも理解が可能であった。

「音楽」は、古代漢語との連続のようでありながら、それよりは、明治中頃以降に用いられる（『日国』語誌欄）「音楽」に近い語義で、玉虫は使っていた。

【資料1】

①音楽ハ晴雨ニ従ヒ一日ニ二度或一度奏ス。（巻一「ホーハタン大略」）

②音楽朝夕奏ス。予其人員ヲ調べ見ルニ総計九人ナリ。尤音声和少ナク極メテ野鄙ナリ、聞クニ足ラズ。（巻一、二月三日）

③室ニ内外アリ、皆紅白重層ノ幕ヲ張リ、室外ニテ楽人十人許〈ホーハタンノ楽人ナリ〉音楽ヲ奏ス。室内二個ニ分レ、一室毎ニ男女十六人ヅヽ、相分ツテ、男ハ女ノ手ヲ取リ、（巻一、二月一八日）

④国王ノ来ルヲ待ツ。午後国王其旗章ヲ高ク挙ゲ、音楽ヲ奏シ且祝砲ヲ発ス。船上ニテ各冠ヲ脱シテ互ニ手ヲ握合ス〈是其礼ト見ユ〉。（巻一、二月二六日）

⑤扨昨日御奉行等サンフランスシコ《ママ》ニ行キ、別船ニ乗移ラレシトキ、船中ニテ大皷・小皷・鉦ヲ交ヘ音楽ヲ奏ス。（巻二、三月一二日）

初めて見た楽器などについては、すでに日本にある似たものをとり「ニ似タルモノ」という表現を用いている。この「ニ似タルモノ」を用いて表現したものには、ピアノ、汽笛、ワシントン市内の休息所、島民の服装があるが、それらを【資料2】に示した。

【資料2】

①又一人ノ女琴瑟ニ似タルモノヲ弾ジ聞ス。（巻一、二月一七日）

②又琴声ニ似タル物アリ、予英館ニ行キ見ルニ、十三四歳ノ女是ヲ弾ズ。（中略）彼ノ名ニビヤーント云フ。（巻一、二月一七日）

③雲霧深々咫尺ヲ弁ゼズ、海上暗夜ノ如シ。是ニヨリテ一時毎ニ、半鐘ニ似タルモノニ蒸気ヲ吹キ掛ケ、猛烈ノ笛声ヲ発ス。（巻三、閏三月一九日）

④又行ク五六町ニシテ郊原ナリ。又右折一二町行キ我国ノ梅荘ニ似タル家アリ。（巻四、四月一四日）

⑤衣服ハ我国ノ布帊ニ似タルモノヲ服シテ、腰ニハ褌衣ヲ纒フノミ。（巻六、シントウキンセント島形勢「風俗」）

管店子・発燭子

【資料3】

①楼下ハ食堂ニシテ、管店子《バントウ》毎ニ此ニ居ル、（巻二、三月一六日散汎思斯哥《サンフランシスコ》形勢「家宅」）

②何レモ慇懃ニ待遇シ、十四五ノ女発燭子持チ来リ煙草ヲ喫セシム。（巻一、二月一七日）

①の振り仮名については、日本思想大系の凡例の記述によって、底本である仙台市博物館本（旧玉虫家本）に「バントウ」とある振り仮名と考えた（筆者は当該箇所は未調査）。早稲田大学本（早稲田大学古典籍データーベース）、盛岡中央公民館本（国文学研究資料館）は、「管店子」のうち「店子」に「トウ」と振り仮名がある。旧上野図書館

本を底本とした『文明源流叢書三』（国書刊行会、一九一四年。今、一九六九年刊行の名著刊行会からの復刻本によった）には、振り仮名は「ばんとふ」とある。

この「管店子」は『漢語大詞典』、『中国語大辞典』（角川書店）、『中日大辞典』（大修館書店）に見えない。『日国』は『航米日録』のこの箇所のみをあげる。接尾辞「子」があり、語構成からは近世中国語のように思われるが、『雅俗漢語譯解』『古今小説語彙索引』『東京夢華録梁録等語彙索引』『儒林外史語彙索引』に採録されていない。「管店」は、「開放文学」（第三章Ⅴ注(6)参照）での検索によると、数は多くはないが、『醒世恆言』『今古奇觀』『三刻拍案驚奇』など白話小説の例を得ることができる。『雅字類篇』に「管店子《バントウ》・管家・主管・伴當」（巻一「人品」）にとあることなどから考えて、玉虫は、白話語的に語尾に「子」を付けたものと思われる。

『日国』は「一家の家事を管理する人。支配人。番頭。執事。」と語釈する「管家」をあげて、「兌舗ノ管家《クハンカ》《テダイ》コレヲ聞。暗ニ心ニ思ヒケルハ」（『通俗赤縄奇縁』・四回。『近世白話小説翻訳集第二巻』汲古書院によって引用した）の例を示している。「管家」は『中日大辞典』には「③執事、旧時の大きな家庭の使用人」とあり、『漢語大詞典』は「警世通言」、「儒林外史」の例を引いている。

以上が既存の辞書の例であるが、『玉石志林』巻之四「北亜墨利加合衆国の禮義」に「簿所には諸種の椅榻あり。其處に常に管店に職する少年あり」の例を得た。「新潟大学古文書・古典籍コレクションデータベース」所載の佐野文庫本では「管店」の左ルビに「バントウ」とある。『玉石志林』は、オランダ語で書かれた新聞などの翻訳で、それに関わったのは箕作阮甫である可能性が高いとされている（『明治文化全集⑥』解題。「うわづら文庫」による）ものであり、「管店」は、洋学者が翻訳に用いた語であると考えられる。玉虫左太夫は、「ばんとう」の表記としての「番頭」では日本的すぎるので、白話語から用語を借り、見聞記的なことばとしたものと思われる。

「発燭子」も『日国』は立項しているものの『航米日録』の【資料3】②にあげた例を示すだけである。一方

「発燭」は、同辞典は「はっしょくし（発燭子）に同じ。」として次の③、④の例をあげている。なお、『雑字類篇』に「發燭《ツケギ》《イワウ》」（巻三「器用」）とある。

③新撰字解〔一八七二〕〈中村守男〉「発燭　ハッショク　ツケギ」

④輟耕録・巻五・発燭「杭人削松木為小片、其薄如紙、鎔硫黄、塗木片頂分許、名曰発燭、又曰焠児」

『漢語大詞典』も元末の随筆『輟耕録』(7)、および明の『平妖傳』の例を引いている。

右のようにみてくると、玉虫の用いた「管店子」「発燭子」は、白話語か、あるいは玉虫が白話語的に造語したか、いずれにしても、新しい文物を表記するために外国語である白話——近世中国語を用いようとしたものと考えられる(8)。

～子

『航米日録』に接尾辞「子」(9)を含む語で、『日国』の用例で立項されていなかったり、立項されていても用例が『航米日録』以後である語は【資料4】のとおりである。

【資料4】

①未牌後導舟子《ミヅサキアンナイ》スクネール船ニ乗リ来ル。（巻三、閏三月廿日）

②我国山王祭礼ノ銕杖子《カナボウヒキ》ニ彷彿タリ。（巻五、四月廿八日）

③毎人ニ一碟・一玻璃盃・一茗盌・一匕子・一叉子ヲ与へ、是ニテ各随意ニ食ス（巻五「花旗国総説」）

①は「舟を導く」を漢語にして、人を表す意味で白話などで使われていた「子」を付けたものであり、②は銕杖（「鐵杖」は『漢語大詞典』に立項されている）に「子」を付けることで人を表したものである。「匕」は、『日国』によれば、『色葉字類抄』（『色葉字類抄―研究並びに索引本文・索引編』風間書房、一九六四年による）に「匕《ビ》サジ音彼所以用

取食匙同　茶匙同」（黒川本、サ飲食）、『雑字類篇』に「匕《サジ》」（巻六「器用」）とみえる。「匕子」は、白話語にある「叉子」と同じように「子」を添えたものと思われる。新島襄は fork を「肉叉」、spoon は「匕子」、knife は「肉剪小刀」としている。(10) 本書にも「匕子」「叉子」を【資料5】のように原語を片仮名表記した例が見える。

【資料5】

右何レモ大皿ニ盛リ、フヲーク〈匕ニ似テ四本胯ノサケタル物ナリ〉・ナイフ〈小庖丁ナリ〉・スブウン《ママ》〈食匕〉ヲ人数ニ応ジテ卓子上ニ並べ、食セントスルトキ、是三品ヲ用ヒ箸ヲ用ヘズ《ママ》。（巻二、三月一一日）

生理・職業・親切

松井利彦は、「幕末漢語の意味」（『広島女子大学文学部紀要』16号、一九八一年）において、幕末漢語の意味のありかたを、古典漢語の意味、現代語の漢語の意味との関係で四つに分類した。

（甲）古典漢語の意味を幕末漢語の意味が継承して、現代語の漢語において意味変化が起ったもの

（乙）現代漢語の意味と古典漢語の意味とがほぼ同じであり、幕末漢語の意味が古典漢語の意味に比べて拡大しているもの

（丙）古典漢語の意味は存在せず（あるいは語そのものが存在せず）、現代語の意味は幕末漢語の意味が縮小したもの

（丁）古典漢語については（丙）と同様で、幕末漢語の意味と現代漢語の意味とがおなじもの

この中で、（甲）（丙）に類すると思われる例を【資料6】にあげる。

【資料6】

①西洋人ニ似タリ。然レドモ専ラ嬉遊ヲ好ミ生理ヲ務メズ、（巻一「散土微斯島・風俗」）

②又日曜ニハ船中ノ者各衣服ヲ改メ宗法ヲ聞ク〈僧官之ヲ読ム〉。而シテ終日職業ヲ休ス〈職業ヲ閲ス、且宗法ヲ読ムノ条、必ズ本文ヲ以テ常法トナスベカラズ。船中ハ船将ニ従フモノナレバ毎船大同小異アリ。日ニ二次或ハ一次スルモアリ。今次ネーヨルクヨリ乗リ帰リシナイアキラ船ハ尤厳ニシテ、日ニ二次ハ勿論、夜中ト雖ドモ燈ヲ点ジテ宗法ヲ読ム〉。（巻一「ホーハタン大略」）

③而シテ其職業ヲ勤ルニ至リテハ懈怠セズ、（巻五「新約形勢・風俗」）

④申牌蒸気船一艘来ル〈小船ナリ〉、是ニーヨルク砲台奉行ナリ。今日日本使節携ヘ来リシ砲ハ、新聞紙ニテ其名ヲ聞シ故ニ一見ノ為メ来ルト云フ。彼ノ職業ニ親切ナルコト、是ヲ以テ知ルベシ。（巻三、三月二一日）

右は現代語の漢語と語義が異なる例である。①の「生理」は『増補新令字解』に「なりはい」と語釈しているが、現代語で言えば「職業」である。『日国』は「なりわい」の語義の例に杜甫、旧唐書の例を挙げている。②、③の「職業」は現代語でいえば「仕事・分掌」である。また、③と類義の表現として④がある。また、④に見える「親切」（丙）は〈懈怠セズ〉と類義と考えられ、『日国』の「親切」の意味記述①「（深切）深くはなはだしいこと。特に、心入れの深いこと。心の底からであること。また、そのさま。」の語義であって、同辞典が挙げる諭吉の「独立の気力なき者は国を思ふこと深切ならず」（『学問のすゝめ』）と同じ使い方と言える。なお、本書には現代語と同義の「親切」も「上層ト違ヒ揺動少シク緩ニシテ漸ク眠ニ就ク。夷人愈親切ニシテ今夜モ種々世話ヲナシ、布団ヲ着セ或ハ自分吸へ《ママ》残シノ煙草ナドヲ与フ」（巻一、二月十二日）と見える。

右に述べてきたような語が『航米日録』の漢語の一斑であるが、これは、『航米日録』に特有のことではなくこの時代の文献には共通するものでもある。[11]

3　『航米日録』の漢語語彙の性格

個々の語については、右に述べたように幕末の文献と共通する性格を有している本書の漢語であるが、漢語語彙としてはどのような特徴を有しているであろうか。いま、後述するように複数の版があるが、序文に「慶應四年戊辰六月」が見える『新令字解』（架蔵本）、万延元年遣米使節団の一員であった勘定組頭森田岡太郎『亜行日記』（万延元年遣米使節史料集成）、また、久米邦武によって書かれた岩倉使節団の報告書『米欧回覧実記』（岩波文庫）の一部との比較によって本書の漢語語彙の特徴を捉えてみようと思う。

a 『新令字解』の漢語との比較

『新令字解』については、第四章第二節でも触れるが、凡例に「此篇　太政官日誌、行在所日誌、及ビ周旋家應酬ノ語中ニツキ抄出ス」とあり、掲出語数（一〇八頁参照）は九〇八語と語彙量は多くはないが、出自がはっきりとしていることもあり、また松井利彦に詳細な考察(12)があって、資料の性格が明瞭になっているというのが、比較に用いた大きな理由である。

『新令字解』は見出し語と語釈とからなるが、【資料7】に示したように、語釈に漢語が用いられているものがある。

【資料7】

遺憾《イカン》　ザンネン
威權《イケン》　イカウ　ケンイ
異教蔓延《イケウマンヱン》　イテキノヲシヘサカンニナルコト
反状《ハンジヤウ》　ムホンノシダイ
叛逆《ハンギヤク》　ムホン

見出し語は、『太政官日誌』、『行在所日誌』、周旋家が用いた漢語のそれぞれから「抄出」された漢語（序文）であるので、歴史的な使用の時期が、たとえ室町時代であったとしても（遺憾・叛逆）、編纂者荻田嘯の意識では当代の漢語＝新漢語であり、その語釈に用いられた漢語は、編者にとっては江戸時代から使われていた日常語とでも言える語＝旧漢語と捉えることができる。

『航米日録』の漢語と『新令字解』の見出し語の漢語、語釈の漢語とを比較することで、『航米日録』の漢語語彙の性格の一斑を明らかにできるかと思うのである。

『新令字解』の見出し語の漢語、語釈中にみえる漢語は、注[12]にあげた松井利彦『近代漢語辞書の成立と展開』の一五〇頁に示されている『新令字解』諸本の（3）と同種（明治元年一二月刊の須原屋本）の架蔵本によって電子化したデータを用いた。語釈の漢語は「異教蔓延《イケウマンエン》　イテキノヲシヘサカンニナルコト」とすべて片仮名で表記しているものもあれば、「叡断《エイダン》　天子ノ御ケツダン」と漢字表記と片仮名表記が混在しているものがあるが、すべて漢字表記になおした。また、比較のために用いたデータは、『航米日録』に合わせるため、「御」「諸」などの接頭辞は除いた。翻刻もされていて閲覧にも便宜がある、同種『布令字弁』[13]をも合わせ用いることでより広範囲な語彙を資料とすることができるが、同辞書は、序文には「公令御觸面《コウレイヲンフレメン》ノ中《ナカ》ヨリ童蒙《ドウモウ》ノ輩《トモガラ》ニ字義《ジギ》解《ゲ》シ難キ文字《モンジ》而已《ノミ》抄出《シヤウシユツ》シテ」とあるものの、松井利彦によれば、「すべてが、布令類から採られたのではなく、「公令御触」以外の文献からも集められたものが多い」ので、比較した結果に夾雑物が入らないことから単一の文献を選んだ。『航米日録』は秘書とされる巻八を除く巻七までである。[14]

『新令字解』の見出し語に合わせるため、『航米日録』の全語彙から二字漢字列を取り出したもの三四三七（語）と、『新令字解』の見出し語とを比較した。その結果は【資料8】に示したとおりである。なお、『新令字解』の見出し語で、接頭辞「諸」については「諸侯」「諸民」はこのままにして、「諸有司」は、「有司」とした。「塗炭之苦」「富岳之安」は、「塗炭」「富岳」としてデータ化した。四字からなる漢語は二字＋二字（因循姑息→因循・姑息）としたデータを作成して比較した。『新令字解』の「会計事務局」は「会計＋事務局」とした。「事務局」は三字のため除いたが、「事務」は『航米日録』にもある。その結果、『新令字解』は九〇八（語）である。配列は、一字目の漢字の JIS コード順である。

【資料8】

ア『新令字解』見出し語との共通語　108語　（3.1％）

畏縮、遺憾、井蛙、一新、一洗、一層、印度、引率、英国、英仏、応接、横行、蝦夷、会議、会盟、回復、開拓、外国、寛大、監察、簡易、緩急、器械、規則、貴賤、疑惑、議事、距離、教諭、勤労、緊要、刑法、形勢、経営、戸口、雇銭、航海、使節、指揮、失望、守護、周旋、縦横、縦令、銃隊、祝砲、書翰、諸民、小吏、賞罰、条約、診察、辛苦、人心、逗留、衰微、政令、製造、戦功、戦争、総括、造営、測量、賊徒、待遇、大義、大樹、只管、探索、地球、中央、鎮台、定額、提督、転回、点検、土木、突然、南蛮、波濤、拝謁、陪従、莫大、発軔、非常、標的、賦税、仏国、物価、紛擾、文明、蔑視、歩卒、砲台、傍観、貿易、枚挙、遊惰、洋学、旅館、礼譲、狼狽、和親、僮僕、咫尺、梟首、狡猾、輻湊

イ『新令字解』語釈中の漢語との共通語　36語　（1.0％）

威光、印鑑、応対、外国、格別、学問、気分、近所、警衛、決断、四方、士卒、次第、自分、上下、場所、心配、人数、酔狂、征伐、先祖、騒動、大事、大風、大砲、地名、調練、土地、奴僕、道具、日本、評議、法則、名目、役所、役人

『航米日録』の漢（字）語は、『新令字解』の見出し語と共通する漢語が、語釈中の漢語と共通するよりも有意差で多いと言える数値を示している。『航米日録』のデータが三四三七、『新令字解』のデータ（九〇八）がその26.4％

という小ささであるとしても、二つの文献の共通度は低いという判断でよいと考える。

b 『亜行日記』との比較

万延元年の遣米使節団の中では第四位の重職にあった、勘定組頭森田岡太郎の記した日録に『亜行日記』がある。見聞した文物を詳細に記述した玉虫左太夫と違い、森田は概略を示すという特徴があるが、地位の重さから玉虫が呼ばれていない場にも招かれているなど、日記の内容には違いがある。今、『亜行日記』の中から『航米日録』巻一と重なる一月一八日から二月二七日までの記事を比較の対象として選び[15]、『航米日録』巻一の二字漢語と共通する漢語を調査した。その結果は『航米日録』巻一の二字漢語九八五語の中、17.8％にあたる一七五語が『亜行日記』に見える。対象とした範囲内での文字数は『航米日録』が約二〇三七五字、『亜行日記』がその32.3％にあたる約六五八六字である。『亜行日記』は十分な精査を行なっていないデータであるので、右に示した数値は、『航米日録』と『亜行日記』とに共通する語は、『航米日録』の漢語の二割に満たない数である、と捉えておきたい。なお、記事量の大きな違いは一一八頁に述べたように二人の観察、記録の詳しさの違いにある。

【資料9】に二つの文献に共通している漢語を列挙した。使節団、航海、時化、サンドイッチ島での初めてみる西洋の風俗、日記という文献の性格を「夷人・英国・応接・外国・岩礁・危難・乗船・国王・陰晴」などの語が表している。『航米日録』の「貿易」、「英国」が『亜行日記』には「大貿易」、「英国王」と見えるものも共通しているものとした。

【資料9】＊配列はJISコード順である。また、語頭に同一漢字を持つ漢字列をまとめた。（　）内の数字は、『航米日録』巻一の使用度数。

案内(6)
夷人(7)
椅子(3)
衣類(1)
医師(1)
一見(2)・一時(2)・
一人(16)・一統(3)
・一日(7)
陰晴(8)
雨雪(2)
英国(1)
煙草(4)
応接(1)
黄昏(7)
温暖(4)
音楽(7)
下官(1)
会飲(1)
快晴(6)

外国(4)
楽人(2)
官吏(3)
岩礁(1)
危難(2)
旗章(5)
気候(2)
菊花(1)
逆風(3)
休息(3)
屈曲(2)
警衛(1)・警固(2)
胡楽(2)
午後(33)・午前(1)・
午飯(1)
甲板(1)
紅白(1)
航海(7)
国王(8)・国人(1)

今暁(1)・今朝(3)・
今日(17)・今夕(1)
左右(15)・左方(3)
最初(1)
在留(4)
昨日(7)
士官(11)
市街(6)
指示(1)
支那(3)・支配(2)
寺院(1)
時候(2)
次第(1)
自然(4)
酒菓(1)
酒名(1)
周囲(2)
終日(3)
臭気(1)

祝砲(4)
瞬息(2)
書籍(4)
諸島(2)
小雨(2)・小船(3)
上下(5)・上陸(7)
乗船(3)
条約(1)
蒸気(10)
食料(1)
寝室(6)
人員(5)・人種(1)・
人物(1)・人民(1)
・人名(1)
水夫(8)
数度(1)
晴雨(4)
正月(1)・正午(26)・
正使(1)

西瓜(2)・西経(13)・
西風(7)・西北(3)
石炭(1)・石門(1)
説法(1)
雪後(1)
絶景(2)
船将(8)・船中(24)・
船名(2)
僧官(2)
総計(8)
草花(2)
他人(1)
滞留(5)
台上(3)
大雨(1)・大小(5)・
大抵(8)
大島(1)
単衣(2)
中央(3)

調練(2)
定役(1)
提督(2)
碇泊(1)
土人(11)
東経(10)・東風(8)・東北(20)
当時(1)・当所(2)
陶器(1)
同様(1)
南風(8)・南面(1)

難渋(3)
二月(2)・二人(2)・二層(5)・二度(1)
日本(5)
年齢(3)
波上(2)・波浪(4)
破損(5)
芭蕉(1)
馬車(2)
白檀(2)
美麗(2)

必死(1)
不定(9)
風雨(5)・風波(21)・風烈(1)
副使(1)
文字(1)
米人(2)
便利(3)
暴雨(3)・暴風(1)
貿易(1)
北緯(25)・北風(4)

毎房(2)
万国(1)
綿羊(3)
猛烈(4)
木屑(1)
夜具(2)
容貌(2)
揺動(14)
用意(1)
翌日(1)
羅紗(4)

里法(3)
旅館(6)
両人(5)
烈風(2)
狼狽(1)
老女(1)
慇懃(5)
玻璃(1)

c 『雅俗漢語訳解』との比較

【資料3】～【資料4】に示したように、『航米日録』には同時代の資料と同様、近世中国語、白話語が見えるが、そのいくつかについては前稿、および本節において指摘した。さらに本節では、『航米日録』にみえる白話語の割合を、江戸の白話語資料と比較してみておきたい。どの資料を用いるにしても、その資料が白話語を網羅したものではなく、あくまでも概略の把握ということになる。ここでは、江戸時代の『俗語解』を市川清流が一八七八（明治一一）年に校訂して出版した華語辞典（入矢義高『雅俗漢語譯解』解題）である『雅俗漢語譯解』を用いた。本文は佐伯富編『雅俗漢語譯解』（同朋社出版部、一九七六年）によった。なお、市川清流は、文久二（一八六二）年、竹内下野守を正使とするヨーロッパ諸国訪問の使節団の副使外国奉行兼神奈川奉行松平石見守の従者として、ヨーロッパ諸国を見聞し、翌文久三年に『尾蠅歐行漫録』を著している。

本文を引用するにあたって、漢字は新字体を用いた。調査の結果、『航米日録』の二字漢語三四三七語のなかで五三語が一致する。なお、「安置」、「下官」、「左右」、「親切」など語形は一致するが、『雅俗漢語譯解』の記述する語義と違ったものは算入していない。また、一致して当然なのであるが、『航米日録』が中国洋学書と思われる書物から引用した箇所に用いられている語は、本文と区別せずに一致したものとして算入した。例えば、「貨物」は『雅俗漢語譯解』に〈あきなひもの〉とあり、『航米日録』には〈訳書ニ、白檀ハ此島ノ名産ナリ。昔シ之ヲ最上ノ貨物トシテ支那ト通商ス〉とある。

【資料10】＊『雅俗漢語譯解』の譯解を［　］に示した。版本（「中国哲学電子化計画」・「国会図書館デジタルコレクション」による閲覧）の語釈はカタカナである。

『航米日録』の二字漢語と『雅俗漢語譯解』とが一致する割合　2％

・遺漏［たほれもの。見おとし。しらべのこし］・一般［同じくといふ意―以下略］・家鴨［あひる］・貨物［あきなひもの］・居処［連文釋義云。居者定居。處者暫居］・教化［をしへなれさせる］・言語［ことば］・午飯［見出し語は午飰。ひるめし。午飯同。］・広袤［四方］・行李［にもつ］・生理［すぎはひ］・船長［郷談正音に郷曰船長。正曰駕長―以下略］・総官［船中の按針役］・天鵝絨［びろうど］・投宿［やどをかること。投とばかりとも云ふなり］・当時［そのとき］・当然［もっとも］・平生［つねつね］・狼狽［うろたへる―以下略］・佇立［まつこと］・兌換［以此物換彼物也―以下略］（一例を示した）

【資料10】の『航米日録』と『雅俗漢語譯解』との一致率2％は低い数値であり、『航米日録』に話しことばとしての近世中国語が鏤められているというのではない。【資料3】～【資料4】のように、恣意的に白話語との関係を拾うと白話語と思われる語が多く取り入れられているように見えたのであるが、『航米日録』と市川がよった『俗語解』との位相の違いもあるので、留保しておかないといけない点はあるものの、割合からすると共通する語は多くはないという結果を得た。

d『航米日録』と『亜行日記』に共通する漢語の意味分類

【資料9】の『航米日録』と『亜行日記』とに共通する一七五語がどのような語の集まりであるのかを見るために、初版『分類語彙表』（フロッピー版）のコード番号を付して調査した。『分類語彙表―増補改訂版―』のほうが単語数は多いのであるが、語彙数が少ない方が処理しやすいという便宜的な理由で初版『分類語彙表』を用いた。現代語と江戸の終わりの語との違いと、また、「逆風」のように、『新分類語彙表』にはあるが、『分類語彙表』の収録語数との関係から、初版『分類語彙表』に無い単語があり、機械的な処理では処理できない語が残るが、それについては、類義語を想定してコードを割り当てた。例をあげれば、「夷人」は「外国人」、「楽人」は「奏者」、「終日」は「日なが一日」、「逆風」は「向かい風」などにそれぞれ置き換え、置き換えた語に振られているコード番号を振り当てた。「当時」のように語形が同じでも語義が異なるものもあるが、それについては、現代語の「当時」ではなく、〈現在〉の語義でコードを割り当てるようにしたが、漏れ落ちているものもあると思われる。

さらに、『分類語彙表』に二種のコードが与えられている語については以下のようにした。たとえば、「上下」には次のように語義によって異なるコードが与えられている。

①1.1527〈上り　下り〉（北上、参上、下校、西下など）
②1.154〈上がり　下がり〉（上げ下げ、昇降など）
③1.1741〈上下〉（上部、地上、下側《したがわ》、階下など）

『航米日録』の例は次に示す例であって、①の〈上り《のぼ》　下り《くだ》〉という方向を表す語義の「上下」はない。aは身分の上下を言っているので③になり、b、cは上に行ったり下に行ったりしているので②である。

a．五升芋・薩摩芋ノ類ハ上下共ニ諸品ニ合セ食ス。（巻一「ホーハタン大略」）
b．帆ヲ上下スルコト数次、舟歩更ニ進マズ。（巻一、二月六日）
c．台上又種々ノ機巧アリテ針ノ上下スル様ニ為シ、（巻一、二月一七日）

また、「自然」は、

①1.51〈自然・物体・物質〉
②3.15〈変化・動き〉

とあるが、『航米日録』には次の例があって、dは②、eは①である。

d．転廻ニ従テ自然ト搯リ出デ、車上ニ上ルニ、（巻一、二月一六日）
e．我国ノ越後ニ自然燈アリ、是又瓦斯ノ類ナラン。唯人為ト自然トノ別アルノミ。（巻一、二月一八日）

右のように『航米日録』の語義と『分類語彙表』のコードを対応させて処理するようにしたが、ここでも漏れ落ちたものもあることを恐れる。同様の処理は次のとおりである。

指示（1.3092、1.367）→1.3092／自然（1.5、3.103、3.15）→1.5、3.15／周囲（1.178、1.221）→1.178／人物（1.133、1.2、1.234、1.342）→1.2、1.342／安心（1.3013、3.3013）→両方をとる／安眠（1.3003、1.333）→1.333／一家（1.21、1.276）→1.21／一身（1.202、1.25、1.56）→1.56／一般（1.113、1.1331、1.194／飲食（1.3331、1.3393）→1.3331／雨水（1.1634、1.513）→1.513／親切（1.302、1.368、3.368）→熱心のコード3.304／生理1.571→職業のコード1.38

また、「航海」、「食料」は、『分類語彙表』が「多義の語で他の項目にもはいっているもの、また、本来他の項目に入れるのが適当と思われるもの」として語のあとに他の分類番号を注記している語であるので、そのまま二つのコードを与えた。

『分類語彙表』のコードを割り当てたのは、同書の「まえがき」に「同義類義の単語の目録には次のような役割がある」として四点あげられているその三番目の「ある個人またはある社会の言語体系もしくはある言語作品について、表現上の特色を見る物指し」という役割を利用して、見聞記の語彙の一斑を見てみようとするのである。

【資料11】『航米日録』、『亜行日記』共通語彙

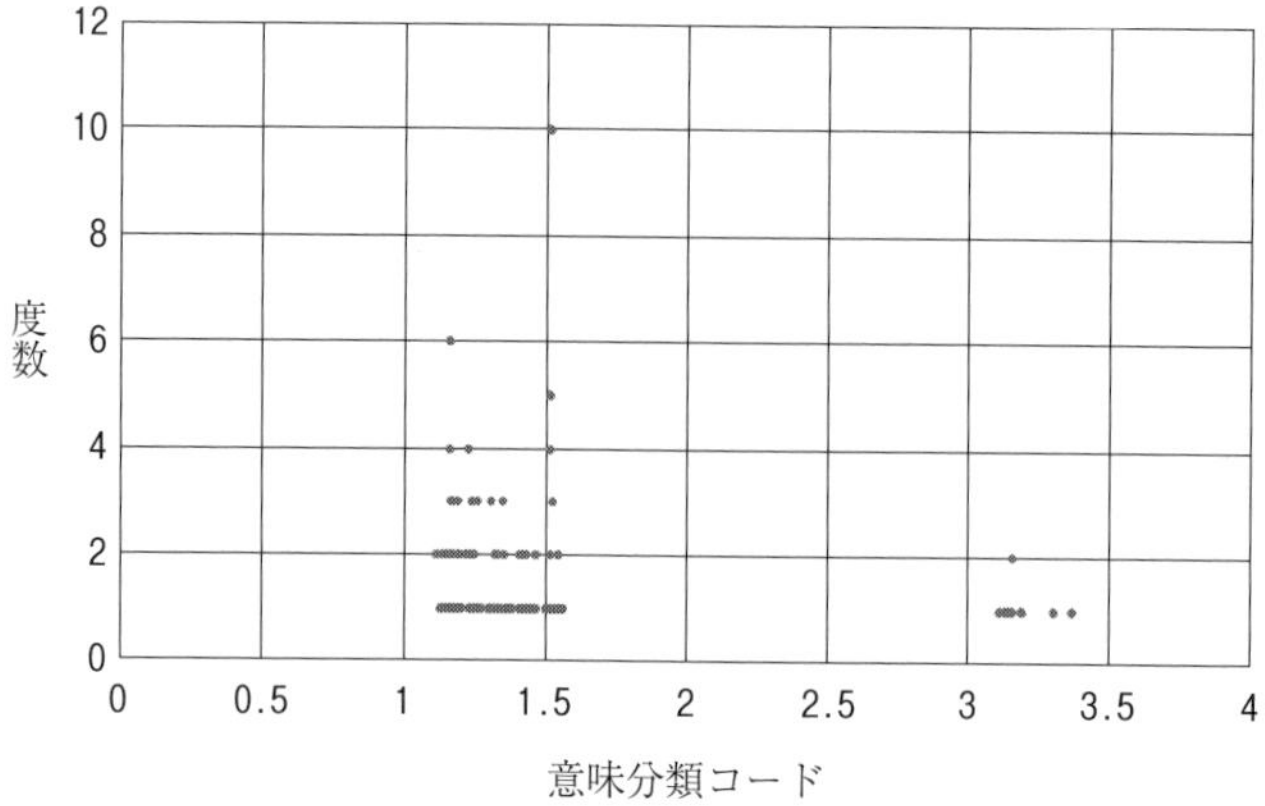

二字漢語を対象とした結果、品詞として動詞がないので、『分類語彙表』の「2. 相の類」の2で始まるコードはない。また、特徴を見るというには、少なくとも、『航米日録』全体での意味分野のデータが求められるが、その準備はないままに、あくまでも、身分は異なるが、同一使節団に属し、同じ日程で行動した記録である二作品に共通する漢語のデータを示すことに留まる。

各漢語に振ったコードの度数をもとに、【資料11】のように散布図を作成すると、「1. 体の類」が「3. 相の類」に比して多く、また、度数にも幅があることがわかる。群れから離れているのは、合計度数21の1.5151～3（気候、西風、東風、南風、暴風、北風、烈風、逆風、小雨、大雨、雨雪、暴雨、快晴、晴雨、風雨、風波、陰晴、波浪等）、合計度数9の1.1631～5（正月、二月、午後、午前、終日、正午、黄昏等）、合計度数9の1.2410～5（医師、僧官、官吏、下官、水夫等）である。

すなわち、天候、時間、職種に関わる語が共通漢語に多く見られるという結果であり、共通語は日記の性格を表している語（あるいは漢字列）であると考えられる。

4　まとめ

本節は、幕末から明治初期の近代語の資料として、航海記録でもあり、見聞録でもある『航米日録』に見える漢語語彙の様相を明らかにする目的で調査をおこなったものである。その目的のために、『航米日録』に見える「漢語」（漢字語）のいくつかをとりあげて、本書の「漢語」がこの時代の他の文献に見えるのと同じく、古代漢語、白話語などによって新しく見聞した文物を表現していること、現代語との語義の違う漢語も、『航米日録』独自のものではなく、同時代に共通したのものであることを述べた。また、語彙の視点から、本書の漢語を明治初期の漢語辞書と比較した。その共通度は低いが、『新令字解』が周旋家が用いた漢語として見出し語にあげている漢語との共通度の方が、江戸時代までに使われ、識字層以外の使用語でもあった語釈の漢語との共通度よりも高いという結果は、『航米日録』が、「難しい」漢語で書かれているという理解を与えてくれる。

さらに、巻一の漢語に限ってではあるが、同じ使節団の森田岡太郎『亜行日記』、白話語彙集（『雅俗漢語譯解』）と比較した。結果としてはそれらの文献との共通度は二割に満たないという結果を得た。これは、玉虫左太夫と森田岡太郎の観察の違いにもその原因が求められると思われるが、共通する漢語に、天候、時間、乗組員の職種に関する語が多いのは、見聞記の語彙の特徴の一斑を示していると言える。

白話語彙集と共通する割合が少ないのは、前述したように、市川清流が拠った『俗語解』が「小説傳奇の俗語をい、ろは順に配列して註解を加へたもの」（石崎又造『近世日本における支那俗語文学史』弘文堂書房、一九四〇年。今、一九六七年発行の清水弘文堂書房版によった）であり、典拠とした文献が『航米日録』と性格が異なるということに由るところが大きいのであろうが、『航米日録』に近世中国語が散見されるのは、筆者玉虫左太夫が見聞した新しい世界を表現するために、中国の新しい漢語を用いたことに原因しているのであろう。

最後に、長くなるが本書の記述、表現の参考に供するために、二月一日の記事の一部を【資料12】として引用した。玉虫左太夫が六八〇字を越える字数を費やして記した、大波に揺れ動くホーハタン号の様子を、森田は「風烈船揺動甚、夜ニ入逆浪衝船去廿七日夜ニ彷彿タリ」と記すのみである。一月二七日を髣髴とさせると記して、具体的に荒れる海の様子を省略したのであるが、その二七日の記事も、玉虫は約一〇八〇字を越えて記述しているのに対して、森田の記述は約六〇〇字である。

【資料12】＊他文献との比較に用いたファイルでは、漢字は新字体、通行字体に直したファイルを用いたが、ここは、『日本思想大系』の本文に従った。

二月朔日　大雨、南風烈　又東北ニ向フ。今朝ニ至リ南風愈烈シク、波濤山ヲナシテ来ル。巳後船上ヲ飛騰スルニ至ル。解纜以来数度ノ暴風雨、又々如此ニテハ魚腹ニ葬ラル、モ計リ難シ。各覚悟ヲ極ム。午牌ヨリ波濤尚烈シク舟ニ触ル、コト常ナラズ、殆ド廿七日ニ彷彿タリ。予ノ房室前ニ記シ通リ砲窓ノ傍ニテ、破損後修理ニ及ベドモ、怒濤相激シ罅隙ヨリ潮水洒ギ入リ、房中川ノ如シ。如此ニテハ又々破損モ計リ難シ、房中ノ什器残ラズ中層へ移シ、其処ニ休息ス。風波尚止マズ、一身左右ニ転ジ眠ニ付ク能ワズ。其上常人ノ情種々ノ事ヲ考へ空シク気ヲ悩メ居ル。他人之ヲ聞キ大笑スベシ。然レドモ其厄ニ当リ見レバ実ニ已ヲ得ザルナリ。戦場ナラバ互ニ競へ生死心ニ管スル暇ナシ。大洋中唯風波ニ従ノミ。如何ナル妙策アリト雖ドモ施ス能ワズ。船上欝々ト日ヲ送ルノミ。平波ノ時タリトモ種々ノ思ヒヲ生ズ、況ヤ風波ノ難ニ逢フテハ猶更ノ事ナリ。此時ニ当リ泰然動カザル者ハ万人ニ一人ナラン。子牌舟ノ揺動愈甚シク、身ヲ定ムル能ワズ。傍柱ニ結ビ置キタル綱アリ。身ノ動カザル様其綱手ニ取リ夜ヲ明シケル。扨テ是迠ノ間能ク彼情ヲ察スルニ、波濤高ク船揺動シテ歩行難渋ノ時ハ手ヲ取リ助ケ、又ハ夜中中層ヘ行ケバ「御早フ」ト云ヒ、布団ヲ敷キ此処ヘ寝ヌベシト手示ス。或ハ我国人ノ悲歎ノ色ヲ見テハ、「ヂキ、、」ト云フテ慰ム〈是ハヂキニ港ニ至ルト云フ心ナラン〉。其外何事ニテモ鄭重ニ世話シ、自分ノ業ヲ捨ルニ至ル。其親切感心ナリ。然ラバ夷人トテ漫ニ卑下スルモノニ非ズ。此等ノ人ニテモ、聖教ヲ施サバ必ズ礼義ノ人トナラン。古昔聖人出ズシテ唯利ニ耽ル国トナルコソ悲シムベシ。今日花旗国始祖華盛頓生辰ナリト云。

○寒暖計五十四度○正午迠百六十五里○北緯三十六度三十分五十五抄○東経百七十三度三十三分三抄《ママ》

筆者玉虫左太夫は「現今文学の盛んなるは、ただ、貴国と我が国のみ、而るに、近来洋学流入し、大いに聖道を害す。貴国亦此の患ひに係はり無きや否や。」（巻八、『日本思想大系』二二九頁。原漢文）と、ハワイで中国人と筆談する、洋学と対峙する漢学者であった。その彼が西洋を写し取った語彙を対象として、近代における漢語の一斑を明らかにした。

注

（1）玉虫の経歴については日本史籍協会叢書『官武通紀』の解説に要を得たものがあるので、それを参考として示す。

玉蟲左太夫、名は茂誼、東海と號す、仙臺の藩士なり。夙に林大學頭の門に入りて學を修めしが、安政六年、外國奉行新見豊前守正興が、幕命により條約批准交換の爲め米國に赴くに際し、請うてその隨員となり、萬延元年歸朝す。爾来専ら開國の論を唱へて國事に奔走せり。後擢《ぬきん》でられて養賢堂指南頭取、軍務局頭取となり、近習を兼ね、藩主伊達慶邦の信任を受く。明治元年、朝廷の仙臺藩に命じて會津荘内の二藩を討たしむるや、左太夫いたくその不可を諍ひ、途に藩論を決し、附近の二十餘藩と同盟して王師に對抗す。亂平ぐに及び、其罪に坐して、二年四月自盡を命ぜらる。時に歳四十有七。著はす所、本書の外なほ航米日録、夷匪入港録。薩州記事、長州記事等あり。皆有用の書なり。

（2）「吾輩は猫である」（一九〇五［明治三八］年〜一九〇六［明治三九］年）で漱石は、寒月先生の羽織の紐の色について、一九〇五（明治三八）年に終わった日露戦争を引き合いに出して、主人に「ちと天保調（てんぽうちょう）だな。」「日露戦争時代のものではないな。」「もういい加減に博物館へでも献納してはどうだ。」と言わせている。なお、検索、引用は『夏目漱石全集1』（ちくま文庫、一九八七年）を底本として電子化しているＷｅｂ上の「青空文庫」によった。

（3）「訳書云」という表現では具体的な書名をあげていないのであるが、『海国図志』『坤輿図識』『地理全志』の書名を記しているところもある。森田岡太郎の『亜行日記』には、具体的な書名をあげて「地理全書亜美利駕部ニ」「海国図志北亜美利駕部ニ」（閏三月廿六日）、「此鳥名地球説略ニ見ユ」（三月二六日）と始めて見聞したものを中国の洋書にあたって確認している。また「地球説略一巻通弁名村五八郎ト対読」（閏三月一一日）とあり、『坤輿圖識』の書名も見える（三月八日）。玉虫の友人である佐野鼎は『万延元年訪米日記』（金沢文化協会、一九四六年。金沢市立図書館本は『奉使米行航海日記』であるとする）の中で、「ニウヨルクの形勢を友人の譯述せしものあり」（校訂本文）とある。玉虫は英語、オランダ語に通じてはいないので、佐野のここで言う友人は玉虫ではない。『航米日録』の「新約形勢」の本文も佐野の本文とは異なる。佐野が見た訳書が何であるかは明らかにできていない。

（4）巻一・二・四・六・八は玉虫誼茂旧蔵仙台市博物館本、巻三・五・七は宮城県図書館蔵本を底本としている。

（5）『航米日録』には、宮地正人「玉虫左太夫の原「航米日録」について」（『日本歴史』418号、一九八三年三月）で、「まったく別系統の玉虫左太夫「航米日録」の写本」とされる写本があり、調査した限りでは、大きく二系統に分れると考えられる。系統が異なる長崎歴史文化博物館本と内藤記念くすり博物館本の識語には「文久二年」書写の識語がある。宮地が調査した水口本には慶応三年の識語がある。宮地の言う「原『航米日録』」とは言えないまでも、極初期段階の草稿本であったかと思われる。

（6）岡島昭浩「うわづら文庫」（http://uwazura.seesaa.net/article/4122089.html）による。

（7）国文学研究資料館、電子資料館蔵、和古書目録データベースに画像の閲覧が可能なものがあがっている。

（8）本章第Ⅵ節、Ⅶ節参照。

（9）香坂順一『中国語研究学習双書7中国語の単語の話―語彙の世界』（光生館、一九八三年）七七頁〜八八頁。『角川

中国語大辞典』の「子」の接尾辞4)で、「職業を表わすもの。〈厨～〉コック。〈戯～〉俳優。〈脚～〉運搬人夫。注現在このような語は用いられなくなっている」とする。

(10) 新島襄全集編輯委員会編『新島襄全集3書簡編1』書簡番号17父民治宛の書簡。

(11) 佐藤喜代治「現代語の語彙の形成」（『講座現代語2』明治書院、一九六四年）に、吉田松陰の漢語を「漢籍に典拠のあることが確実なものとそうでないものとがある」と指摘し、オランダ語辞書の訳語は「中国語の訳語を参照していることが想像される」と白話語との関係を指摘してもいる。幕末の漢語が中国語との関係が深いことについては、松井利彦「幕末漢語の意味」（『広島女子大学文学部紀要』16号、一九八一年）に、「近代漢語の成立の考察においては、日本と中国の古典漢語との係わりだけではなく、近代中国語がどのように関係しているか、という視点を忘れてはならない」と指摘がある。なお、『航米日録』には注(2)に触れたように、「訳書ニ云」、「海国図志ニ云」、「坤輿図識ニ云」とあり、中国の洋学書を参照していることがみえるので、中国洋学書の語彙との関係も考慮に入れる必要がある。この点では、佐藤亨「『大美聯邦志略』の語彙」「『地球説略』の語彙」（『幕末明治初期語彙の研究』桜楓社、一九八六年所収）が直接の参考文献になる。

(12) 松井利彦『近代漢語辞書の成立と展開』（笠間書院、一九九〇年）の第五章・二「明治初期の漢語」（原論文「『新令字解』の漢語」）

(13) 飛田良文・妹尾和子「明治初期の漢語一覧」（佐藤喜代治編『漢字講座8近代日本語と漢字』明治書院、一九八八年）

(14) 湯浅彩央を研究代表者とする共同研究（立命館大学二〇一一年度国際言語文化研究所萌芽的プロジェクト研究助成プログラム「『西洋見聞集』にみられる近代日本語」）によって、日本思想大系所載沼田次郎校注の『航米日録』をデータ化したものを用いて、筆者が単語に区切り「語彙一覧」と名付けたデータを利用した。データ化する際に文献間で統一できていない字体に違いがある語、JISコード以外の漢字を含む語などの考慮を必要とする語は、逐次確認した。

(15) 『亜行日記』のデータ化も『航米日録』と同様であるが、今回対象とした箇所は第一次精査のみが終わっている。本文は『万延元年遣米使節史料集成第一巻』所収の本文によったが、同書の校訂として注記された本文をとった。例えば「居風炉」は「据風呂」、「看板」は「甲板」、「焼耐」は「焼酎」、「雪陰」は「雪隠」、「企望」は「希望」にそれぞれ直した本文を用いた。

【参考文献】 白話語の検索にあたって参看した先行研究の一部を次にあげた。

石崎又造『近世日本に於ける支那俗語文学史』（弘文堂書房、一九四〇年［一九七七年、清水弘文堂書房再版による］）
李　漢燮編『近代漢語研究文献目録』（東京堂出版、二〇一〇年）
香坂順一『白話語彙の研究』（光生館、一九八三年）
佐藤　亨『幕末・明治初期語彙の研究』（桜楓社、一九八六年）
惣郷正明・飛田良文『明治のことば辞典』（東京堂出版、一九八六年）
松井利彦「近代日本漢語と漢訳書の漢語」（『広島女子大学文学部紀要』18号、一九八三年）

Ⅲ　『航米日録』に見える「行頭」をめぐって

——幕末武士の近代語——

1　はじめに

前節で玉虫左太夫『航米日録』巻一の漢語語彙について考察した。彼は、初めて見聞する事物には「〜ニ似タルモノ」の説明を施し、耳から得た英語を片仮名で記す方法をとることがあった。たとえば、「又琴声ニ似タル物アリ。（略）彼ノ名ニビヤーント云フ」（巻一、二月一七日）のようにである。日本語をあてて指し示すことができていない外来の事物・思想に接したとき、とりあえず原語で受け容れ、適切な日本語がない場合は、その事物とともに入ってきた外国語音を日本語の音節に変容させて、その音節の並びを片仮名で表記する方法をとったのである。

そうした語が、『航米日録』のハワイ出発までを記述した巻一には【資料1】のようにある。これらがすべて新しく玉虫左太夫の語彙に入った語というのではなく、「アルコール」「マトロス」のように、「燈火〈アルコールヲトボスト云フ〉」、「ホースマン〈マトロス頭ナリ〉」と外来の語に与えた注釈の中に使っている語などは玉虫左太夫の理解語であったと思われる。それに対して、「一弦琴ノ形ニ似テ（略）其名ヲ問ヘバウテテート云」は、そこで初めて耳にした語であった。「アルコール」・「マトロス」、「ウテテー」を両極において、その間に個々の語、あるいは、片仮名で記された外国語音が層のように配されることになる。【資料1】の数字は、日本思想大系の頁数【 】、行数である。なお、同一語で語形が異なるものもあげた。

【資料1】

アールゲン＝【30】10
アルコール＝【27】15
ウテテー＝【29】15
ガス＝【31】2
カロン＝【35】14
ケウヰール＝【10】6
コールワートルストフガス＝【30】14
コモドール＝【34】12／【34】14
コムトール＝【9】15
コモトール＝【11】12／【12】13／【31】15／【33】8
コンシユル＝【25】16
セキスタント＝【11】10
バツテーラ＝【18】8
パン＝【10】14
ビール＝【10】11／【21】15
ビヤーン＝【30】8
ホースマン＝【11】8
マトロス＝【9】16／【10】10／【11】9
ミニストル＝【9】10
ミンストル＝【33】6／【34】5
リクトガス＝【30】14
ルーフル＝【11】8
ロイテナント＝【25】16
ヲーリーホルメンドガス＝【30】15
ヲールコール＝【30】4／【30】8
ヲントルレーエセル＝【21】8

問題にする「行頭」は、万延元年遣米使節団の他の人の記録には見えない「語」である。玉虫は初めて見た、日本にはない鉄道ターミナルを外来語音ではなく、「行頭」（漢音でコウトウとよんでおく）という二字の漢字からなる「語」で表した。「行頭」を通して新しい世界で初めて見た事物を表現するのに、武士である玉虫がどのような工夫をしたのかを見るのが本節の趣旨である。

石井研堂『改訂増補明治事物起源』（春陽堂、一九四四年。今、ちくま学芸文庫『明治事物起源五』一九九七年による。

以下『事物起源』）は、【資料2】のように述べて、「停車場の幼名」を明治一五年までの例を出典とともに二一例をあげている。今、【資料3】にその中から出典を省いて、幕末に見られる「停車場の幼名」を示した。

【資料2】

（三八）鉄道と停車場の幼名　汽車の鉄道と停車場は、本邦にかつてなかりしものだけに、各人各様に命名し、それが今日の定名となるまでには、学者非学者の別なく、よほど苦しみし跡を看取さる。いま見るに従ひて、これを拾録す。（第九編交通部「汽車の始め」）

【資料3】

蒸気車の小屋、車舎、蒸気車行頭、蒸気車仕出役所、蒸気車問屋場、蒸気車を仕立す見世、立場、蒸気車会所、蒸気車屯所、蒸気車公司、蒸気車場

本節でとりあげるのは、石井研堂『事物起源』が、玉虫左太夫『航米日録』と市川清流『尾蠅欧行漫録』の例を引く「蒸気車行頭」である。『航米日録』に見える全例を【資料4】に示す。以下、『航米日録』の引用は、前節と同じく『日本思想大系』（岩波書店、一九七四年）所収の本文による。引用にあたっては、校注者による平仮名の振り仮名は除いた。また、以下の文献の引用の傍線は引用者が施したものである。

【資料4】

①是ヲ去リ六七町許行キ火輪車行頭《トヒヤ》アリ、数十車ヲ列ス。毎車ニ屋台如キモノ六七個接続シ、装ヒ極メテ美麗ナリ。是ヨリ車銕道アリテ諸方へ通ズ。（巻四、四月一四日）

②辰後旅館ヲ発軔シ（中略）、東ニ向ヒ十五六町ニシテ一巨家アリ、高屋ニシテ長シ。此蒸気車行頭ナリ。大小ノ蒸気車数十個、其内美麗ニシテ長サ七八間ノ屋台五個接続シタル大車アリ、是ニ乗リ発ス。（巻四、四月二〇日）

③此府巷門ニ蒸気車行頭アリ。是又高屋ニシテ二層ノ石門アリ。（巻四、四月二〇日）

④巳後旅館ヲ発シ、東北十五六町許ニシテ蒸気車行頭ニ至ル、是又高屋ナリ。此処ヨリ蒸気車ニ乗ル。四個ノ屋台接続シテ、車上ノ装ヒ中央ニ我国ノ旗章ヲ記シタル幕ヲ張リ、其他一トシテ美ナラザルコトナシ。（巻四、四月二一日）

⑤又行クトコ数里ニシテフユトルヒヤニ着ス。ホールトモルヨリ是迄九十九里〈亜ノ里法〉ト云フ。纔ニ四時二十四「ミニート」ニシテ達ス。又蒸気車行頭ニ至ル。是又高屋ニシテ且ツ長シ。（巻四、四月二一日）

【資料4】をみるに、「火輪車（蒸気車）」が数十両停まっていて、高い建物がある施設を「火輪車行頭」「蒸気車行頭」と言っていて、石井研堂『事物起源』が「ただ、これは、中間駅ではなく、首駅をいひしなり」と指摘するように、鉄道ターミナルを指して表現したものと思われる。玉虫ら一行は、パナマ運河が未完成であったために、パナマからパナマ鉄道(1)に乗って「アスヘンワル」（思想大系は現在のコロンとする）に向かうが、途中「午飯ヲ喫」したサンハフローニは、「此処ハ我国ノ立場ト称スルモノ、如シ」として、【資料4】にある「行頭」とは違ったものとして捉えている。玉虫と同じく随行員であた木村鉄太は「サンハフローニ」での休息を「四時半。一傳舎《タテバ》ニ至ル。米利堅《メリケン》人。之ヲ守ル。皆車ヲ下リ。午飯ス」と記している(2)。なお、木村は、玉虫が「行頭」と記した鉄道施設は「逓運所」としていて、青潮社から出された自筆本とされる写本には「ウンソウヤクシヨ」の振り仮名が見える（【資料6】④）。

「行頭」は『日本国語大辞典第二版』には「ぎょうとう」として立項されているが、「①文章などの行のはじめ。②修行や修行僧の監督の任にあるもの」とあって、玉虫の「行頭」につながる語義記述はない。また、『中国語大辞典』（角川書店、一九九四年）、『漢語大詞典（CD-ROM版）』（商務印書館、二〇〇七年）、『現代漢語詞典（第二季）』（商務印書館、一九八〇年）、『現代漢語詞典補編』（商務印書館、一九八九年）、『中日大辞典増訂第二版』（大修館書店、一九八七年)、『岩波中国語辞典』(岩波書店、一九六三年)には立項されてはいるが、『航米日録』に見えるような「停車場」の語義記述はない。『中国語大辞典』で代表させて、その意味記述を要約して示せば次のとおりである

【資料5】

①演劇用衣装。舞台衣装。②広く服装の意。③大工など職人の道具。

②唐、宋代に使われた「けまり」。

また、日本の近代訳語に大きな役割を果たしたと言われる(森岡健二『改訂近代語の研究　語彙編』明治書院、一九九一年、第四章「翻訳書に与えた英華字典の影響」)、ロブシャイド『英華字典』(四冊本、一八六六年～一八六九年。一四七頁参照)には、"a railway station"に「火輪車歇之處」とある。なお、中国の例については後述する。

2　玉虫以外の使節団員の記録

日米修好通商百年記念行事運営会編『万延元年遣米使節史料集成』(風間書房、一九六一年)、日本史籍協会出版『遣外使節日記纂輯』(東京大学出版会［覆刻］、一九七一年)所収の記録、および、木村鉄太『航米記』(青潮社、一九七四年)、佐野鼎『万延元年訪米日記』(金沢文化協会、一九四六年)によってみるに、万延元年遣米使節団の他の記録には「行頭」は見出すことはできない。玉虫が「行頭」を用いて記述している鉄道施設＝ターミナルについては、各々【資料6】に示したように記している。以下、『万延元年遣米使節史料集成』は『遣米』、『遣外使節日記纂輯』は『遣外』と略記し、所収の巻数は(　)内に漢数字で示すこととする。なお、①～④、⑥～⑧は同一の「駅」を言ったものである。

【資料6】

①蒸気車仕出し場有、(益頭《ましず》駿二郎「亜行航海日記」四月二〇日、『遣米(二)』)

②東方八丁計にして蒸気車に乗移る此所より蒸気車を出す所なり（佐藤恒蔵「米行日記」四月二〇日、『遺外（一）』）

③蒸気車の小屋は高さ二丈はかり長さ三十間もあるべし三棟はかりにて中に数車有（村垣範正「遣米使日記」四月二〇日、『遺外（一）』）

④既ニ驛亭ニ抵リ。車ヲ下ル。蒸気車ノ逓運所《ウンソウヤクショ》ナリ。是ヨリ諸方ニ。蒸気車ヲ出ス。（木村鉄太『航米記』四月二〇日）

⑤晝九つ時頃ボルトモル府の西南の車驛に着す。（佐野鼎『万延元年訪米日記』四月二〇日）

⑥朝ニ。旅館ヲ発シ。車ヲ馳セ。北門ノ逓運所ニ至リ。蒸気車ニ遷リ。他ノ蒸気車ノ出ヲ待ツ。（木村鉄太『航米記』四月二一日）

⑦市中の入口より十餘丁にして蒸気車場にいたる（柳川當清「航海日記」四月二一日、『遺外（一）』）

⑧車馬ヲ馳乗車場ニ至ル、（野々村忠実「航海日録」四月二一日、『遣米（三）』）

⑨夕七時頃ヒレドルヒヤ府の一端なる鐵路の終尾に着す。（佐野鼎『万延元年訪米日記』四月二一日）

【資料6】②の割注が示しているように、彼ら一行が乗り降りしているのは蒸気車の始発駅であり、佐野がいうように「終尾」＝終着駅（⑨）でもあって、今でいうターミナルステーションである。それを、玉虫は「トヒヤ」＝問屋と振り仮名で示したものと思われるのである。玉虫が【資料4】③、④で書いたのは、それぞれボルティモアの「カムデン駅」（日本思想大系頭注）、「プレジデント・ストリート駅」（宮永孝『万延元年の遣米使節団』講談社学術文庫、二〇〇五年）のことであるが、【参考画像】として末尾に示したＵＲＬにある画像を見ると行き止まりになっていて、通過駅では無いことが明らかである。

この鉄道施設を、玉虫は、日本で目にしてきた宿駅制度[3]の「トヒヤ」（問屋）と捉え、「行頭」と漢字表記したのである。【資料1】①の「行頭」の振り仮名「トヒヤ」は、日本思想大系が底本とした仙台市博物館蔵本に「トヒヤ」とあることを確認した。ただ、巻四が自筆本でないこともあり、玉虫が施したものかどうかは不明とせざるを得ない。しかし、玉虫左太夫には、目の前に機関車が数十両留め置かれて、高い建物が併設し、旅の最初に乗った施設、乗ってきた汽車を乗り換える施設は、江戸の品川宿のような「トヒヤ」に置き換えて理解できるものであった。使節団の他の者が「立場《たてば》」を使っているので、「問屋」と漢字表記してもよかったのであろうが、そうすると宿駅制度と全く同一視することになり、馬ではなく、目の前に停まっている西洋の近代を象徴する火輪車と鉄道施設を表現するのには不適切と思ったものと推測される。そこで、白話語風の「行頭」という表記を用いたのであり、玉虫の近代語であったと言えるものと考えるのである。

蒸気車そのものは、聞いたり読んだりして知識があったであろうし、ペリーが、持参した模型の汽車を一八五四（嘉永七）年に江戸城で走らせたこと(4)もあって、使節団の中にいた奉行達の中には見た者もいたと思われる。しかし、汽車が実際にはどのようにして乗客、貨物を運んでいるのかといった、後に鉄道と呼ぶことになる近代的な施設、仕組み、システムをアメリカに来てはじめて見聞したのである。

それを玉虫は宿駅制度に置き換え理解したのである。それは、「逓運所」とした木村にしても、「車驛」とした佐野にしても同じである。

3　他の使節団の見聞記に見える「行頭」

玉虫左太夫らの遣米使節団のあとに、竹内下野守保徳を正使とした遣欧使節団が、江戸・大坂の都市、および兵庫・新潟の港を開くことの延期交渉、および樺太における日露国境を定める交渉のために、文久元（一八六一）年一二月二二日、ヨーロッパに向けて品川を出発する。すでに石井研堂『事物起源』が指摘しているが、副使松平康直の随行員であった市川清流（𩶯）の著作になる『尾蠅歐行漫録』に複数例の「行頭」が使われている。(5)なお、豊橋市図書館羽田文庫本その他の『尾蠅歐行漫録』の写本には「行頭」に振り仮名は無い(6)。【資料8】①は、【資料7】②の前半に「行頭」とされたのと同じ「駅」を「仕出場」としており、【資料8】③は【資料7】③の「行頭」を「問屋」としている例である。また、文久三（一八六三）年に横浜鎖港問題折衝のために池田筑後守を正使とした使節団が派遣されたが、その随行員岩松太郎の「航海日記」の例（【資料8】②）も、「駅」「停車場」を「問屋場」であると理解していたことを示していて、これらの例からも【資料4】①の「行頭《トヒヤ》」を理解することができるのである。【資料8】④は、慶応元（一八六五）年横須賀製鉄所設立のために英仏に使節団を派遣したときの随行員であった岡田攝蔵の記録であるが、彼もまた「問屋」と同義の「会所」を使っているのである。【資料9】③は【資料7】③と同じパリ駅を指しているが、やはり、「汽會所」と「会所」を使っているのである。

【資料7】

①午牌後ヨリ旅寓ヲ馬車ニテ出本道ノ蒸氣車行頭ニ至ル。此所ハ日々出入ノ蒸氣車數十輛ヲ備置所ニシテ幅八間ニ長八十間許ノ觀物場ノ如キ一大廣屋ニシテ四方ノ鐵路是ヨリ始ル也。此傍ニ兩所ニ行旅ノ屯所アリテ即出入ノ群ヲ判ツ也。此屯所ニ接シテ一大館アリテ飲食止宿ノ便ニ備フ。總テ各國共蒸氣車行頭ハ皆然ルナリ。（市川清流「尾蠅歐行漫録」二月二四日、『遺外（二）』）

②巳牌前ヨリ旅寓ヲ馬車ニテ發。街上看者蝟集ス。警衛ノ騎馬三十許銃隊歩卒凡五百許ニテ道路ヲ囲ム。南ノ方ニ行十丁餘蒸氣車行頭ニ至ル。幅八間長三十間許傍ノ驛舘ニ入テ少憩ス。（中略）申後「レヲン」〈地名〉蒸氣車行頭ニ著。此所幅二十間長六十間許盡ク玻璃ヲ以テ屋根ヲ張レリ。又屋上正面ニ亘六七尺許ノ時辰表ヲ懸タリ。尤夜間ハ内ニ燈火ヲ點スル也。（同右、三月七日）

③亥牌巴里斯蒸気車行頭ニ至。（同右、八月二九日）

市川清流は白話語に詳しかったこともあって[7]、「駅」を「行頭」と白話語風に捉え、その傍らにある建造物を「驛舘」とした。「駅舘」は、市川の編になる『雅俗漢語譯解』には見えないが、『支那小説字解』には「駅舘　本陣　ホンノヤド」の例が見える[8]。

【資料8】

①マルセイロン港朝十時出立舘より車馬に乗り街中凡拾四五町離れ蒸氣車仕出場あり（益頭駿二郎『欧行記』三月七日、『遺外（三）』）

②○是より前車の著する場所は本朝の問屋場と同し夜中も野田に人足共眠居る體也○此場所は立場のようなる處にて一軒の小屋あり（二月一九日「航海日記」、『遺外（三）』）

③仏蘭西パレイス蒸気車問屋へ夜十時頃に至り（「航海日録」八月二九日、『遺外（二）』）

④朝七字我六つ半蒸気車會所に到朝八字蒸気車に乗し（「航西小記」九月二一日、『遺外（三）』）

【資料9】

①此所迄蘭より使蕃を出向として出す候より別蒸気車場迄馬車にて参る（「徳川昭武日記」[9]八月一八日）

②八時半蒸気車にてスラアーと云所え参り、蒸気車並に鉄道石炭を掘出す器械其外色（々）之器械有るを見る。此所は欧州にて名高蒸気車之問屋也と云。（同右、九月三日）

③朝五時に起て半時に食し、六時過に亭を出て汽會所に至る。造築巨大にして美を極むといふへし、（略）されは宿驛ことに些時休息して出入の客を便す（「信恭魯国行用書抜蘂」[10]慶応二年二月一三日）

4　名付けの工夫

右にあげた用例から、日本の宿駅制度を鉄道のシステムに移し替えて理解するのが、海外で鉄道を見た人たちの方法であったことが明らかである。では、玉虫左太夫、市川清流以外には幕末の海外使節団の記録に見えない「トイヤ」に宛てられた漢字表記の「行頭」は、どういう「漢字語」であったのか。

今、注意されるのは、『尾蠅歐行漫録』の著者市川清流が、前述したように白話語辞書『雅俗漢語譯解』の編者であるということである。『雅俗漢語譯解』に関連する語については【資料10】①〜③に示した。江戸時代の白話辞書『小説辞彙』(11)（寛政三［一七九一］年）には、玉虫の用いた「行頭」に近い【資料10】④の例がある。『小説字彙』の見出し語の立て方からすると、ここは「出頭行頭」に対して「旅へ出テユクコト」の語義がしめされていると考えられる。『中国語大辞典』（角川書店）は「出行」を「地方に行く。遠出する。旅に出る」の意であるとするが、ここも「出行」に接尾辞の「頭」を付けたものと理解しておきたい。

【資料10】

①行《カウ》　アキナヒノヿヲ—ト云フ、又人ノヿヲ—ト云フヿアリ、（『雅俗漢語譯解上』69オ）

②頭　頭字句頭ニ在トキハ実字、語下ニ在トキハ虚字也。（中略）快心編二年頭トアルモ唯年ノヿ也。（『雅俗漢語譯解上』37オ）

③行頭　何ニアレ其場ニ入用ノ器ヲ云机辺ニテ云ヘバ筆墨帋ノ类也。（『雅俗漢語譯解上』69ウ）

④（出）頭行頭　旅へ出テユクヿ（『小説字彙』14下オ）

一八七一（明治四）年の岩倉具視使節団の記録である『米欧回覧実記』（『実記』と略した）では、【資料11】①のように「ステーション」の振り仮名を振って「駅站」を用いている。(12)

【資料11】

①夫ヨリ鉄道ノ新駅ニ至ル、蓋シ「シュワルト氏ノ建築セル所ナリ、米国ノ鉄道ハ建築ヲ粗ニシテ、簡便ヲ尚フ、故ニ駅站《ステーション》ノ屋造モ亦粗大ニシテ、多クハ木製ノ解舎《ナガヤ》ヲ建テ、雨露ヲ防クニ止ルノミ、此新駅ノ造営ニ至リテ

ハ、宏大精麗ヲ尽シ、裒然《ほうぜん》タル大建築ナリ、（第一九巻、三月二十六日、『実記（一）』岩波文庫、三四六頁）
②故ニ「ミンスター驛ヨリ、西ニ駛行スレハ、鐵路ノ驛站ニ、石炭ヲ堆積シ、荷車累累トシテ、鐵軌ノ淤旋ニ連リ（第五六巻、三月七日、『実記（三）』同右、二九二頁）

「站」は、現代中国語で日本語の「駅」に該当する語として、我々の目に触れている「漢語」である。この語は『中国語大辞典』（角川書店）によれば、旧白話語であることを示す記号が付けられて「駅伝の駅。宿場」とある。また、同書には「站頭」が熟語としてあがっていて、①として宿場の意味とされ、②として、方言には「頭」が接尾辞化して駅の意味を持つものがあることが記述されている。「駅站」は『海国図志』[13]に「以二六人一専司二会議一、其餘或理二外国事宜一、或理二案件一、或理二駅站一、或理二因底阿人事件一（以下略）」（巻六〇・6丁ウ）とあり、文脈からは「公文の引き継ぎ官吏の休息所」（『中国語大辞典』角川書店）を指したものである。つまり、『米欧回覧実記』の筆者久米邦武も玉虫、市川などと同様、鉄道ターミナルを宿駅制度に比して表現したのである。[14]

飛田良文・菊田悟編『和英語林集成　初版　訳語総索引』（笠間書院、一九九六年）を手がかりにして、明治学院大学『和英語林集成』デジタルアーカイブスで検索すると、慶応三（一八六七）年に出版されたヘボン『和英語林集成』初版、一八七二（明治五）年の再版にはなかったが、第三版（一八八六〔明治一九〕年）「英和の部」に″STATION″の見出し語があり、そのなかに″Railway ――, teishajo″がみえる。しかし、「和英の部」の見出し語には″Teishajo″、″Teishaba″はない。

問題にしてきた鉄道施設を指す語として、明治中期以降に至って今日の「駅」が使われ出し、「明治三十年代になると。（略）「駅」がこの鉄道の停車場を表わすものとして使われ始め」、「明治後期から大正にかけて、「駅」は次第に「停車場」を圧倒して」いくことになるのである。[15]

を繰り返すことになるが、玉虫、市川の見聞記に見える「行頭」は、蒸気車が発着、数十輌留置されているところを、人や荷物を運送する蒸気車を馬に比して、日本の宿駅制度の中にみえる「問屋」としてとらえて、白話語辞典が「トイヤ」にあてている「行」を用いて、そこに接尾辞「頭」を付して白話語風に造語したものと思われる。

5　まとめ

『米欧回覧実記』の「渡頭」（『実記（一）』二五六頁）、『仏英行』の「港頭」（九月二〇日）も同様と思われる。『尾蠅欧行漫録』九月二八日の条にある「馬頭」には「ハトバ」の振り仮名があり（豊橋市立図書館蔵本）、『坤輿図識』には「馬頭」にミナトの振り仮名を付けた例（巻四・5オ）がある。接尾辞「頭」を用いたのは、白話語の「馬頭」によったものと思われる。船が停泊して、人や貨物を積んで出発するところと鉄道のターミナルステーションは同一の機能を持ったところであったからであろう。白話語の常套的な表現である接尾辞「頭」を用いたのは、前節で述べた『航米日録』に「管店子」「導舟子」などの接尾辞「子」を用いた語群と同様の造語法であったと考えられる。「行頭」は、上述の『中国語大辞典』（角川書店）にある「站頭」の「站」を「行」に換えたという解釈も成り立つが、「行」が「站」よりも身近にあったと考えて、上記のように考えた。[16]

「駅」「停車場」が一般的な語でなかったときに、「火輪車」が、高い建物の傍らに数十両留め置かれて、そこから四方に向けて出発する鉄道施設を前にして、幕末の知識人のなかには、彼らの語彙にあった白話語――それは彼らがなじんでいた古典漢文にある漢語ではなく、当時の中国語＝外国語であった――、あるいは、それらしく造語した語を用いた者がいたことを述べた。いわば、それが玉虫と新しい世界をつなぐ近代語であったと捉えようと考えるのである。ただし、第二節で述べた『航米日録』の別本系には「行頭」は見えないので、玉虫がターミナルステーションを目の前にして、「行頭」を思い浮かべたというのではなく、整理する中で「行頭」を用いたのであろうと思われる。

注

（1）山口廣次「パナマ鉄道余話―幕末遣米使節の記録を読んで」（『鉄道ファン』308号、交友社、一九八六年一二月）は、パナマ鉄道の路線図、玉虫等が乗った当時のレールが示され、山口は『航米日録』のレールの記述は正確であるとしている。

（2）『航米記』。本文は一九七四年に青潮社から刊行された複製によった。同書の松本雅明執筆の解題では、「原本（もしくは原本の一つ＝他の一本は藩公に献上したか。ただし、現在、細川家北岡文庫にはない）が発見され」とある。

（3）宿駅制度を『国史大辞典』（JapanKnowledge のサイトによる）は次のように記述している

近世の宿駅において、人馬の継立、御用旅宿の手配をはじめとする宿駅業務を取り扱う施設。伝馬人足の継立を主とするが、商品物資運送の取扱いにもあたる。問屋会所・人馬会所・馬借会所・役前所と呼ぶ宿駅もある。

維新期には伝馬所と呼び改められた。

（4）神田学会「KZNDA アーカイブ」（神田仮想現実図書館48）、中西隆紀「江戸城・竹橋の極秘イベント―ペリー献上の汽車が走った」に、〈（嘉永七年）五月二十三日、将軍以下幕府首脳の面前で竹橋御蔵地において披露されたと『日本国有鉄道百年史』は語る〉とある。

（5）考察の前に、市川の『尾蠅歐行漫録』が、先行文献である玉虫の『航米日録』に学んだのかということが問題となってくる。『航米日録』は都立日比谷図書館蔵本には文久二年に対校したという書写の日付がある（日本思想大系解説）ので、早くに流布したのであろうが、『航米日録』の写本を、帰国後の市川が見たという確証はなく、本稿では別々に「行頭」を用いたと考えて論を進めた。

（6）豊橋市図書館羽田文庫本には、出港した一二月二三日の条に、右ルビで「第」に「ヤシキ」、「篙夫」に「センドウ」、左ルビで「噴烟」に「ケムダシ」、「圊房」に「セツイン」などの振り仮名が見える。ただし、市川清流の原本にあったかどうかは不明である。なお、『航米日録』では「圊房」には「カワヤ」と振り仮名がある。豊橋市図書館羽田文庫本は、以下のＵＲＬにあるＰＤＦファイルによった。http://www.library.toyohashi.aichi.jp/pdf/100787456_01-02.pdf

（7）佐伯富編『雅俗漢語譯解』（同朋舎、一九七六年）の入矢義高による解題では、江戸時代の白話語辞典『俗語解』をもとに『雅俗漢語譯解』を編纂したものという。

（8）『支那小説字解』は、『唐話辞書類集15集』（汲古書院、一九七三年）によったが、明治中期成立、大正期の写本である。『支那小説字解』「居処」には、つぎのような宿駅制度に関係する語が見える。「駅逓起人夫　宿ツギニ人夫ヲ出ス」「駅逓　トヒヤ」「館驛　ホンジン」。また、「地理」に「一站々　宿次ノコト　站ハ十五里ニ一処ノ宿ツキナリ人ノ立カ、リタル字義ニテ御飛脚ナドノ待テ居ルコト」とある。

（9）宮地正人監修・松戸市教育委員会編『徳川照武幕末滞欧日記』（山川出版、一九九九年）による。

（10）内藤遂『遺魯傳集生始末』（東洋堂、一九四三年）による。「信恭魯国行用書抜薬」は、慶応元（一八六五）年にロシア留学生として日本を発った山内作左衛門（諱・信恭）が、父親に宛てた書簡の集録である。

（11）流布本である、題簽「小説字彙」、内題「畫引小説字彙」、奥書「寛政三年辛亥十一月、皇都書林　風月荘左衛門、大阪書林　渋川與左衛門、同　泉本八兵衛、同　山口又一郎」とある架蔵本によった。

（12）『米欧回覧実記』の調査は岩波文庫によったが、本文の引用は、国会図書館デジタルコレクション博聞社版『特命全権大使米歐回覧実記』によった。

（13）「早稲田大学古典籍総合データーベース」による。

（14）幕末に海外に派遣された武士の記録に「站」がみえないことについては、「站」の位相についての考察が必要と思われるが後考を待ちたい。

（15）真田信治「えき（駅）」『講座日本語の語彙9語誌Ⅰ』（明治書院、一九八三年）

（16）長野電波技術研究所附属図書館蔵の弘化二（一八四五）年の刊期がある美作夢霞楼蔵版によった。

【参考文献1】白話語については、第Ⅱ節にあげたものも含めて次の書物を参考にした。

太田辰夫『中国語歴史文法』（朋友書店、一九八一年。一九五八年江南書院版景印）

香坂順一「近世・近代漢語の語法と語彙」（『中国文化叢書1言語』大修館書店、一九六七年）
香坂順一『白話語彙の研究』（光生館、一九八三年）

【参考文献2】 使節団の見聞については、次の書物を参考にした。

小田　基『玉蟲左太夫『航米日録』を読む―日本最初の世界一周日記―』（東北大学出版会、二〇〇〇年）
尾佐竹猛『幕末遣外使節物語―夷狄の国へ―』（講談社学術文庫、一九八九年。『夷狄の国へ――幕末使節物語』萬里閣書房、一九二九年）
宮永　孝『万延元年の遣米使節団』（講談社学術文庫、二〇〇五年。『万延元年のアメリカ報告』新潮社、一九九〇年）

【参考画像】 稿をなすにあたって、次のURLにある画像を参考にした。いずれも、二〇一八年一〇月五日確認。

「カムデン駅」（http://ushistoryimages.com/images/baltimore-1861/fullsize/baltimore-1861-3.jpg）
「プレジデント・ストリート駅」（http://commons.wikimedia.org/wiki/File:President_St_Depot_%26_City_Block_-Baltimore_1869.jpg）
「一八六五年のカムデン駅」（http://en.wikipedia.org/wiki/Camden_Station）

Ⅳ　新島襄の書簡に見える「博物館」について
――新語の獲得と広がり――

1　はじめに

前節の「行頭」と同じく、日本での見聞がなく新しい世界で見聞した事物の表現と語の受け入れについて、新島襄の書簡に見える「博物館」を通して考察したい。

日米和親条約批准のために幕府が遣わした、遣米使節団の正使の従者としてワシントンに向かった『航米日録』の著者、仙台藩士玉虫左太夫より四年遅く、元治元（一八六四）年、函館から国禁を犯してアメリカに渡った群馬安中藩士新島襄が、家族に出した手紙をとりあげる。彼は、ボストンの地で篤志家ハーディー氏に出会い、彼の援助で大学を卒業して帰国する。使節団の一員としてアメリカを訪れた玉虫、或いは、福澤諭吉らとは違って、一八七四（明治七）年一一月に帰国するまでの一〇年間の滞在という時間の長さは、ことば以外に、新島にものの見方などについても大きな影響を与えたものと思われる。

また、使節団の玉虫とは、出会った人の層も数も違ったものであった。例えば、彼は、岩倉使節団一行の木戸孝允、その使節団に同行していた津田うめともワシントンで出会っている。一〇年間のアメリカでの滞在は、裏返せば、幕末の動乱期に日本に居なかったということであり、「未開」から開化へと向かう時期に日本語の外に居たということでもある。第四章で述べようとする『西洋道中膝栗毛』の世界とは無縁の世界に居たのである。

2　「博物館」の語史

問題の所在

慶応三（一八六七）年一二月二四日付母とみ宛の書簡に、アーモスト大学キャンパス内にある建物を紹介した一文がある。新島襄の書簡は、新島襄全集編集委員会編『新島襄全集3―書簡編Ⅰ―』（同朋舎、一九八七年）によった。以下『全集』と略称する。（　）は『全集』のままであり、『全集』の割り注部分を〈　〉内に入れた。以下、本節内の他文献からの引用においても同じである。

①其所の風景は以前のアンドワより一斉よろしく種々の奇麗なる書生料《ママ》、書物庫、珍奇をあつめ置所（ジムネージャム）〈此は身をかためかつ書生の腹こなしをいたす所〉等之有、

「珍奇をあつめ置所」は、『日本国語大辞典第二版』（以下『日国』と略称）に引かれた次の用例②の「曙新聞」の例（『日国』見出し語「延遼館」による）からは、［博物館］（以下、施設としての博物館のときは［　］で示し、語の場合は「　」で示す）を意味しているであろうと思われる。

②延遼館の立派なる、料理の美味なる、奏楽の面白き、博物館の珍奇なる、何もかも肝を潰さざるものなしだと申すこと（「東京曙新聞」、一八七六［明治九］年六月五日）

新島は、「博物館」を使わないで「珍奇をあつめ置所」と説明した表現を用いているのであるが、五年後に父民治宛に出した書簡のなかでは「博物館」を用いている。

③シーボルトと申博物館ありて其内に大分日本の画、紙、塗り物、瀬戸物、その外種々の珍器之有り候。（一八七二［明治五］年九月二九日、ベルリンからの父宛書簡）

また帰国後の父宛書簡にも「京都博物館用懸被命候間」（一八七五［明治八］年五月五日、大阪からの父宛書簡）と

ある。母とみ宛の書簡（①）執筆時には、新島の語彙に「博物館」が無かったため「珍奇をあつめ置所」という表現を用いたのか、それとも「博物館」は彼の語彙にあったが、母親宛の書簡であったので、「博物館」という語を避けて、内容のわかる「珍奇をあつめ置所」という表現を用いたのであろうか。この疑問を解くには、「博物館」の語史を明らかにしておかなくてはならない。

　母宛のこの書簡には、「驟雨」に「ユフダチ」、「晩餐」に「バンノショクジ」とそれぞれ振り仮名を振っている。『全集』の凡例では、「原文のルビや返り点はそのまま残した」とあるので、新島が振ったものであろうと考えておく。その他、父宛の書簡には見えない音象徴語「ドブンドブン」、日常の話し言葉と思われるカタカナ書きの「とやこや」（『日国』の見出し語にはない）、「くよくよ」などを用いているので、この書簡を書いた新島の意識には、父親宛とは違った母親宛のことばを使う、という意識が強くあったものと思われるのである。[1] それ故、彼の語彙中の「博物館」の有無とは別に、内容のわかる表現を用いたとも考えられる。

　新島が学んだアーモスト大学（Amherst Callege）には、一八二一年設立の Beneski Museum of Natural（ベネズキ自然史博物館）がある（https://www.amherst.edu/museums/naturalhistory）。人物名 Beneski はあとで冠せられたものであろうから、新島の在籍中は Museum of Natural とあったものと推測される。アーモスト大学のＨＰにあるキャンパスマップには BENESKI. HALL & MUSEUM OF NATURAL HISTRY とある。新島は、Museum の日本語訳として「珍奇をあつめ置所」としたのであろうと考えられる。なお、『Webster Dictionary』の一八二八年初版には Museum は、以下のようにあるが、「珍奇をあつめ置所」は、"a cabinet of curiosities" に該当する。

④ A house or apartment appropriated as a repository of things that have an immediate relation to the arts; a cabinet of curiosities.（http://webstersdictionary1828.com/によった）

語史

石井研堂『明治事物起源』〈ちくま学芸文庫による〉の〈第七編教育学術部〉に「博物館の紹介」があり、万延元年閏三月二九日の『村垣日記』に「大統領に送りし品々、大統領の所持にはならず、その事どもを記録して、百物館に納る事のよし」、四月一四日の「スミソヲエヲといへる、奇品、又究理の館なるよし、百物館と同じく、石造の高堂なり」の二条のあることを紹介して、「今日ならば、百物館とはいはず、みな博物館といひしならん」とある。「百物館」については後述する。「博物館」という語の広がりは先学の研究によると次のようである。

⑤結局「博物館」という名称は、万延元年の遣米使節団の人によって用いられ、文久二年の遣欧使節団の人たちによって、普遍的に使用されるようになる。そして、『西洋事情』などによって、その概念が一般に浸透したものと考えることができよう。（椎名仙卓『日本博物館発達史』雄山閣、一九八八年。以下椎名（一九八八））

⑥『海国図志』のイギリス総記の部にロンドンの大英博物館の説明があり、「大書館一所、博物館一所」と述べている。この「博物館」の名称は中国でももっともはやい使用例のひとつであろう。（後藤純郎「万延元年遣米使節と博物館、図書館の見聞」〔『教育学雑誌』二四号、一九九〇年〕。以下後藤（一九九〇））

林則徐訳の『海国図志』（一八七六年刊）には「蘭頓建大書館一所、博物館一所」とあるが、正木篤による和解である『英吉利國總記和解』（嘉永七〔一八五四〕年）は、次のように訓読している。なお、本文は、「早稲田大学古典籍総合データベース」によった。振り仮名は原文のままである。句読点は施した。

⑦蘭頓《ろんどん》に〈郡名〉大書館《たいしょかん》〈学問所ノ名〉一所《いっしょ》、博物館《はくぶつかん》〈学問所ノ名〉一所《いっしょ》を建《たて》るなり。（8丁ウ）

この例が、日本が「博物館」を受け入れた早い例であると思われる。中国洋学書からの新漢語の受け入れについては、佐藤亨の指摘（『幕末・明治初期語彙の研究』桜楓社、一九八六年等）があり、「博物館」の語の受け入れも、後藤（一九九〇）に指摘のある『海国図志』など中国洋学書を通してであったと思われる。

『英吉利國總記和解』を書いた正木には、大書館（大図書館）と同じく学問をするところであるとの理解があったようであるが、「博物館」がどのような内容をもった施設であるのかは、「博物」と「館」とからなる語であることで、理解できていたものと思われる。新島はブリッジマンの『聯邦志略』を読んでいたのであるが、その和刻本（箕作阮甫訳）には、「國會」「國書房」「學館」に、それぞれ振り仮名を「コングレス」「ビブリオテーキ」「スコール」と振ったのが見えるが、「博物館」はない。

遣米使節団の見聞

「博物館」の日本における早い使用例は、椎名（一九八八）、後藤（一九九〇）が引く、遣米使節団が、万延元年四月一日（日付変更線を考慮しなかった玉虫は二日とする）[2]に patent office を訪問見学したときの記事に見える。

⑧四月朔日、晴、朝四ッ時両使・御目付役々併従者迄、当所博物館《パテントオヒス》ニ到リ、其掛リ官吏ニ面会諸物一見ス、（名村五八郎「亜行日記」『万延元年遣米使節史料集成』第二巻、風間書房、一九六一年）[3]

⑨二日晴、中後雷　滞留。巳後御奉行等パテントオフユシ〈博物所ト云フ義ナリ〉ニ行ク。（『航米日録』巻三、四月二日。日本思想大系による）

彼らが訪問した patent office は日高為善の記述（⑩）によると諸国の物産を集めてあるところで、日本がハリスに送った衣服なども陳列してあった。

⑩諸国物品館江罷越、一見致し候処、珍禽奇獣之乾し堅たる物、其外木・石・貝の類、初代ワシントンの衣類・太刀・御国よりハルリス江被下候衣類類《ママ》、諸奇巧の雛形多く、其他玩物等有之、一覧之上帰館、（日高為善「米行日誌」『万延元年遣米使節史料集成』第二巻）

諭吉等の使用例

福澤諭吉は、万延元年の使節団に幕府所有の咸臨丸で随行したのに続いて、文久二（一八六二）年の遣欧使節団にも随行した。そのときの記録である『西航記』の文久二年八月九日ペテルスブルグ（伯徳禄堡《ペートルビュルグ》）での記事中に「博物館」を用いている。『西航記』は『西洋事情』よりも四年早く執筆されている（『福沢諭吉選集第一巻』後記、岩波書店、一九八一年）。

⑪博物館に行く。此館には専ら禽獣魚蟲類を集む。（『福澤全集第一九巻』岩波書店、一九六二年）

福澤が見物した「博物館」は、彼よりも約七〇年前の一七九一年に大黒屋光太夫が訪れていた。光太夫の取り調べを聞き書きした桂川甫周が著した『北槎聞略』巻之四に「また、浮梁の向ひをワシレイ・ヲストロフといふ。此所は街衢を六条に分つ。東の方に外国商人の市店あり。浮梁の北に宝庫〈たからぐら〉あり。」（亀井高孝校訂、岩波文庫、九三頁）とある。〈たからぐら〉は内閣文庫本では左訓で、右ルビ「ほうこ」である（国立公文書館デジタルアーカイブ）。亀井高孝校訂岩波文庫の注には、宝庫は「クンストカーメラと呼ばれた『美術集古館』ともいうべき博物館」とある。また、ロシアに漂着して一八〇四年に長崎で引き渡された、仙台の船頭津太夫の聞き書きを大槻玄沢が著した『環海異聞』には、「ある日、右ワシライツケの島の内ムスカームリ」といふ所あり。此所へ見物につかはされたり。是ハ諸國の産物珍異とすへき品々を貯へ置く所也。其内へ入りて見たるに開帳の霊寶場のごとく、くるり〳〵と廻わりて見る様に仕懸け」（巻十、早稲田大学「古典籍総合データベース」により、句読点のみ施した）たとある。光太夫が「たからぐら」と日本国内で見聞した、神社などの宝蔵を言う名詞を用いて表したもの、また津太夫が、新島と同じように、土産物や珍しいものを「貯へ置く所」としていた事物を、福澤は「博物館」として紹介したのである。

「デジタルで読む福澤諭吉」（http://project.lib.keio.ac.jp/dg_kul/fukuzawa_about.html）を検索すると『西洋事情』

の次のような記事があがる。

⑫博物館ハ世界中ノ物産、古物、珍物ヲ集メテ人ニ示シ、見聞ヲ博クスル為メニ設ルモノナリ（初編一）

⑬ソノ他國内ニ書庫ヲ設ケ、本草園ヲ開キ、博物館ヲ建、遊園ヲ築ク等ノ丁ハ、人民ヲ開化スルノ一大助ナルカ故ニ政府ヨリソノ施行ヲ助ケサル可ラス（外編二）

また、新島よりも約一〇年前にオランダに滞在した留学生赤松大三郎の書簡には次のようにある。

⑭レイデンにてはホーテルデホウデンゾンと申旅籠屋に逗留致し申候、此地は人口凡弐万九千にて随分繁花之地、航海學、格物學、医學、博物館等其他種々の大學校有之候地（「吉沢源次郎宛赤松則良書簡」[4]文久三［一八六三］年）。

⑧、⑭の例からは、当時の使節・留学生に任じられた武士の、ある者にとっては、「博物館」は既習の語であったと思われるが、後述するように、「博物館」は広く用いられていた語であるとは思われないのである。

「博物館」の広がり以前

『西洋事情』は当時のベストセラーになったものでもあるので、「博物館」は、椎名（一九八八）が指摘するように、『西洋事情』によって、識字層に受容されていったものであろうと考えられる。しかし、『西洋事情』の出版は、新島が一八六四（元治元）年に函館から密出国した後になる。また、彼は、外国の事情を十分に知った上で渡米したのではなく、裨治文（ブリッヂマン）の『聯邦志略』以外は、地理書を数多く読む機会に恵まれてはいず、また、彼が函館を出るまでの日本語の中に、「博物館」が定着していたのではないので、「博物館」が彼の語彙の中にあった可能性は低いと考えられる。

「博物館」が日本語の語彙として定着していなかったということについては、新島がワシントンで拝謁した[5]木戸孝允の次の例に示したように、「店」「官（館）」「堂」を博物の接尾辞に用いていることからも言えるのではないかと考える。引用は『木戸孝允日記二』（日本史籍協会叢書七五、一九三三年初版、一九八五年覆刻再発行）によった。

⑮帰途博物店に至り種々の奇物又鳥獣等を見（明治四年一一月二八日。在ソルトレークシティー）

⑯十字頃より山田市彦太と博物官に至る（明治五年二月一三日。史籍協会叢書「官」にママとする。在ワシントン）

⑰一字より大使一同パテント、ヲヒスへ至る華盛頓中にて尤可見物之一也（明治五年二月二五日。在ワシントン）

⑱二字頃より三氏の案内にて博物堂に至り（明治五年八月四日。在ロンドン）

規模による使い分けかもしれないが、新島が拝謁した頃の木戸の語彙においては、「博物店」「博物館」「博物堂」と揺れていたのである。用例⑧と同じ時にpatent officeを見学した佐野鼎は「（五月）一日パテント・ヲヒスと名づくる政府の建築に到る。これも又前の寶藏に似たるものにして」（『万延元年訪米日記』金沢文化協会、一九四六年）と名村の「博物館」⑧と違って、「たからぐら」とも訓める「寶藏」を用いている。

また、日本において、正式な名称として「博物館」を用いたのは、椎名（一九八八）によれば、一八七二（明治五）年であるという。東京国立博物館のＨＰ（「館の歴史」1）は次のように記述している。

⑲明治5年の博覧会は、恒久的な展示を行なう博物館の誕生でもあった。ガラスの陳列ケースの並ぶ室内、さらにケース内の陳列品は、当時の観覧者に新鮮な印象を与えたことだろう。わが国最初の博覧会の開催、東京国立博物館はこれをもって創立・開館の時としている。

博物院

以上のことから、新島が渡米前の日本において、「博物館」の概念や「博物館」という語を獲得してはいなかった、と考えるのである。語の一般化（どの層においてであるかは問わないとして）の指標としては、辞書の見出し語に立項されるということが考えられる。この視点で、辞書類を調査してみるに、「博物館」の初出と同じ文久二（一八六二）年成立の『和英袖珍辞書』（杉本つとむ『江戸時代翻訳日本語辞典』による）には、Museum の訳は説明的な語釈をしていて、割り注において対応する語をあげているが、そこには「博物館」はない。

⑳ Museum　学術ノ為ニ設ケタル場所〈学堂書庫等ヲ云フ〉

また、『和英語林集成』は、初版（一八六七年）、再版（一八七二年）とも、和英の部、英和の部の見出し、語釈になく、三版（一八八六年）になって、和英の部に「HAKUBUTSU-KWAN ハクブツクワン　博物館 n. A museum.」、英和の部に「MUSEUM,n. Hakubutsukwan」とみえる。なお、再版は明治学院大学「『和英語林集成』デジタルアーカイブス」によって検索した。初版は北辰、三版は講談社の複製に拠った。なお、ロブシャイド『英華字典』（東北大学所蔵「初版四冊本」一八六六〜一八六九年、アビリティ（株）CD-ROM 復刻版）では、「博物院」という訳語を与えている。一八八三（明治一六）年出版の井上哲次郎『訂増英華字典』（架蔵本による）は、『英華字典』の記述を削除、増補することなく㉑にしめしたように「博物院、百物院」としている。

㉑ Museum　博物院、百物院

この「百物院」は、前述の石井研堂が引く『村垣日記』にみえる「百物館」とつながるものであろう。この「百物館」は、「博」と「百」の漢音「ハク」との音の共通性から、「博物院」の異表記とも見られないこともないが、白話語が村垣の語彙のなかにあったと考えたい。中国語では、「博物館」は時代が下るようである。『漢語大詞典』の「博物館」の項目では、郭沫若（一八九二〜一九七八）の例を引いている。『日国』は「博物院」は見出し語として立項していないが、JapanKnowledge のサイトにある同書の全文検索を用いて検索すると、見出し語「敬重」に引かれている次の例を得ることができる。『畢洒林《フィッセリング》氏萬國公法』は、西周がライデン大学で聴講したフィセリングの講義を筆記したものであるが（「ロツカラ授ケラレタルヲ余等　親《マノアタリ》ニカノ石墨ニテ書キトレルモノニシテアリヌル」凡例）、本文中の欄格（〔　〕）は、本文の趣旨を委しくしたり、術語を示したものもあるとしている。その術語は通常ラテン語やフランス語で記すものが多いが、「漢語ヲ以テシ原語ヲハ省キヌ」（凡例）とあるので、西周の訳語である。なお、早稲田大学本には刊記がないが、西周は一八六八年に翻訳したものを幕府に収めているので、成立はその時期と考えられる。

㉒然トモ方今遵用スル所ノ公法ニ於テ学術ノ府ハ〔文庫博物院ノ類〕是ニ敬重ヲ加ヘ敢テ奪略セサルノ例ニ在リ（『畢洒林氏萬國公法』巻三第四章第八節、一八六八年［早稲田大学「古典籍総合データベース」による］）

建物に「院」を使うか「館」使うかという違いが、中国語と日本語との間にあるかについて考察を加える必要があると考えるが、当面の問題ではないと考えるので今は措いておく。

3　新島の「博物館」

「博物館」は、母宛の書簡を書いているときには新島の語彙にはなく、「珍奇をあつめ置所」は、すでに触れたように、たとえば、Webster の"a cabinet of curiosities"を日本語に訳したものではなかったかと思うのである。「体育館」は英語の「ジムネージャム」を用いて、その説明を割り注で示したのであるから、新島の語彙にあれば、それにならって「博物館〈珍奇をあつめ置所〉」とするのも可能であったと思うのである。

しかし、既述のように、明治五年のベルリンからの父宛書簡で「博物館」を用いているのが彼の最初の例である。本稿の最後に、「博物館」がどのような経路で彼の語彙に入ったのかを考えてみようと思う。

ある語が、一人の人間の語彙に入り込む事情を明らかにする、という問題をたてること自体、方法を知らないとの識りを免れないが、外来の施設名を表す語であるという事情が、一人の人間の語彙に入り込む事情を明らかにできるのではないかと考えるのである。

この点について言えば、③のベルリンからの書簡に「博物館」が見えることが象徴的だと考えられる。ベルリンは、新島が、岩倉具視の米欧視察団の一員であった田中不二麿に懇請されて、田中のヨーロッパ教育視察に同行したときに滞在した都市の一つである。田中が帰国後書いたとされ、また一説には新島が大きく手を貸したといわれている書に『理事功程』がある。田中は明治八年十一月にこの書の和装本を太政大臣三条実美に具進した（文部省編『理事功程』解説［小林哲也執筆］、臨川書店、一九七四年。以下『理事功程』解説）。この『理事功程』のスイスの教育事情を書いた第一四巻の目次に「図書庫併ニ博物館」とある。本文はチューリッヒの「一八五九年教育全則」の翻訳に割いているという（『理事功程』解説）。その二百四十二章の翻訳に「州内諸科博覧場ノ目次凡左ノ如シ　一集古館、二動物博覧場、三鉱物博覧場、四地層地質幷ニ化石類ノ博物館、五物理学博物館（以下略）」とあり、原文にあったであろう〝Museum〟の訳語に「博物館」を用いていたものと思われるのである。

もっとも、『理事功程』は、田中の帰国後に書かれたものであり、ヨーロッパでの新島との会話の中に「博物館」があったという確証はない。しかし、田中は出発（明治四年）前に視察研究の目的を立てているが、そこに「博物府之事」がみえる（『理事功程』解説）。また、彼の出発後すぐの明治五年には、日本で初めての博覧会の開催、「文部省博物館」という名称が付された観覧券が出されるなど、国内における「博物館」が成立する。そして、この前後に「西洋雑誌」「新聞雑誌」『西洋道中膝栗毛』「東京曙新聞」等の用例がJapanKnowledge『日国』の用例全文検索によって得ることができる。田中のアメリカへの出発は明治四年（旧暦）ではあるが、国内における「博物館」、「博物館」の濫觴期の雰囲気の中で、というよりも帰国後に文部省への移管を粘り強く働きかける行動などから、「博物館」への愛着が田中に強くあったとみることができるのであり、出発前の田中不二麿の語彙に「博物館」があったことは間違いないであろうと思われるのである。

次の㉓、㉔の例からすると、新島と田中との交友は深いものがあったとみることができる。想像をたくましくすれば、新島は田中から［博物館］の持つ教育的意義などを熱心に説かれたのかもしれないのである。その現れが、「シーボルトと申博物館ありて」であり、「京都博物館用懸被命候間」（一八七五［明治八］年五月五日、大阪からの父宛書簡）の手紙である。一八七五年の四月から京都博物館の準備に入っていたのであり（椎名一九八八）、「被命候間」とあるのは、田中不二麿から命じられたものと思われるのである。

㉓田中文部大丞と色々教育之義ニ付議論仕候処、田中公と大ニ議論も合ひ相談ニもなる可き人と見巡み候故（一八七二［明治五］年四月一日、父民治宛書簡）

㉔田中様と同部屋へ罷在リ縷々日本話をいたし大保養仕候（同年四月四日、父民治宛書簡）

木戸孝允もすでにのべたように、日記で[6]「田中文部を訪ひ西嶋等と談す」（明治五年二月一九日）、「鍋島公田中不二西島七三太當地を發す」（明治五年二月二四日）と記している。「西嶋（島）」は、木戸が誤って記したものであろう。

なお、木戸は、ロンドンで「當地奉行[7]〇〇の案内にて博物所に至り又一屋に至」って、そこで食事の後、その一屋を見学して「海邉にガラスを張り海魚を容れ人をして海中の有様を想像せしむ余等未見の趣向なり」（明治五年七月一七日）と記しているのは、水族館見物のことであろう。木戸の語彙に「水族館」を表す語は無く、新島が「体育館」を「ジムネージャム〈此は身をかため、かつ書生の腹こなしをいたす所〉」と説明したのと同様である。「日本最初の水族館は一八八二（明治一五）年に上野動物園にできた観魚室（うおのぞき）」（『日本大百科全書』JapanKnowledge による）であり、『日国』は、「東京日日新聞」の一八八五（明治一八）年一〇月一四日の記事（「当夏の頃より建築に取係りたる浅草の水族館は漸く落成したれば」）を早い例として引く。鷗外の『獨逸日記』にも見える（明治一九年二月二〇日）ので、上野動物園に「観魚室」ができた前後に「水族館」という語は生まれたのであろう。

「水族」については、『漢語大詞典』が、「水生動物の総称」として、南朝宋、唐の例を引いている。『日国』は伊藤仁斎『語孟字義』（一七〇五年）を引く。今、「国会図書館デジタルコレクション」に公開されている宝永二（一七〇五）年の版本にある訓点によって訓読文で示す。

㉕天地之間ニ在ル者ハ猶ホ山草ヲ以テ之ヲ水沢之中ニ植へ、水族ヲ以テ之ヲ山岡之上ニ留ムルガゴトシ

「博物」も『漢語大詞典』は「万物を指す」の義で唐の『大唐西域記』の例を引く。「博物」「水族」も古代中国語であり、それを陳列するところを接尾辞「館」を付けて成立した語が「博物館」「水族館」である。

新島がアーモスト（アマースト）大学で見た「ジムネージャム」が「体育館」ということばでもって言われるようになるのは、一九四五年以降のようである。青空文庫では一九四八年に出版された、水谷まさる訳『若草物語』（京屋出版社）の例が田野村忠温「日本語用例検索　青空文庫所収文学作品」で検索できるだけである。「体育館」が他の二語よりも遅れるのは、施設との関係であろう。「体育館」は、専用施設の建設が遅れて、長く講堂が兼ねていた「兼雨天体操場」が語として使われていた（『日本百科事典』）からであると考えられる。

以上、新島襄の語彙に「博物館」が取り入れられた経緯について考察を進めてきた。新島は一〇年間アメリカに滞在したので、日本におけるその間の日本語の消長の現場にはいなかったのであるが、この一〇年間に新しい日本語を受け入れることなく過ぎていたのではない。薩摩からの留学生にも会い、岩倉使節団とも会い、田中不二麿とヨーロッパを視察する機会を得ているのである。彼らと出会うことで、新しい語を獲得することもあったと思われるのである。「博物館」はそうした語の一つであったと考えた。

注

（1）広瀬豊編『吉田松陰書簡集』（岩波文庫、一九三七年）所収の妹千代宛の書簡（安政元年一二月三日、安政二年正

月元日）は、他の書簡と異なり漢字も少なく（『吉田松陰全集第五巻』［岩波書店、一九三五年］所載の写真参照）、安政元（一八五四）年の書簡では、「別にくだらぬ事三四まいした丶めつかわし候間、おと丶さまか梅にい様に、讀よき様に寫してもらひ候へ。少しは心得の種にもなり可ㇾ申候」と「候」を用いているが、安政二年の書簡には「先新年御目出度う御座り升。宜い御年を召升したろう」「節季しゆわすに成ると、ゑい今としは今わづかじや、破れこぶれじや、来年からこそおのれと云ではないか。夫が年のあかつき、気づいた所じや」のように、きわめて話し言葉的な文体を用いている。

（2）『万延元年遣米使節史料集成第二巻』（風間書院、一九六〇年）解説

（3）「博物館」の振り仮名「パテントオヒス」は、自筆本とする『亜行日記』の当該箇所の画像をアップロードしたものによると翻刻どおりである。https://blogs.yahoo.co.jp/rekitomo2000/6498568.htmlp（二〇一七年九月二四日閲覧）

（4）日蘭学会編・大久保利謙編著『續幕末和蘭留學關係史料集成』（雄松堂、一九八四年）による。なお、「国会図書館デジタルコレクション」を参照した。

（5）『木戸孝允日記』明治五年二月一四日に「今日西島始て面會す同人は七八年前學業に志し脱て至此國當時已に大學校を經」とある。「西島」とあるが記述内容から新島襄のことであり、明治五年四月二日には「田中新島へ一書を送る」とある。田中は欧州視察に際して新島の助力を受けた田中不二麿である。

（6）日本史籍協会編『日本史籍協会叢書75』東京大学出版会の一九八五年覆刻再刊による。

（7）木戸の失念によるものであろう。史籍協会叢書は空白にしてママとしている。

【参考文献】

椎名仙卓『日本博物館発達史』（雄山閣、一九八八年）
後藤純郎「万延元年遣米使節と博物館、図書館の見聞」（『教育学雑誌』24号、一九九〇年）
高橋雄造『博物館の歴史』（法政大学出版会、二〇〇八年）
高田麻美「田中不二麿による教育博物館情報の摂取」（『教育論叢』53巻、二〇一〇年）

V　新島襄の書簡に見える「幸福」について

——新しい思想との出会い——

1　はじめに

新島襄は、前節でも述べたように、一八六四年七月一七日（陽暦）に「幕府の大禁を犯し」（同志社設立の始末）て国外に脱出し、一年後にボストンに到着する。それから一年と七ヶ月後の一八六六年二月二一日（新島襄全集編集委員会推定）に、父民治宛に「小子義神の加護によりてや甚健康にして」と書いた手紙を出す。しかし返信がないので、「今になんの御沙汰も無御座候故、心配之あまり一筆奉呈候」を冒頭においた三月二九日付の手紙を民治に出す。このなかで、新島は次のような決意と願いを述べている。以下、書簡本文は、新島襄全集編集委員会編『新島襄全集3—書簡編Ⅰ—』（同朋舎、一九八七年。以下『全集』と略称する）による。割注は〈　〉に入れた。（　）内の現代仮名遣いの振り仮名は私に付けたものである。また「幸福」の傍線はすべて引用者による。

①小子も昔の七五三太《（しめた）》とは大に違ひ深く此聖人の道を楽み、日夜怠らす其聖経をよみ、道を楽しみ善を行ひ、偏に他日の成業且国家の繁栄、君父朋友の幸福をのみ神祈仕候《（かみにいのりつかまつりそうろう）》。（書簡番号17）

②去なから此天上独一真神は天にも地にも只独り〈釈迦如来の如き鋳石の仏とは相違いたし候〉の神に御座候はゝ、天地、星辰、人間、鳥獣、魚類等をつくり永々御存在こゝにもかしこにも被為在《（あらせられ）》、世人の善悪を御覧被成、善をなす者には未来の幸福不朽の生命を賜ひ、悪を為せし者に必らす罪を加へ、永々の困苦を賜ひ候間、（同

右）

なお、『全集』所収の書簡には、他に二例「幸福」がみえるが、それらについては後に触れる。

新島以外の同時代の「幸福」の例には、後述するように「幸福《さいはひ》」と振り仮名が振られているものがあるが、新島の①、②の用例を漢語「コウフク」であると考えて論を進める。振り仮名のない右に掲げた例を「コウフク」であろうと考えた根拠について説明しておく。

漢語である「君父朋友」（①）、「未来」（②）を連体修飾語としていることが判断の根拠である。「朋友」は同義の漢字が重ねられているので「とも」と訓むことも可能であり、それにともなって「幸福」は「サイワイ」であるかも知れないのであるが、後掲の『椿説弓張月』に「君父《くんぷ》の幸福《こうふく》」ともあるので、①の「君父朋友」は「クンプホウユウ」と音読みであると解し、「幸福」も音読されたものと考えた。

かつて『新島襄書簡集』（岩波文庫、一九八八年一三刷改版）の書簡番号2～25と振られた書簡の漢語（「長ず・要す」などの一字漢語サ変をも含めて）を対象として、一四八二の漢語を抜き出し、『日本国語大辞典第一版』の用例と比較して【資料1】に示す結果を得たことがある（「新島襄の書簡にみえる漢語」「大阪成蹊女子短期大学研究紀要」33号、一九九六年）。

【資料1】

A同書の用例に近世以前の例があげられている漢語　75.7％

B同書の用例に明治以降の例しかあがっていない漢語・見出し語にない漢語・見出し語があっても用例が示されていない漢語　24.3％

「幸福」は、「A」に属する漢語語彙のなかの一つである。彼は、聖書の中の重要なところを抜萃した漢訳聖書に見える「天父」[1]に引かれたことを述べている（「私の若き日々」『新島襄自伝』岩波文庫、五四頁）が、「幸福」もまた彼にとっての新しい思想であるキリスト教に関連する語であると考えてとりあげた。なお、「天父」そのものは、書簡集には見えない。

2　近世資料に見える「幸福」

文字列としての「幸福」の古い用例は、後述する（一五九頁）電子化されたデータで得た、仙覚『万葉集注釈』（文永六［一二六九］年）巻三にある「玉藻刈る敏馬を過ぎて夏草の野島の崎に舟近付きぬ」（巻三、二五〇）の注釈に引かれている『摂津国風土記』の例である。引用は「国会図書館デジタルコレクション」の画像によった。[2]

③　則乗ニ此船一《すなはちのりてこのふねに》而可《べし》ニ行幸《ゆきゆく》一當レ有《まさにあるべし》ニ幸福《かうふく》一

国会図書館本は「かうふく」と訓じているが、日本古典文学大系は「幸福《さひはひ》」として引用している。しかし、『日本書紀』『古事記』『万葉集』[3]には「幸福」の文字列は無い。また、中国の用例を「漢籍電子文献資料庫」（「中央研究院・歴史言語研究所」）で検索語「幸福」を入れて検索すると、『旧唐書』の「幸福昌縣」「幸福先寺」が文字列として得られる。これらの例はそれぞれ、「福昌縣」、「福先寺」に「幸《ゆ》く」と訓むべき例である。[4]さらに『新唐書』にある「帝怒、竄愈瀕死、憲亦弗獲天年。幸福而禍、無亦左乎」（巻一五〇、李蔚列伝）は、反義語を用いた「以生而死、死復生」と同様の構文とすれば、『日本国語大辞典第二版』（以下『日国』）の補注が説くように「福を幸（ねが）ふ」と訓むべき例であると考えられる。元朝の梅屋念常撰になる『佛祖歴代通載』には同様の表現が見える。仏教が行われてから元朝までの仏教の編年史である『仏祖歴代通載』は、南北朝時代に和刻された（川瀬一馬『古活字版の研究』「国会図書館デジタルライブラリー」解題）ものがあり、国会図書館蔵本には、何時の時代に施されたものかは分からないが訓点が施されている。それによると、「憲亦弗レ克天｜年ヲ幸テレ福ヲ而禍ス」（憲亦、天｜年ヲ克《ヨク》セズ、福ヲ幸《ネカツ》テ禍ス。巻一七）とあって、『日国』の「幸福」にある補注の読みと同じである。

右に述べたことから、『万葉集注釈』に引かれた『摂津国風土記』の「當有幸福」は、漢語「幸福」ではなく、「當ニ福ヲ幸《ねが》フニ有ルベシ」と訓読すべきところと思われる。

二字の漢字列「幸福」あるいは漢語「コウフク」とみられる古い確実な例は、JapanKnowledge の『日国』の用例全文検索で得られた熊沢蕃山『集義和書』（一六七六年）にみえる次の二例である。中村邦夫が、上田秋成『胆大小心録』を引き、「日本では江戸時代に使われ始めたと思われる」（「こうふく・さいわい・しあわせ」『講座日本語の語彙10語誌Ⅱ』明治書院。以下、中村（一九八三）とする）とされた秋成の例よりも半世紀以上遡った例となる。引用は酒田市立光丘文庫蔵本（国文学研究資料館電子資料館の画像）によった。

④故に攸好徳《ユウカウトク》の幸福《カウフク》ある人は次第を歴《へ》て徳を知も御座候（巻三）

⑤通達《ツウタツ》して幸《サイワイ》福を得る時は人をよくし窮塞《キウソク》して禍難《クワナン》にあふ時は其身をよくす（巻一六）

右の二つの例の「幸福」は、漢語コウフク、和語サイワイのいずれの表記でもあったと見ておくべき例である。『集議和書』の次に古い例は、約九〇年後の『雨月物語』（一七六八年）、であり、『雨月物語』から『椿説弓張月』（一八〇七年）までの四〇年間の例を得ていない。しかし、一八六〇年代に入ると二、三年の間をおくだけで、多くの用例を得ることができている。新島の用例もこの間に入るのである。

木越治が電子化した上田秋成の本文によって、[5]『雨月物語』以外にも『胆大小心録』『春雨草紙』の例が得られる。『胆大小心録』は中村（一九八三）、『日国』にも引かれているので、早稲田大学古典籍総合データベースで版本（文栄堂蔵板）を閲覧できる『雨月物語』の例を引く。

⑥上皇《じやうくはう》の幸福《さいはひ》いまだ盡《つき》ず。重盛が忠信ちかづきがたし。今より支干《えと》一周《めぐり》を待《また》ば。重盛が命數《よはひ》既《すで》に盡《つき》なん。他死《かれし》せば一族《ぞく》の幸福《さいはひ》此時に亡《ほろぶ》べし。（巻一・白峯）

⑦貧福をいはず。ひたすら善を積《つま》ん人は。その身に来らずとも。子孫《しそん》はかならず幸福《さいはひ》を得《う》べし。（巻五・貧福論）

「幸福《さひはひ》」の熟字訓の例は、『椿説弓張月』（前編・第一四回）にも見えるが、『椿説弓張月』には次のように、「幸《こう》福《ふく》」の例もある。

⑧われ苟《いやしく》も君父《くんぷ》の幸福《こうふく》に因《より》て風濤《ふうとう》の難《なん》もなく。異邦《いほう》に往来《わうらい》して。（前編・第七回）

秋成、馬琴に熟字訓の例として見えると、中国通俗物の影響を予想してみたくなるのであるが、白話小説が多く電子化されているサイトである「開放文学」(6)で検索したが、わずか『警世通言』『剪灯餘話』(7)の例を得るだけで、同サイト上にある『紅楼夢』『西遊記』『水滸全伝』を確認のため検索したが「幸福」は見えない。

『椿説弓張月』以降、新島までに得られた例は、儒学者（原念斎『先哲叢談』）、朱子学者（松崎謙堂『慊堂日暦』、佐久間象山書簡）に加えて洋学者（『諳厄利亜語林大成』・箕作阮甫他『玉石志林』・福澤諭吉『西洋事情』）などの手になる文献である。新島も幕末武士として漢籍を学び、洋学も学んでいて（『日本脱出の理由』『新島襄自伝』岩波文庫、一七頁〜一八頁）、これらの学者層と同様の学習をしていた。

3　「幸福」の語義・用法

「幸福」の語義は、現代の辞書は「恵まれた状態にあって、満足に楽しく感ずること。しあわせ。」（『岩波現代語辞典第四版』一九八六年）、「不平や不満がなく、心が満ち足りていること。幸せ。」（『明鏡国語辞典』二〇〇二年）、「恵まれた状態にあって不平を感じないこと。満足できてたのしいこと。めぐりあわせのよいこと。また、そのさま。さいわい。しあわせ。」（『日国』）として、心が充足した状態を言っている。しかし、新島よりも四年後の生まれで、同時代人であった大槻文彦は、「サイハヒ。運命好《シアハセ》キコト。」（『言海』。六二八版の複製である「ちくま学芸文庫」によった）としていて、「心の充足」には触れず、「シアハセ」の振り仮名を付けて、「運命」が良いこととしている。「運命」は「運《ウン》トイフニ同ジ」とする。同時代人として、新島の「幸福」もこの線上で考えておくのがひとまずはよいと思われるようではある。[8]

ところで、山田洸は、『言葉の思想史—西洋近代との出会い—』（花伝社、一九八九年。以下、山田（一九八九）と略称）の「Ⅱ幸福」の中で、秋成、象山の用例に見える「幸福」は、「めぐり合わせのよしあし、というほどの意味である」（五一頁）とし、「仕合せ」には「人間主体の側から積極的に働きかける要素はなく、ただ偶然のなりゆきにまかせておくしかない」（五六頁）ということばであるとして、"happiness"を、福沢諭吉や西周は、「幸福」と訳しただけでは、「個人の自由や権利を尊重する思想に裏打ちされた、近代市民社会の幸福観」（六〇頁）を捉えたことにはならないと考えていたのではないかと指摘した。この視点は、新島の「幸福」の語義の考察にも必要と思われてくる。

一八六七年一二月二五日の民治宛書簡にみえる、「朝夕独一真神《ゴッド》に向ひ大人及ひ全家之幸福を祈居候」（書簡番号21）は、山田（一九八九）の指摘にもある、福澤諭吉が「アメリカ独立宣言文」を訳したところに見える⑨の「幸福」とかさなる重みを内に含んだものであったと考えられる。新島が帰国後、板垣退助に宛てた書簡に「人此教を奉し而《（て）》弥《（いよいよ）》進まは人類之造物主宰より賦せられたる幸福は弥益すへし」（『全集』書簡番号152）と用いた「幸福」も、個人の「幸福」をいうのではなく、すべての人々が神から与えられた、天賦の人権としての「幸福」であり、⑨に示す福澤の「幸福」と重なるものとなっている。

⑨天ノ人ヲ生スルハ億兆皆同一轍ニテ、之ニ附與スルニ動カス可カラサルノ通義ヲ以テス。卽チ其通義トハ人ノ自カラ生命ヲ保シ自由ヲ求メ幸福ヲ祈ルノ類ニテ、他ヨリ之ヲ如何トモス可ラサルモノナリ（『西洋事情初編』巻二。慶應義塾編纂『福澤全集第1巻』岩波書店、一九五八年による）

右に該当する「独立宣言文」は次のとおりである。

⑩ We hold these truths to be self-evident, that all men are created equal, that they are endowed by their Creator with certain unalienable Rights, that among these are Life, Liberty and the pursuit of Happiness.（「American Center Japan」サイト内の〝The Declaration of Independence〟による）

福澤の「幸福」は〝self-evident〟として、〝Life〟、〝Liberty〟とならぶものとして用いられた〝the pursuit of Happiness〟の訳語である。この点では、『日国』が「幸福」の「語誌」に示す『諳厄利亜語林大成』(9)（一八一四年）の「Happiness《ヘピネス》 幸福サイハイ」、また次の見出し語「Happy《ベッピイ》 幸ナル　幸福ナル」（「ベッピイ」はママ）が、当時の英学の環境で関連づけられるが、福澤と『諳厄利亜語林大成』との直接的な関係を指摘しているのではない。『諳厄利亜語林大成』の例について、中村（一九八三）では「幸福《サイワイ》の訳を施してある」とし、「幸福」は「音読より訓読が一般的であったろうか」と推察している(10)。

『諳厄利亜語林大成』から半世紀後の『英和対訳袖珍辞書初編』（一八六二年）では、〝Happyness〟には「幸ヒニ」、〝Happy〟には「幸ヒナル」とあり、ともに「幸福」の訳語はない。杉本つとむ編『江戸時代翻訳日本語辞典』（早稲田大学出版会、一九八一年）に拠る検索では、『英和対訳袖珍辞書初版』の〝Blessedness〟に、読みは不明であるが、漢字列「幸福」を記している。『研究社新英和大辞典第4版』によると、〝Blessedness〟は、「神の恵みの深いこと、幸福の身、幸運、多幸」の語義をもつ。なお、『和英語林集成初版』（一八六七年）の「和英の部」に「幸福」はなく、「英和の部」〝HAPPINESS〟に〝Raku;tanoshimi;saiwai;k'anraku〟が訳語にみえる。また、〝BLESSINGS〟には、〝On;megumi〟とあり、『英和対訳袖珍辞書初版』の〝Blessedness〟にある訳語「幸福」はない(11)。

新島が親兄弟のために神に祈った「幸福」は、「さいわい・しあわせ」では十分表すことのできない、「独立宣言文」に見える〝Happiness.〟と同じく、キリスト教の教えを踏まえた重い語であった、と考えるべきではないかと思われる。

象山の書簡に「貴家の御幸福」「天下精霊の幸福」が見えることを紹介している山田洸（一九八九）に導かれて、

『象山全集』(12)を調査したところ、次の⑪の例を見出した。

⑪當今某ならで叶はざる大任の御用有之候見込通りに參り候へば上一人より下億兆の幸福と奉存候（書簡番号647）

「上一人より下億兆」と個人的な「幸福」を言ったのではない象山の例も、独立宣言の"Happiness"につながる例と言えよう。

4　漢訳聖書の「福」

「江戸時代に使われ始めたと思われる」（中村一九八三）「幸福」は、JapanKnowledgeのサイトを利用して『東洋文庫』、「新編日本古典文学全集」、『日国』の全文検索、及び『角川古語大辞典』の全文検索によって、熊沢蕃山『集義和書』（一六七六年）まで遡ることができ、一九世紀中頃以降に多くの用例が得られた(13)。そこから見えてくるのは、陽明学、朱子学であり、「幸福」が、中国からの受容であるとすれば、古代漢語ではなく、宋以降の漢語である。それは、古代の漢文世界の語とは異なる漢語だろうとは推測できる。

ところで、新島の「君父朋友の幸福」は、『椿説弓張月』の「われ苟《いやしく》も君父《くんふ》の幸福《こうふく》に因《より》て」と似通う。日本古典文学大系での調査(14)では、馬琴は『椿説弓張月』（前編巻之一～拾遺巻之五）で五例の「幸福」を用いているが、「幸福」に「こうふく」と振り仮名が振られているのは⑧として引用した箇所だけであり、他は「さひはひ（さいわい）」の振り仮名である。

新島には、「幸福」を用いたのと同じ書簡17に「此神喜んで其の祈禱を御聞き未来の冥福を被下候事必定に御座候」と「冥福」を用いた箇所がある。『椿説弓張月』(15)の版本では、「さひはひ」と振り仮名が振られた漢字は「幸」「福」「僥倖」以外に

⑫身《み》を殺《ころ》して仁《じん》をなし。國民《くにたみ》を救《すく》なば。神《かみ》も憐《あはれ》み人も喜《うれし》み。その應報空《おうほうむな》しからずして。王子《わんす》誕生《たんぜう》あらんには。こ

よなき國《くに》の洪福《さひはひ》也。（続編巻之二・第三四回）

と「洪福」がある。(16) この「洪福」は、「開放文学」（前述）で検索すると、『三国演義』に「操笑曰：「此天子洪福耳。」」（第二十回）、『西遊記』に「小聖道：「此乃天尊洪福、眾神威權、我何功之有？」」（第六回）、『水滸全伝』に「目今深冬、天氣和煖、此天子洪福元帥虎威也。」」（第八〇回）のようにある。なお、漢籍の例については後述する。

以上の例からすると、馬琴は中国の白話小説から「洪福」を得たものと思われる。一方の「幸福」はそのように推測させる白話小説の例を十分得ることができていない。しかし、「幸福」が秋成にもあるので、前述した二人が白話小説から得たということは、必ずしも当を失したものではないと思われる。

『角川古語大辞典』の全文検索で得られた『道二翁道話』の「あなた任《まかせ》にしてゐると。自然《しぜん》と身に幸福《さいわい》を得《う》るといふ事じや」（初編巻下。盛岡市中央公民館蔵本［国文学研究資料館電子資料館］による）は、聴衆に話しかけることばは「さいわい」であったが、書き言葉では「幸福」であると解釈できて、秋成、馬琴の例を合わせ考えると、知識層への漢語「幸福」の浸透が推察できる。

しかし、「幸福」が「さいはひ」の表記、あるいは、和語「さいわい」に該当する漢語として書き言葉の層に浸透していくのには、時間がかかったものと思われる。『書言字考節用集』（享保二［一七一七］年の刊記をもつ平楽寺蔵版。前田書店複製）では、「さひはい」を表記する漢字に「幸・福・禧・祐・慶・頼」と単字を列挙している。「幸福」は、「身体・生活・美麗」と同じく、同義の漢字を重ねて一つの意味を表している語であるので、「さひはひ」と訓じる漢字を重ねて造語することも可能ではあった。

『書言字考節用集』では、例えば「ありさま」には、下学集・魏都賦を出典とする「分野」、文選を出典とする「景迹」、続日本紀を出典とする「消息」や出典無表記の「行状」などの漢字列を掲げているが、「幸福」はこうした語とは違った層に属していた語であったことが推測できるのである。

5　「幸福」の類義語

古典語において、「幸福」の類義語、あるいは周辺にあった語にはどのような語があったのかについて、宮島達夫他編『日本古典対照分類語彙表』（笠間書院、二〇一四年）を用いて見ておく。漢語が出やすい和漢混淆文の『平家物語』を取り上げ、「禍福」を表している「1.3310（人生・禍福）」に分類されている語を抽出し、その中から「不吉・わざわひ」など、幸福に比してマイナスの語義の語を除いた結果を、【資料2】に示した。漢語は語構成要素の漢字でまとめた。

【資料2】

運＝運、御運、宿運、聖運、帝運、天運

吉＝吉、吉事

天＝天運、天命

福＝罪福

繁＝繁昌、繁栄

さいはひ、さいはふ、

こうした語彙のなかに、「幸福」が入り込むのは一八世紀に入ってからであった。現代語の場合を注に示した。(17)

近代中国語における「幸福」の動きについても調べる必要があるが、そこまでは及んでいない。ロブシャイド『英華字典』（初版四冊本。佐藤武義・成澤勝編「CD-ROM 復刻版」アビリティ、一九九五年）には、"Happiness"には「福・禧・祉・祥・福祉・福氣・吉・福熙・福徳」があるが、「幸福」はない。"Blessed"、"Blessing"、"Beatification"、"Comfortable"にも「幸福」はない。現代の『英华大詞典修訂第二版』（商務印書館、一九八五年）の"hapiness"には、「①幸福、②愉快、③適当」とあり、ベンサムの"for the ~of the greatest number"をあげ「为（為）了最大多数人的幸福」と「幸福」を用いて訳している。また、「①幸福」の後に古語の印をして「幸运（運）」とあるところからすると、中国語において、心が晴れやかで愉快な状態にあると感じられる状態を「幸福」で表現するのは、古くからではないと想像できる。「幸運」も、中央計算院「漢籍電子文献資料庫」の検索では唐代の成立とされる『続高僧伝』の「幸運属休明」（幸運にして休明に属《あ》ふ）と一例のみである。『漢語大詞典』は魯迅の例を引いているので、「幸運」も古代中国語において盛んに用いられてきた語ではないと思われる。また、『日国』の用例全文検索をして得られる「幸運」の古い例は、見出し語「幸運」に引かれている『大乗院寺社雑事記』『実隆公記』で、一五世紀末から一六世紀初頭にかけての例と、一六〇三年刊行の『日葡辞書』のみであった。

周商夫『新名詞訓纂』（上海、一九二八年）に「感情・悪感・真相・達成・自然・周旋」と並んで「幸福」があがっている。同書は、日本からの借用語あるいは新語を中国の古い文献に照らして、中国に以前からある語であることを示した書である（『明清俗語辞書集成3』汲古書院、二〇〇五年、中澤規矩也解題）。「幸福」には「竜宮寺碑」の「幸承景福。翹首配天」を掲げているが、漢文では「幸いに景福を承く」あるいは「京福を幸《ねが》い承《う》く」と訓むべきところである。周商夫の意識では、「幸福」は日本語か新語かであるという理解があったもののようである。

右に見てきたことをまとめると、「幸福」は、日本語では「さいはひ」「運」、さらには「仕合せ」、中国語では「幸・福」で充足されていた意味領域に早くからは入り込むことがなく、一九世紀末、二〇世紀になって、勢力を広げてきた語であったといえる。以上のことを漢訳聖書をみることで補強しておきたい。

6　漢訳聖書・『天道遡原』

以下、聖書に見える「幸福」（コウフク・さいわい）について述べるが、聖書はすべて「明治学院大学図書館聖書和訳デジタルアーカイブス」によった。

大正六（一九一七）年に改訳された文語文の『大正改訳聖書』「マタイ伝福音書第五章」には、

⑬三幸福《さいはひ》なるかな、心《こころ》の貧《まづ》しき者《もの》、天国《てんこく》はその人《ひと》のものなり。（略）一〇幸福《さいはひ》なるかな、義のために責められたる者《もの》、天国《てんこく》はその人《ひと》のものなり。一一我《わ》がために人《ひと》、なんぢらを罵《ののし》り、また責《せ》め、詐《いつは》りて各様《さまざま》の悪《あ》しきことを言《い》ふときは、汝《なんぢ》ら幸福《さいはひ》なり（以下略）。

とある。一八七一（明治四）年にジョナサン・ゴーブル（Jonathan Goble）によって刊行された日本語訳『摩太福音書』第五章には、⑬は⑭のようにある。

⑭3それ　こゝろに　まづしき　ものハ　さいわい　じや（略）11ひと〴〵が　わが　ために　あなたを　のゝしり　かつ　せめ　かつ　あなたに　むかい　あやまつて　さま〴〵の　あくこうを　いふ　ときには　あなたが　さいわい　なり

さらに、一八六三年に上海美華書局から刊行された『新約全書』「馬大傳福音書」の該当箇所は、「三虚心者福矣、以天國乃其國也」、「十一人爲我而詬誶爾、迫害爾、且妄言諸悪以謗爾、則爾福矣」と「福」である。ベッテルハイム（Bernard Jean Bettelheim）が漢訳と日本語訳とを対照させた『新約全書』「路加傳福音書」第六章は、マタイ伝第五章と類似の句が見えるが、「二十貧者福矣、以上帝國乃爾所有也」と漢訳はやはり「福」を用い、日本語訳は「二十マヅシキ　モノハ　サイワイ　アリ、カミ　クニ　イマシ　ナンヂラガ　アル　トコロヲ　モツテナリ」とあって、「福」と「サイワイ」とが対応している。

一八七七年に正教会から刊行された『教の鑑』（国会図書館デジタルコレクションで閲覧可能であるが、今、鶴久二郎『キリシタン資料』によった）には、「神貧《しんぴん》なる者は福《ふく》たり天國は伊等《これら》の有《いう》する所なるに因る」（巻中・6ウ）とあって、宗派はことなるが、「幸福」は用いていない。同書には「聖教《せいきやう》は吾等《われら》の衷心《そこころ》にて渇想《かつぞう》し永　福《ながきさいはい》　及び《および》窮《きはま》り無《な》き樂《たのしみ》を覓《もと》めんこと謀《はか》るは全《まった》く天主《てんしゅ》に體合《たいがふ》するに在《あ》るを訓誨《おしゆる》なり」（巻上・1オ）と「永福」が見える。

二つの漢訳聖書も「幸福」を用いていないので、新島が、小刀を売却して買い求め、アメリカへの船上で見たという漢訳聖書（「私の若き日々」[18]『新島襄自伝』岩波文庫、六八頁）が何であるかは不明であるが、「幸福」は漢訳聖書から得た語ではないと思われる。また、友人の家でみたという、聖書から重要な箇所を抜萃した小冊子は、布施田によって『眞理易知』[19]とされるが、それにも見えない。

欽定訳聖書には "Blessed are the poor in spirit: for theirs is the kingdom of heaven." "Blessed are ye, when men shall revile you, and persecute you, and shall say all manner of evil against you falsely, for my sake" ("THE HOLY BIBLE CONTAINING THE OLD AND NEW TESTAMENTS" AMERICAN BIBLE SOCIETY, New York, 1973) とあって、大正の文語訳「幸福《さいはひ》」に該当する箇所は "Blessed" である。前述のロブシャイド『英華字典』の訳語をもってすると、前に引いた漢訳聖書のように「福」となるのであろう。

布施田が指摘した『眞理易知』のように、宣教師の用いた布教書として、在中国宣教師マルティンが「古典的中国語によりキリスト教証拠論を中国的にまとめた」（吉田　一九九三）『天道遡原』が知られている。『新島旧邸蔵書分類目録』（同志社大学図書館、一九五八年）には、一八六〇年版をもとにして訓点が施された一八七五（明治八）年刊行の中村正直訓点本はあるが、明治七年の帰国以前に刊行された版は記載されていない。そのこともあり、在米中に彼が同書を読んだということの指摘が無いものと思われる。しかし、新島が用いた「聖経」の他に、用例②にあげた「独一真神」、父に進言している偶像崇拝の誡め（「何卒大人御目をひらき如此手に製したる像偶に御迷ひ被成ぬ様」書簡番号17）が、同書に⑯・⑰のように見えるが、新島が心引かれた（「私の若き日々」）「天父」も見える（⑮）。

⑮世人莫不有生身之父。故又別之曰天父（序）

⑯非主宰天地之獨一眞神、即不可崇拜矣（下巻・第九章）

⑰其二誡曰、勿離偶像、勿拝跪之、勿崇奉之。可見人不可供奉偶像矣。（同右）

ただし、「天父」は『眞理易知』（ネット上に公開されているオーストラリア国立図書館蔵本の画像による）[20]にもあり（10ウ）、偶像崇拝についても「亦何容偶像為哉」（4オ）と『眞理易知』にあり、「獨一」（4オ）、「眞神」（5ウ）も別々ではあるが、合わせれば「獨一眞神」となる。ただ、同書には「聖教」はなく、「聖書」であるが、論語も「聖経」であり、「聖経」は新島の既存の語彙にあったとみることはできる。『天道遡原』のことは、佐久間象山の書簡に、

⑱兵馬より差上置候天道遡源《ママ》聖教鑑略等は既に御還しに相成候義やもし只今に御手許に御座候はゞ遡源にても鑑略にても一寸此者へ御轉附被成下度奉冀候（書簡番号507）

と見え、また、平田篤胤が同書の影響を受けたことが村岡典嗣によって指摘されていて（前田勉「南里有隣『神里十要』におけるキリスト教の影響—『天道遡原』との関連—」（『愛知教育大学研究報告57人文・社会科学編』二〇〇八年）、本書は日本国内でも閲覧可能であったようである。新島は、上海に向かう船上で乗組員から借りた「耶蘇経典」を読んで、「実に帰郷之上、再び父母に逢いたる心地、恰もかくの如きかと思われ、心の喜び斜めならず」（『航海日記』元治元年六月二四日。『新島襄自伝』岩波文庫による）覚えるのである。同八月九日に「甲比丹、予にバイブルを与えり」とあるので、新島の言う「耶蘇経典」が「バイブル」であった可能性はあるが、乗船後一ヶ月も経たないことであり、英語が十分ではないことをうかがわせる記述も三日前の記事にあることなどから、また、船員には中国人も居たので、この「耶蘇経典」は、英語のものではなく、漢訳のものであったと推測するのである。推測に推測を重ねていて説得力はないが、洋上で見たという漢訳聖書は『天道遡原』を指していた可能性もあると考えるのである。それは、『天道遡原』下巻末尾の記述⑲が、「再ひ父母に逢たる心地」を感じた彼の気持と重なるのではないかと思われるからである。吉田寅『中国キリスト教伝道文書の研究—『天道遡原』の研究・附訳註—』（汲古

書院、一九九三年）所載の訓読文を引用する。

⑲夫れ我を生み我を育なふ者は父母、能く生じ能く育する所以の者は天父の命也。我を長じ我を鞠《やし》なふ者は父母にして、能く長じ能く鞠なふ所以の者は天夫の恩也（下巻・第九章）

『天道遡原』は直接聖書を読むよりは、キリスト教の内容を把握するのに適した伝道上の書籍であったので（この点では『眞理易知』も同様である）、広く流布するにいたった（吉田右掲書）。帰国後の新島も布教に用い、薩摩屋敷跡を同志社の校地とするのに力を貸した山本覚馬も、本書を読んで信仰心を持つようになった。また、同書がキリスト教の歴史や教義を喩えて説いている中には、世界史、科学、人体に関して、西洋の学問に接する入門的な要素も含まれていて、アメリカで新しい学問、思想に接することになる彼にとってはありがたい書籍であったと思われる。また、漢訳は、幕末の武士階級にとっては、日本語でもあったのであり、ことばの問題はなかったと思われる。この点については【資料3】が根拠となる。

【資料3】

当方英書を読候者多く出来候得共、道学の一事ニ至而ハ更ニ教導致候者無之、只支那訳之聖書ヲ綿密ニ読ミ候者ハ、却而仏家者流中ニ多く有之候、是ハ我道ヲ努むる為メニ無之、彼の説ヲ主張し聖書ヲ説破せんと欲する主意に候へバ（新島襄宛栗津鉒次郎明治二年一〇月一五日付書簡『新島襄全集9上』四八頁）

漢訳聖書を多くの仏教徒が、キリスト教の教えを論破するための理論武装のために読んでいる、と書き送っているのである。また、人々に布教するのには、漢訳聖書は隔靴搔痒のところがある旨も伝えている。これは、日本語に直したときに漢文訓読体になるからであろう。こなれた口語訳の聖書が生まれるまではなお時間がかかった。

右に、新島と『天道遡原』との関係が浅くは無いことを書いたが、「幸福」の語それ自体は、『天道遡原』には用いられていないので、新島の「幸福」が、直接『天道遡原』とつながってくるというのではない。『天道遡原』には「寺満百城、家殷景福（寺百城に満ち、家景福に殷《さかん》なり）」（中巻・景教碑文）と「景福」が見えるが、例えば、こうした文脈の中で、新島は自己の語彙にある「幸福」を用いたということになる。

7　おわりに

「幸福」が新島をはじめとする幕末の武士階級を含む知識階級の語彙にあったことは、佐久間象山、福澤諭吉、津田真道（『泰西国法論』）、加藤弘之（『真政大意』）、中村正直（『西国立志編』）らの著作に見えることから明らかであるが、熊沢蕃山以前の用例を得ることができなかったために、「幸福」の源をどこに求めるかは明らかにできていない。熊沢蕃山は中江藤樹の門下生であるので、中江藤樹の『翁問答』『鑑草』を岩波文庫で調べたが、『鑑草』に「倩《つらつら》世間《せけん》の福《さいは》ひを思ひくらぶるに」（序冒頭）(21) はあるが、「幸福」は捜しえなかった。(22)

注

（1）原文は英文で"HeavenlyFather"とある（『新島襄全集7』二〇頁一七行）。

（2）国文学研究資料館「古典籍総合目録データベース」によって、画像が公開されている筑波大学図書館本（写本）、書陵部蔵本（写本）については、引用部分は、国会図書館蔵本（刊本）と同文であることを確認した。

（3）『日本書紀』『古事記』については、日本古典文学大系を電子化したサイト「全文索引」（http://www.seisaku.bz/）、『万葉集』については木下正俊・校訂『万葉集　CD-ROM版』（塙書房、二〇〇一年）によって検索した。

（4）「中国哲学電子化計画」による検索では『朱子語類』にある「駕幸福建」が得られるが、やはり、「駕し幸《ゆ》く」と訓むところである。

（5）「木越研究室・上田秋成の作品」http://kigoshi.sophia.labos.ac/ja/page/p4.html

（6）「開放文学」http://open-lit.com/index.php。ただし、二〇一八年五月一〇日現在、「開放文学」の検索機能は使えない。

（7）老夫受公祖活命之恩，大子昔日難中，又蒙昭雪，此恩直如覆載。今天幸福墾又照吾省。老夫衰病，不久於世。（『警世通言第十八巻』老門生三世報恩）
為兩人薦求冥間的幸福吉復卿高潔的品格，對朋友的深情厚誼，在江湖之間廣泛傳播。（『剪灯餘話巻一』兩川都轄院志）

（8）古代語の「さいはひ」については、中川正美「「さいはひ」考―ことばと文化、そして文学へ」（『梅花女子大学文化表現学部紀要』11号、二〇一五年）がある。

（9）「明治以降外国語教育史料デジタル画像データーベース http://erikawa.s27.xrea.com/database2/」（『外国語教育史料デジタル画像データベース作成委員会』委員長江利川春雄）によった。画像は大修館書店発行の長崎市立博物館蔵本の複製によったと思われる。

（10）鹿児島大学図書館玉里文庫本（国文学研究資料館サイト上の画像による）では「幸福」に振り仮名はなく、オランダ語の記載もない。振り仮名がないのは、当時にあって「幸福」の漢字列の読みに中村（一九八三）が指摘する事情があったのかもしれない。

（11）「幸福」は、『和英語林集成』では、第三版（一八八六年）になって、"HAPPINESS"の訳語に"kōfuku, fukushi"が加えられた。「和英の部」にも"KOFUKU"が立項され「カウフク幸福（saiwai）」とあり、"Happiness;good fortune"の英語があてられている。『日本国語大辞典第二版』の「語誌」は「明治期に入ってから（中略）happy,happinessの訳語として「附音挿図英和字彙」（一八七三）に受け継がれて、一般化した」としている。

（12）信濃教育会編纂『象山全集上・下』（尚文館、一九一三年）

（13）詳細な調査をしていないので、この得られた用例は、辞書の項目執筆者が調査する文献、あるいは、索引などが存在する文献などの偏りからくるとも言えなくはないが、一九世紀中頃以降に得られる用例と同じ量の用例が、秋成、馬琴以前に得られるとは考えられない。

（14）国文学研究資料が「大系本文データベース」として個人の登録で、自宅パソコンから閲覧可能なときに得たデータによる調査。

（15）『椿説弓張月』の引用は、日本古典文学大系によったが、前編巻之一～六までは、板坂則子編『椿説弓張月前編』

（笠間書院、一九九八年）により、その他は早稲田大学図書館蔵本（早稲田大学古典籍総合データベース）によって、版本の振り仮名を確認した。

(16)『日本国語大辞典第二版』の「さいわい」の見出し語の例に引かれている『南総里見八犬伝』の例は、「素懐《そくわい》を遂《とげ》さし給はらば。一家《いつけ》の洪福《さいはひ》この上《うへ》なし」（五輯・四八回。国会図書館デジタルライブラリー）である。

(17) 現代語を旧版の『分類語彙表』「1.331・2.331・3.331」に分類されている語で、平家物語の場合と同様、「幸福」に比してマイナスの語義を持つ漢語を除いて示す。ただし、『日本古典対照分類語彙表』では「1.331」に分類されている「繁栄・繁昌」は、「1.379」となっているが、平家と合わせるために、「1.331」とした。

運＝運、運勢、運命／開運、家運、国運、武運、盛運

吉＝吉、吉事、吉凶

幸＝幸、幸運、幸甚、幸福／多幸

福＝福、福利、禍福／幸福

僥倖、慶事、天佑

さいさき、さいわい、さいわいする、さち、しあわせ、めぐまれる、もっけのさいわい、（繁＝繁栄、繁昌）

(18) 函館から密出国、アメリカに一〇年滞在して帰国後「十数年後に記憶と記録を頼りに、前半生を自ら回想したもの」（本井康博執筆の岩波文庫『新島襄自伝』「私の若き日々」解説）で、原文は英文である。岩波文庫の本文は、『現代語で読む新島襄』（丸善、二〇〇二年）の訳に「幾分か修正を加え」られたものである。

(19) 布施田哲也は「新島が初めて読んだ漢訳聖書抜粋―『真理易知』について」（『新島研究』103号、二〇一二年）で、新島の伝記から該当する聖書をマカルティーの『眞理易知』であるとする。

(20) オーストラリア国立図書館が所蔵していることについては、注(19)の布施田（二〇一二）によって知った。

(21) 国文学研究資料館電子図書館の青山歴史村蔵の正保四年版の画像によったが、「つら〳〵」とあるのを「つらつら」とした。

(22)「中国哲學電子化計畫」での検索で、藤樹の学問である朱子の『朱子語類』に「幸福」の文字列は検索できるが（「請駕幸福建」）、本節冒頭で述べた「幸《ゆ》く」の用法であった。

【参考文献】

杉井六郎「大美聯邦志略の翻刻」（「史窓」47号、一九九〇年）
森中章光訳註・吉野政治補訂・鏑木路易／萩原俊彦解題『『天道遡原』を読む』（かもがわ出版、一九九六年）
吉海直人「『聯邦志略』の版種について―資料（影印）と解題―」（「総合文化研究所紀要」第21巻、二〇〇四年）
吉海直人「天道遡原について」（「総合文化研究所紀要」第14巻、一九九七年）
吉田　寅『中国キリスト教伝道文書の研究―『天道遡原』の研究・附訳註―』（汲古書院、一九九三年）
吉田　寅『中国プロテスタント伝導史研究』（汲古書院、一九九七年）

（付記）「同志社国文学」に掲載された本節のもとになった拙論に対して、遠藤好英氏からおおくの教示を得た。また、前節と本節とでとりあげた新島襄に関する資料については、大島中正氏の教示を得たところが多い。お二人に対して記して感謝の気持を表す。

VI　森鷗外『舞姫』に見える白話語彙[1]

1　はじめに

森鷗外は、一八八四（明治一七）年一〇月から一八八八年（明治二一）七月まで、ミュンヘン、ドレスデン、ベルリンに滞在して、九月に帰国する。その約四年間の体験をもとに書かれたのが「ドイツ三部作」と言われる擬古文・雅文体で書かれた作品である。ベルリンでの体験にもとづく『舞姫』（一八九〇年一月）、ミュンヘンでの体験に基づいた『うたかたの記』（一八九〇年八月）、そしてドレスデンの体験に基づいた『文づかひ』（一八九一年一月）である[2]。彼が訪れた当時のベルリンは、ビスマルクが、プロイセンの主導下で一八六七年に北ドイツ連邦を成立させ、「一八七一年には単一の連邦制国家としてのドイツ帝国が成立し、プロイセンのウィルヘルム一世がその皇帝の地位についた」（『国史大辞典[3]』「ドイツ」）ばかりの「欧州新大都」で、「まだ維廉一世の街に臨める窓に倚る頃」（『舞姫[4]』）であった。ドイツも日本と同じく近代国家のフランス、イギリスに追いつこうとする新しい国家であった。

2　「欷歔」と「歔欷」

『舞姫』は、サイゴンの港に停泊中の船中の豊太郎の独白のあと、ベルリンでの体験が語られる。豊太郎の独白という額縁のなかでベルリンの思い出が展開している。そのベルリンの思い出――物語は、エリスの「欷歔」の声で始まり、また終わりを告げているのである。

豊太郎は、「我ながらわが大膽なるに呆れた」と思える行動で寺門の前で泣いている少女に声をかける。

【資料1】

彼は驚きてわが黄なる面を打守りしが我が眞率なる心や色に形はれたりけん（中略）「我を救ひ玉へ、君、わが耻なき人とならんを——母はわが彼れの言葉に從はねばとて、我を打ちぬ——父は死にたり——明日は葬らでは協はぬに家に一錢の貯へだになし——」跡は欷歔の聲のみ、我眼はこのうつむきたる少女の顫ふ項にのみ注ぎたり、（49・b21）(5)

その後二人の交際は始まるのであるが、それから二年と経たない明治二二年一月上旬、豊太郎は「ペーテルスブルグ」での通訳の腕を評価した天方大臣から「われと共に東に歸る心はなきか」と誘われ「承はり侍り」と答えてしまい、「エリスに何とかいはん」と自らを責め、心が「錯亂」し、高熱のためほうほうの態で家に帰りつきそのまま倒れて、数週間の人事不省に陥る。その間に親友相澤謙吉から、豊太郎が日本に帰ることを聞いたエリスは精神をおかされる。

【資料2】

これよりは騒ぐことはなけれど精神の作用は殆ど全く廢してその痴なること赤兒の如くなり（中略）病なれば治癒の見込みなしといふダルドルフの癲狂院に入れんとせしに泣き叫びて聽かず後はかの襁褓一つを身につけて幾度か出して見ては欷歔す（60・b18）

ここにみえる「欷歔」は、「聲を呑みつゝ泣く」（49・b7）語義をもつ漢語である。蒲生芳郎が「森鷗外の漢語——『舞姫』と『青年』を中心に」（『講座日本語の語彙6』明治書院、一九八二年）のなかで、「古格の字音語」の例としてあげた中にみえる。

【資料3】

	漢～五代	宋・元	明・清	計
欷歔	7	3	8	18
歔欷	12	5	0	17

「漢籍電子文献資料庫」の検索で得られた「欷歔」、字順が逆の「歔欷」の使用が見られる文献数を時代別にまとめてみると【資料3】のようになる。朝鮮実録、成立が民国とあるものは除いた。「歔欷」の例は明・清の文献には出ていない。「大正新脩大蔵経テキストデータベース」の検索では、「歔欷」は三一文献、六九例あり、『法苑珠林』『一切経音義』に見える。一方、「欷歔」は三文献（萬善同歸集、比丘尼傳、廣弘明集）、四例である。三文献はいずれも唐以前に成立したものであるが、そのうちの二例（比丘尼傳、廣弘明集の各一例）には脚注があり、「歔欷」とする本文があるとする。「歔欷」は古代語で、明・清の時代には用いられることが少なくなった語であると言える。このことは、白話小説のデータベース「開放文学」（前節注6）の検索結果が、「欷歔」三五七例、「歔欷」七六例であることからも肯首できるものである。以上のことを「欷歔」の側からみると、「欷歔」は宋以降、特に明・清の文献に多く出る漢語――近世中国語、白話語であると言えそうである。

日本における「欷歔」の例は、『日本国語大辞典第二版』（以下『日国』）を見る限りでは、一四世紀頃の虎関師錬『済北集』「憶ふに今昔の交情、欷歔の嗚咽を漏す（憶今昔之交情。漏欷歔之嗚咽）」[6]の例が早く、その後は一九世紀初頭の『椿説弓張月』、一九世紀終わりの漢詩集『寛斎先生遺稿』の例に飛んで、鷗外の『舞姫』と『即興詩人』の例があがっている。『済北集』は五山文学であり、白話の影響は考えられ、馬琴も白話語の影響を受けているので、『椿説弓張月』は古代漢語とのつながりで見るよりは、本稿で考えようとしている近世中国語、白話語との関連で見る方が当を得ているのではないかと思えるものである。その一方で字順が逆の「歔欷」は、JapanKnowledge の『新編日本古典文学全集』の全文検索では、『日本書紀』『万葉集』にのみ見える。[7]『万葉集』にも造詣が深かった[8]鷗外は、「歔欷」を知っていたであろうが、明治知識人に近世中国語、白話語が広がっていたこともあり、白話語の「欷歔」を用いたものと考えることができる。

小島憲之、木下正俊、東野治之校注・訳新編日本古典文学全集『万葉集』巻一六、三七八六番の頭注に「歔欷」は次のようにある。

【資料4】

すすり泣く。泣きじゃくる。古本『玉篇』に「歔欷、啼貌也」「歔、悲也、泣餘声也」とあり、『新撰字鏡』（享和本）に「悲也、左久利」とも見える。

JapanKnowledge の検索によると『万葉集』の用例は三例あるが、すべて題詞、左注の漢文内の用例で、歌中で「世間」を「よのなか」のように訓ませるような例はない。字順が逆になった「欷歔」も【資料4】で説明できる語である。

鷗外が愛読しその一部は暗唱していたという（小島憲之『ことばの重み―鷗外の謎を解く漢語―』新潮選書、一九八四年）『虞初新志』にその例を探すと、次の諸例を得ることができた。用例は、文政六（一八二三）年六月の日付がある荒井公庶「翻刻虞初新志序」とある和刻本（架蔵）に示された訓点をもとにして、書き下し文で引用した。（　）内は当該漢字の左側に振られた振り仮名＝左ルビ・左訓である。ここでの左訓は漢語の語義を示していると考えられる。今、振り仮名は「欷歔」に振られているものに限り他は省略した。また、（　）の振り仮名は私に施したものである。

①毎に酒を被る、嘗て人の爲に故の寧南の時の事を説けば、則ち欷歔（ナイテ）して泣《（なみ）》だを灑ぐ（巻二・5オ3）
②三生石上、一笑の縁無きを何せん。因て泣だ下りて欷歔（ナク）す（巻二・19オ8）
③當に吾が棺中に藏して以て殉と爲すべきのみ。言ひ已りて欷歔（ムセビナク）すること久し（巻九・19ウ8）
④元白緘《（ふう）》を開いて輒ち戸を閉じて欷歔（ナキムセブ）悵惋（イタム）して日を累《カサ》ぬ（巻一二・4ウ8）

⑤未だ誰か我が唐寅を葬ることを知らず。覚へず欷歔（ナゲキ）泣だ下る（巻一三・17オ2）

⑥余又汝をして此に出でしむるに忍ばず。女欷歔（ナキムセブ）すること久し（巻一四・15オ9）

『ヰタ・セクスアリス』の読書経験を述べた箇所には【資料5】にあげた書名、人名が見える。『虞初新志』以外に白話小説の書名（『燕山外史』『情史類略（情史）』）が見えるが、これらにも「欷歔」の例がある。

⑦里人の指點を待たず。已に過客の欷歔を増す。裂膽摧肝、問ふに不堪へず。（『燕山外史』巻五。「開放文学」のサイトにより検索し、和刻本(9)（下巻・8丁オ）によって書き下し文にして句読点を施した）

⑧歌ひ畢りて、欷歔し涕流る。自ら勝ふ能はず。（『情史類略』第十巻情霊類、「中国哲学電子化計画」によって、検索した。私に書き下し文にして引用した）

【資料5】

よみ本・人情本・梅暦・花月新誌・貞丈雑記・晴雪楼詩鈔・本朝虞初新誌・馬琴の金瓶梅・朝野新聞・虞初新誌・剪燈余話・燕山外史・情史・唐本の金瓶梅・馬琴・京伝・春水・成島柳北・唐本

3　「恍惚」

また、豊太郎がエリスに会うのは、いつもの通勤途上にあるクロステル巷の古寺であるが、その三〇〇年前の遺跡でもある古寺の前で、「心の恍惚となりて暫し佇みしことは幾度」もあったというのである。さらに、エリスとの中が「離れ難き中」となった経緯を、エリスの「美しき―いぢらしき姿は余が悲痛、感慨の刺激によりて常ならずなりたる脳髄を射て恍惚の間にこゝに及びしを奈何にせむ」（52・b11）と言うが、このなかにも「恍惚」が見える。エリスとの出会い、「離れ難き中」になる記述の中で用いられている「恍惚」も、『舞姫』のなかでは重要な意味を持つ語であると考えられるが、この語も、「欷歔」と同様の事情を持つ語である。

「恍惚」について、『佩文韻府』は、『礼記』『論衡』、杜甫「石筍行」の例を引くが、『虞初新志』『情史類略』『燕山外史』に見える語であり、『古今小説』（喩世明言）『儒林外史』にも見え、『明清小説辭典』⑽（花山文藝出版社、一九九二年）では、「神志不清（意識がはっきりとしない）、精神不集中（集中力の欠如）」の意味の項目で『三国演義』『紅楼夢』の例を引いている。一方『日国』では、九世紀半ばの『性霊集』、一五世紀半ばの「五山文学」の漢詩文集『竹居清事』を引き、その次は一八七〇年の『西国立志編』に飛んでいる。「欷歔」と同じく『虞初新志』の例を次に示す。

⑨是の妖嬈（ウルハシ）の児、風に倚りて獨り眄《み》る。恍惚（ホレ〳〵ト）として思ふこと有り。（巻一・17ウ3）

⑩漢史に記す、帳中の神君其の形を見ず。但其語を聞くのみ。亦乩《ケイ》仙に至りて其語を弁へて聞くを得べからず。恍惚（ホレ〳〵トス）たり。（巻二・21ウ1）

⑪將に遁がれんとするに方《あた》り、恍惚（ホノカニ）として赤面長髯の大將有り、白馬に乗り、天よりして下り神兵を指揮（ヒキマハス）して八面旋繞して、脱（ノガル）するを得ず。（巻一四・2オ9）

その他、「社の酬いはいふに足らぬほどなれど棲家をも移し午餐に往く食店をもかへたらんには幽かなる暮しは立つべし」（53・a2）と見える「食店」もまた白話語であり（次節参照）、当代語であれば「料理屋」とでも表現すべきところを白話語を用いたのである。それは、手垢にまみれた古代漢語等では表現できない新しい世界の空気を白話語を用いることで書き表そうとしたからであろう。

小島憲之は『日本文学における漢語表現』（岩波書店、一九八八年）で、『小倉日記』に見える「留別」を考証し、唐詩に見え、唐代の流行語であったこの語を最初に使用したのは、唐に渡った空海であるとしたうえで、鷗外はこのような認識によって「留別」を使用したのではなく、幕末明治の詩集の詩題の例によって、この語を覚え、これを日記中に用いたのであろうとした。『舞姫』にみえる中国の古代語や中世語と連絡のつく「欷歔」「恍惚」も、鷗外は、中国の古代、中世の文献でその知識を得ていたであろうけれど、鷗外とこれらの漢語との深い接触は、『虞初新志』『情史類略』『燕山外史』などに見えるこれらの語とのつながりを考えたいのである。『情史類略』は鷗外文庫に書き入れのものがある（東京大学「鷗外文庫書入本画像データベース」）。

近代文学と白話語との関係については早くに遠藤好英に指摘[11]があり、また、文学研究の側からも『燕山外史』の影響を強く受けているという指摘[12]がある。このように、『舞姫』にみえる近世中国語の問題は格別新しいものではないのであるが、『舞姫』に見える近世中国語が、「欷歔」「恍惚」で述べたように、作品のかなり重要な箇所に使われていることもあり、以下、『舞姫』と共通する近世中国語を調査した結果を示す。

4　『虞初新志』『情史類略』と『舞姫』の漢字列

『舞姫』の二字「漢字列」が、『ヰタセクスアリス』に見える白話小説『虞初新誌』『情史類略』にどれくらい見出せるかを、テキストデータベース[13]を用いて調査した結果が【資料6】である。【資料6】の漢字列二六九が、鷗外の読んだと思われる白話小説にも用いられているというものであって、調査の漏れもあるかと思われるので統計的な数値を示そうとするものではない。また、これらの書物から受容したということを積極的に言おうとするものではない。一字目の漢字の漢音読みによった五十音順の配列である。

【資料6】

依然、衣裳、衣食、遺言、遺恨、圍繞、醫者、一間、一群、一月、一顧、一行、一時、一室、一種、一瞬、一人、一寸、一隻、一諾、一段、一燈、一等、一面、一夜、一輪、一條、一盞、一錢、一點、慇懃、運動、縁者、圓滑、嗚呼、王城、往來、屋上、臥床、快活、海外、懷舊、外交、外人、外物、赫然、學館、學士、學問、喚起、官員、感慨、歡樂、艱難、轗軻、關係、眼鏡、器械、寄寓、貴族、欷歔、歸東、氣象、氣色、議論、宮女、許多、僑居、胸臆、胸中、襁褓、今宵、今朝、今日、輕率、月日、見識、元旦、古寺、故里、五十、午後、語學、光彩、公使、公事、公命、功名、恍惚、紅粉、航海、合歡、豪傑、國事、忽然、兀坐、作用、猜疑、罪人、昨日、昨夜、三世、三年、山色、四時、士女、次第、師弟、死人、紙上、詩人、只管、字書、二三、二人、二年、寺門、自由、日記、若人、寂然、主人、手巾、手足、手中、酒家、首座、周旋、終日、縱令、出仕、出入、所謂、書状、書中、諸國、處女、女優、除夜、商人、小説、少女、掌上、將來、情縁、色澤、心中、心頭、新帝、神女、親族、辛苦、進退、人家、人事、人道、人物、辭別、數奇、清白、生活、生計、生路、精神、青雲、千言、前後、前途、蒼然、窗下、藏書、即位、即時、他人、茶店、大事、大臣、大洋、大學、第一、第二、奈何、知識、踟躕、中心、長者、直視、鐵爐、顚末、東西、東來、燈火、瞳子、當時、當世、同行、同時、道中、獨立、讀書、突然、咄嗟、農家、破竹、白布、發明、半天、半夜、反復、悲痛、批評、微紅、微笑、媚態、品行、賓主、不意、不幸、不圖、富貴、風俗、未來、無量、無禮、舞姫、舞臺、文書、文學、平生、名花、名譽、明旦、明日、別後、別離、勉強、蒲團、報道、庖廚、放言、方正、朋友、某省、茫然、凡庸、萬事、免官、面色、模糊、目中、目睫、門者、夜半、約束、猶豫、用事、用心、餘所、利用、良友、兩手、兩邊、輪下、禮服、憐憫、老人、老嫗、樓閣、樓上

また、『虞初新誌』『情史類略』ともに見える漢字列は二六九の半数強の一三八であるが、その中から恣意的に七五の漢字列をとりあげて、『舞姫』中の用例を示したのが【資料7】である。

【資料7】

依然　55・a17　＊舊に比ぶれば肥えて逞ましくなりたれ依然たる快活の氣象
一月　60・a1　＊知らす一月上旬の夜なればウンテル、デン、リンデンの酒家
一時　51・a16　＊「これにて一時の急を凌ぎ玉へ

一室　50・b10　*粗末に積上げたる煉瓦の竈あり正面の一室の戸は半ば
一人　45・b6　*舟に殘りしは余一人のみなれば
一寸　59・b14　*外套の肩には一寸許も積りたり
一段　55・b8　*彼は色を正して諫むるやう、この一段のことは素と生れながらなる心に
一面　54・a6　*凸凹坎坷の處は見ゆめれど表てのみは一面に氷りて朝に戸を開けば
一夜　56・a14　*飜譯は一夜になし果てつ「カイゼルホーフ」へ通ふことは
一輪　51・b3　*終日兀坐する我讀書の窓下に一輪の名花を咲かせてけり
一條　48・b17　*人のたどらせたる道を唯だ一條にたどりしのみ
一盞　53・a15　*小おんなが持て來し一盞の珈琲［*原文口偏］
一錢　50・a6　*明日は葬らでは協はぬに家に一錢の貯へだになし
嗚呼　46・a13　*嗚呼、ブリンドイージーの港を出でゝより早や二十日
往來　53・a18　*いく度となく往來する日本人を知らぬ人は何とか見けん
外人　49・b18　*係累なき外人は却りて力を借し易きこともあらん
學士　46・b16　*世を渡る母の心をば慰み得たり十九の歳は學士の稱を受けて
欷歔　50・a8　*跡は欷歔の聲のみ
宮女　57・a10　*「カミン」の火に寒さを忘れて使ふ宮女が扇の閃めきなど
僑居　49・a18　*我がモンビシユー街の僑居に歸らんと
胸中　47・a21　*胸中には縱令ひいかなる境に遊びても
今宵　46・b7　*今宵はあたりに人も無し房奴の來て電氣線の鍵を捩るには

今朝　54・a15　＊今朝は日曜なれば家に在れど心は樂しからず
五十　47・a3　＊五十を踰えし母に別るゝをもさまで悲しとは思はず
公事　47・b11　＊公事の暇あるごとにところの大學に入りて政治學を修めんと
功名　47・a5　＊余は模糊たる功名の念と檢束に慣れたる勉強力とを持ちて
恍惚　49・b4　＊毎に心の恍惚となりて暫し佇みしことは幾度なるを知らず
紅粉　52・a8　＊芝居の化粧部屋に入りてこそ紅粉をも粧ひ美しき衣裳をも纏へ
罪人　60・a4　＊罪人なりと思ふ心のみ滿ち〳〵たりき
昨夜　54・a21　＊昨夜こゝに着せられし天方大臣に跟きて
三年　47・b20　＊かくて三年ばかりは夢の如くにたちしが
士女　47・a10　＊兩邊の石を舖ける人道を行く隊々の士女を見よ
死人　60・a13　＊驚きしも宜なりけり蒼然として死人に等しき我面色
二三　51・a14　＊我が隱しには二三「マルク」の銀貨あれど
二年　51・a6　＊彼が抱えとなりしより早や二年なれば
寺門　49・b6　＊今、この處を過ぎんとするとき鎖したる寺門の扉に
主人　57・a3　＊鍵をば入口に住む靴屋の主人に預けて出でぬ
周旋　57・a12　＊賓主の間に周旋して事を辨ずるものも
商人　53・a14　＊足を休むる商人などと臂を並べ
掌上　53・a21　＊掌上の舞をもなしえぬべき少女を怪み見送る人もありしなるべ
親族　51・b18　＊一は母の自筆、一は親族なる某が

人家　49・a21　＊襦袢など干したる低き人家

人事　60・a20　＊人事を知る程になりしは數週の後なりき

人道　47・a10　＊兩邊の石を舗ける人道を行く隊々の士女を見よ

人物　48・b20　＊我が有爲の人物なることを疑はず

生計　61・a8　＊エリスが母に幽かなる生計を營むほどの金をば殘し置きぬ

精神　60・b6　＊此恩人は彼を精神的に殺したり

前後　49・b15　＊彼は料らぬ深き歎きに遭ひて前後を顧みる遑なく

藏書　53・b12　＊多くもあらぬ藏書を繙き舊業をたづぬることも難く

他人　58・a2　＊又た我身に係らぬ他人の事につきても決斷ありと

大學　48・a5　＊二十五となりて既に久しくこの自由の大學の風にあたりたればにや

第一　57・a21　＊これ彼が第一の書の略なり

長者　48・b13　＊余が幼き頃より長者の教を守りて

東西　59・b7　＊余は道の東西をも分かず思ひに沈みて行く程に

東來　47・b4　＊紹介状を出だして東來の意を告げし

燈火　50・b20　＊彼は優れて美なり乳の如き色の顔は燈火に映じて微紅を潮しぬ

當時　48・b1　＊危きは余が當時の地位なりけり

同行　52・b17　＊此時、余を助けしは今ま我同行の一人なる相澤謙吉なり

道中　56・a17　＊折に觸れては道中にて人々の失策ありしことなどを告げて

獨立　48・a21　＊獨立の思想を懷きて人なみならぬ面もちしたる男

不意　56・b 1　＊此問は不意に余を驚かしぬ
不幸　55・b 5　＊余が胸臆を開いて物語りし不幸なる閲歴を聞きて
富貴　55・a 1　＊「何、富貴」余は微笑したり
無禮　50・b 8　＊無禮の振舞せしを詫びて余を迎へ入れぬ
文書　55・a 21　＊余が文書を受領して大臣の室を出でし時
平生　45・b 7　＊五年前の事なりしが平生の望み足りて洋行の公命を蒙ふり
明旦　56・a 20　＊「余は、明旦、魯西亜に向ひて出發すべし隨ひて來べきや」
明日　50・a 6　＊明日は葬らでは協はぬに家に一錢の貯へだになし
別後　55・a 18　＊別後の情を細叙するにも遑あらず
門者　55・a 9　＊「カイゼルホーフ」の入口なり門者に祕書官相澤が室の番號を問ひて
用事　54・b 3　＊心のみ急かれて用事をのみいひ遣るとなり
老人　53・a 13　＊多くもあらぬ金を人に借しておのれは遊び暮す老人
老媼　50・a 18　＊中よりしわがれたる老媼の聲して
樓閣　47・a 15　＊雲に聳ゆる樓閣の少しとぎれたる處には
樓上　49・a 20　＊この狹く薄暗き巷に入り樓上の木欄に蒲團に被ふ巾

「外人」「明日」のように音読みではないと思われるものもあるが、漢字列としてやや広くとった。

右の恣意的にとりあげた【資料7】の僅かな結果だけでなく、鷗外が白話語を意図的に用いようとしたことは、『舞姫』で重要と思われる場面に見られる事実から言えるのではないかと考える。その例を以下に引く。

『虞初新志』『情史抄』の和刻本によって例を示すが、付された左ルビもそのまま示した。所在が巻であるものは、

『虞初新志』であり、下とあるのは『情史抄』の例である。『情史抄』は、『情史類略』からいくつかの話を抜き出したものであり、明治一二年三月刊行の「田中正彝抄録」とある架蔵の三冊本によった。振り仮名はいずれも必要な箇所のみ引用した。また、「轗軻」の例以下は訓点を全て省略した。

⑫余は模糊たる功名の念と檢束に慣れたる勉強力とを持ちて忽然、この歐洲新大都の中央に立てり（47・a5）
見《テ》二血痕模糊《タルヲ》《ヌル〱》一謂《ヒ》レ死《セリト》矣。不一復顧《メ》二久之（巻七・1ウ7）

⑬車道の土瀝青の上を音もせで走る色々の馬車（47・a14）
盡入《クリ》二舟腹《ニ》一密《カニ》開《テ》二其孔《アナヲ》一塗《ルニ》以《スニ》二瀝‐青《ヲ》《チヤン》一（巻一九・10オ4）

⑭我がモンビシユー街の僑居に歸らんとクロステル巷の古寺の前まで來ぬ（49・a18）

⑮嗚呼、何等の悪因ぞこの恩を謝せんとて自ら我僑居に來し少女は（51・b1）
僑二‐居《スルヿ》此《ニ》一二百餘年（下・24ウ3）

⑯早足《カリヅマヒ》に行く少女の跡に附きて寺の筋向ひなる大戸を入れば缺け損じたる石の梯あり（50・a15）

⑰祕書官相澤が室の番號を問ひて久しく踏み慣れぬ大理石の梯を登り（55・a11）
足仍竪《チ》承《ニ》二一梯《ヲ》《ハシゴ》一可《バカリ》二五級一兒上《テ》至《ニ》二絶頂一（巻二・22ウ6）

⑱外套をばこゝにて脱ぎ廊をつたひて室の前まで往きしが余は少し踟躕したり（55・a14）

⑲唯だ此一刹那、低徊踟躕の思ひは散りて余は彼を抱き彼の頭は我肩に倚りて彼が喜びの涙ははら〱と肩の上に落ちぬ（58・b16）
又往《テ》卜《ス》二於市《ニ》一。占者復言《タフ》レ不《ト》レ吉《ナラ》。希乾踟《タチモトリ》躕《シテ》不レ去。（巻八・17ウ5）
退《ラ》不レ及《ハ》レ還《ルニ》。正踟《ニ》‐躕《ノ》間《タチモトオルウチ》。（下・24オ7）

⑳食卓にては彼れ多く問ひて我れ多く答へぬ彼が生路は概ね平滑なりしに轗軻數奇なるは我身の上なりければな

り（55・b3）

因自陳轗軻《フシアハセ》有年。莫測栄枯《ウキシヅミ》所詣（巻一九・20オ9）

進喜。遂學畫。名高一時。然進數奇《フシアハセ》。雖得待詔。轗軻《ナヤミ》㕥大遇《シアハセ》（巻八・14オ1［注・「進」は人名］）

㉑ペーテルスブルクに在りし間に余を圍繞せしは巴里絶頂の驕奢を氷雪の裡に移したる王城の粧飾（57・a6）

㉒佛蘭西語を最も圓滑に使ふものは余なるがゆゑに賓主の間に周旋して事を辨ずるものもまた多くは余なりき（57・a12）

隆後至江邊。被一大虵圍繞《マトヒメグル》周身。犬遂咋虵死焉。（巻一八・12ウ2［注・「隆」は人名］）

㉓大臣の君に重く用ゐられ玉はゞ我路用の金は兎も角もなりなん今は只管、君がベルリンに還へり玉はん日を待つのみ（57・b19）

與余形影周旋《ユキヽス》。神魂冥合《アンニアフ》。（巻一四・11オ2）

雖夙昔周旋《デイリ》、密通《チカツキ》徒輩。（巻八・21オ7）

最是枝頭鳥。不管人愁只管《ヒタスラ》啼（下・40ウ1）

㉔打笑みつゝ、これを指して「何とか見玉ふ、この心がまへを」又た一つの木綿ぎれを取上げしを見れば襁褓《むつき》なりき（59・a6）

㉕室の戸を開きて入りしに机に倚りて襁褓縫ひたりしエリスは振り返へりて「あつ」と叫びぬ「いかにかし玉ひし、おん身の姿は」（60・a10）

襁褓中《ムツキノウチ》。能語如成人。（巻一九・21ウ9）

その他、和刻本に訓はないが、欧州新大都ベルリンのメインストリートに立った青年豊太郎の感動と自負とを示す表現である「何等の光彩ぞ、我目を射んとするは、何等の色澤ぞ我心を迷はさんとするは」（47・a6）に見える「光彩」は、『虞初新志』に、「又日中の錦を張るが如し。光彩目を奪ふ。遠近の士女游観すれば目に百を以て数ふ」（巻一二・17オ5＊書き下し文で示した）とあって表現の上でも関連がありそうである。「遠近の士女」は「人道を行く隊々の士女を見よ」（47・a10）を連想させる。さらにペーテルスブルグでの「わが舌人たる務めは忽地に余を載せ去りて青雲の上に墮したり」（57・a5）と見える「忽地」は、「忽地又一陣香風」（『古今小説』二四巻・377）と見えていることなども、『舞姫』の用字が近世中国語と関係の深いことを思わせてくれる。

一字漢字の「奈にしてかこの恨みを銷せん」（46・b4）、「應接に遑なきも宜なり」（47・a20）は、それぞれ『燕山外史』に「舊に仍りて未だ愁を銷すに足らず」（下・16ウ2）、「我を知り我を罪するを計るに遑あらんや」（下・29ウ9）とあるが（いずれも和刻本の訓点によって書き下した）、今回は二字漢字列にかぎって調査を行なった。

5　おわりに

『舞姫』には、初出本で「合歡」「襁褓」「瞳子」の三例にしか振り仮名が振られていないのであるが、おそらくは、「ゴウカン（歓楽を共にする）」「キョウホ（幼児を背負う帯）」という漢語ではないこと、「瞳子」は、白話語の接尾辞「子」が付いたものであり、読み間違え＝誤解のないように振られたものであろう。振り仮名のない「語」も、和刻本の振り仮名によって読めば、鷗外の意にかなった訓になるかもしれないと思えてくる例がある。現代語の語義とは少し異なる「勉強」なども『肉蒲団』（太田辰夫・飯田吉郎編『中国秘籍叢刊』汲古書院、一九八七年所収の宝永二年の刊記がある青心閣本）にある「シンボウ（シテ）」を用いれば、「検束に慣れたる勉強力とを持ちて」（47・a5）はよく理解できるのである。さらに「路の邊の榻に倚りて」（59・b10）の「榻」も『肉蒲団』の「コシカケ」が適用できる。[14]

『明清小説辭典』には「崩殂」（53・b9）、「古迹」（『舞姫』は古蹟）（46・a19）、「骨牌」（45・b5）、「兀坐」

（51・b3）も見えるので、辞書類を用いて調査をすれば、さらに多くの例を加えることができると思われるが、それでは鷗外の姿がぼやけてしまうと思われ、鷗外の著作に見える具体的な書物に例を求めたのである。鷗外は、手垢にまみれていないが、明治の知識人にとっては「常識」ともいえる白話語を用いて、ドイツベルリンを舞台とした作品のいわば装置の一つに用いたのである。

その装置の一つである「食店」を次節で見てみようと思う。

注

（1）「口語をもとにした近世および現代の書面語」（『中国語学新辞典』光生館、一九七一年再版（訂正））で、元曲、水滸伝、金瓶梅、儒林外史、紅楼夢などのことばを言うが、この稿では、明・清時代の近世中国語の書面語＝文語を指して用いた。

（2）鷗外は、『改訂水沫集』の序で「舞姫。小なる人物の小なる生涯の小なる旅路の一里塚なるべし。（中略）文づかひ。索遜國機動演習の記念なり。うたかたの記はMuenchen《ミュンヘン》, 舞姫はBerlin《ベルリン》, これはDresden《ドレスデン》を話説の地盤とす。わが留學間やや長く淹留せしは此三都會なりき」と記している。

（3）JapanKnowledgeによった。

（4）『舞姫』の引用は、架蔵本の初出の「國民之友」第六九号によったが、変体仮名、合字、JIS、ユニコードにない漢字は現行字体を用いた。

（5）以下所在箇所は、「國民之友」の頁数、aで上段、bで下段を表し最後に行数を示した。四九頁下段二一行の意である。

（6）『日本国語大辞典』の訓点に基づいて読み下した。

（7）谷川士清『日本書紀通證』が「持統紀即位前紀」に見える「見者皆戯欷」の注に「戯與歔、歔欷出屈原離騷、註哀泣聲也」と注しているという（小島憲之『上代日本文學と中国文學―出典論を中心とする比較文學的考察』塙書房、

一九六二年初版、一九七一年再版。二六頁）。

（8）小島憲之『ことばの重み―鷗外の謎を解く漢語―』（新潮選書、一九八四年）の「第九「春く」『うた日記』のあや――万葉語と漢詩語」。

（9）刊記に「明治十一年三月十二日、訓点人石川縣士字族大郷穆」とある架蔵本を用いた。本稿の基になった稿をなすにあたっては、同志社大学図書館愛山文庫所蔵の貴重書を利用した。

（10）本稿の基になった稿をなすにあたって、同志社大学言語文化センター所蔵の香坂順一編『儒林外史語彙索引』（明清文学言語研究会、一九七一年）を用いたが、稿を改めるにあって「中国哲学電子化計画」にある『儒林外史』によって検索した。

（11）遠藤好英「近代文学と漢字」（『漢字講座9近代文学と漢字』明治書院、一九八八年）

（12）平岡敏夫「『舞姫』と『燕山外史』―才人佳人の奇遇を中心として―」（『森鷗外研究8』和泉書院、一九九九年）

（13）『虞初新誌』は「維基文庫、自由的圖書館」にある巻一～巻六までが電子化されているデータを、『情史類略』は、「中国哲学電子化計画」にあるデータをそれぞれ用いた。

（14）嘉部嘉隆・檀原みすず編『森鷗外集―獨逸三部作―（改訂版）』（和泉書院、一九九三年）は、一七頁頭注四で『即興詩人』の「榻」に「こしかけ」と振り仮名があるとしている。

Ⅶ　森鷗外『舞姫』の白話語
——「食店」をめぐって——

1　はじめに

本節は、前節で『舞姫』の語彙と白話語彙との関係について考察したのをうけて、『舞姫』にみえる「食店」を取り上げ、明治知識人の白話語の摂取について見てみようとするものである。

森鷗外が一八九〇（明治二三）年一月に「國民之友」第六九号に発表した『舞姫』には、用例①のように「食店」という漢字列が見える。この箇所は、嘉部嘉隆・檀原みすず『森鷗外「舞姫」諸本研究と校本』（桜楓社、一九八八年。以下『諸本研究』と略す）所収の複製によると、『塵泥』において〈午餐に往く食店〉（傍線は筆者）となっているほかは、原稿、『國民小説』、『美奈和集』に異同はない。『舞姫』の以下の引用は、前節と同様、「國民之友」第六九号により、頁数を算用数字、aで上段、bで下段を表し最後に行数を示した。固有名詞に引かれた二重傍線部は略し、漢字字体は通行字体によった。傍線は筆者が施したものである。他の作品等の引用にあたっても同様である。

①社の酬いはいふに足らぬほどなれど棲家をも移し午餐に行く食店をもかへたらんには幽かなる暮しは立つべし——兎角思案する程に心の誠を顕はして助けの綱を余に投げ掛けたるはエリスなりき、（53・a2）

「國民之友」の『舞姫』に振り仮名がある漢字列は、前節末尾に触れたように、「合歓」（43・b11）、「襁褓」

（59・a6）、「瞳子」（59・a7）のみであり、それぞれ「ねむ」「ひとみ」「むつき」と振られている。しかし、『舞姫』が収録される『國民小説』以降、これらの振り仮名も省略されて全文振り仮名なしになる。

『近代文学注釈大系』（有精堂、一九六六年）、『日本近代文学大系』（角川書店、一九七四年）は「食店」について振り仮名や注は施していないが、『諸本研究』によると、『現代日本文学全集7』（筑摩書房、一九五三年）、『森鷗外全集1』（筑摩書房、一九七一年）、『鑑賞日本現代文学1』（角川書店、一九八一年）では「たべものみせ」と振られている。これらの振り仮名は、「ヰタ・セクスアリス」（一九〇九年）に、〈兩側の店は大抵戸を締めてゐる。食物店の行燈や、蠟燭なんぞを賣る家の板戸に嵌めた小障子に移る明りが〉（『鷗外全集第五巻』岩波書店、一九七二年）に「食物店」が見えることも一つの根拠としたのではないかと思われる。「食物店」は、収録作品を約六三〇〇件に拡大」したとある田野村忠温「日本語用例検索―青空文庫所収文学作品―」による検索では、明治の作家の例（鷗外を除く）は泉鏡花『露肆』に一例見えるだけである。岩波書店『鷗外全集』を底本とした『新日本古典文学大系明治編25』（岩波書店、二〇〇四年）は、振り仮名を施していないので、「しょくてん」と音読みをとっているかと思われる。

本節の趣旨は、太田豊太郎の目に映じた「大道髪の如きウンテルデン、リンデン」を行く「巴里まねびの粧」をした「妍《みめ》よき女」やアスファルト（土瀝青）の上を「音もせで走る色々の馬車」、「夕立の音を聞かせて漲り落つる噴井の水」などが「目睫の間に聚ま」っている「欧洲新大都」（47頁a5）――豊太郎にとっての新しい世界にあって、上野にある「たべものみせ」という語はそぐわないのではないか、という疑問から出発して、『舞姫』が発表された一八九〇（明治二三）年前後の「食店」の例を見てみようとする点にある。

2　辞典類での「食店」

『日本国語大辞典第二版』（以下『日国』）は、「しょくてん」の項目をあげ、「めしや料理を食べさせる店。食べもの や」として、『西洋道中膝栗毛』巻一五編下の大英博物館を説明した箇所に見える例を引く。『明治文学全集1』によって「食店」の前後をも含めて示す。なお、国会図書館本（複写）によって振り仮名を確かめた。

②館《くはん》の中《うち》に食店《しよくてん》あり茶舗《ちやふ》あり写真場《しやしんじやう》あり又音樂《またおんがく》を張《は》りて種々《しゆぐ》の妙曲《めうきよく》をなし遊嬉《いうき》を尽《つく》すの所《ところ》あり（一三四頁下）

この『西洋道中膝栗毛』に施された振り仮名を援用すれば、『舞姫』の当該箇所は、音読みの「しょくてん」となり、「漢語」ということになる。『広辞苑第五版』は、見出し語「しょくてん」に食店の漢字を宛て、「飲食店に同じ。（明治期に用いた語）」とする。[1]「明治期に用いた語」とあるが、一八八九（明治二二）年の『言海』[2]は見出し語に立てていない。なお、漢語であったとしても、『舞姫』に用いられた漢語が音読みされた根拠はなく、雅文体ということもあって、岩波文庫は、「終日兀座する」の「終日」に「ひねもす」、「誤字すくなくなりぬ」には「あやまりじ」などと和語の振り仮名を施している例も多く、当該箇所を「しょくてん」と訓まなければならないというわけではない。

「食店」は、『日本国語大辞典』の第一版、第二版、『広辞苑』を除いた現行の辞書には項目立てがされていない。『大日本国語辞典』『大言海』『新潮国語辞典』にもなく、『新明解国語辞典（第二版）』『岩波国語辞典（第四版）』『新潮現代国語辞典』『明鏡国語辞典』などの現代語の辞書にも見えない。『研究社和英大辞典』にもない。

また、筆者（一九四六年、大阪市生）には「たべもん（の）や」という語は理解語彙、使用語彙の一つであったが、「食店」は理解語彙、使用語彙にない語である。「現代書き言葉均衡コーパス」で、検索語「食店」では七三五例検索できるが、非登録者として見ることができる五〇〇例の中には「飲食店」ばかりで「食店」はない。それゆえ調査の範囲では「食店」は現代語では使われていない語と言うことができそうである。
ただし、木村義之・小出美可子編『隠語大辞典』（皓星社、二〇〇〇年）では、法務庁研修所が作成した『隠語符牒集』に、九州中津の博徒や不良虞犯仲間の間で使われる「食堂」の隠語として見えている。これは、『広辞苑』の「明治期に用いた語」と関係しているようにも思われるが、隠語の略語という方法による「飲食店」から出たものと考えるべきものであろう。

国語辞典類では右に述べたようなことであるが、漢和辞典類でも、『増補字源』『学研漢和大字典』『角川漢和中辞典』『角川大字源』には見えない。『大漢和辞典』には項目は見えるが、唐以前の例文が添えられずに中国語の発音が示され「やどや。はたごや。飯屋」とあるので、古代漢語ではないという見通しを持つことができる。

では、現代中国語であるかというと、『増訂第二版中日大辞典』（愛知大学）、『中日辞典』（小学館）、『岩波中国語辞典』、『東方中国語辞典』（東方書店）、輿水優他編『中国語図解辞典』（大修館書店、一九九二年）にはなく、『辞海』にも見えない。ただ、『中国語大辞典』（角川書店）には、旧社会の語であることを示す「旧」が記されていて「料理屋」とあり、『古今奇観』の用例があげられている。つまり、中国語においても、「食店」は、現代語ではないと考えられる。

国語辞典の類からは、現代語でないが明治期には用いられた語であること（広辞苑）、漢和辞典の類からは古代の漢語ではないらしいこと（大漢和辞典）、また現代中国語でもないこと（中国語大辞典）などの情報を得ることができた。『佩文韻府』を検索してみると、『拾遺』に「南食店」の見出し語があがっていて「見上」とあり、見出し語「川飯店」に上げられている『東京夢華録』の用例のなかに「南食店」が見える。(3)

3　宋以降の中国の例

『東京夢華録』は、南宋の時代一二世紀のなかごろ孟元老によって書かれた、北宋の首都開封の繁盛記であり、「食店」は少なくとも宋代にはあった漢語であることが確かめられる。「北海道漢籍データベース」[4]のサイトに電子化されている『東京夢華録』を用いて検索して、用例③に示したように、巻四に「食店」の項があることが確認できた。

③食店　大凡食店、大者謂之分茶、則有頭羹、石髓羹、白肉、胡餅、軟羊、大小骨、角炙犒腰子、石肚羹、入爐羊罨、生軟羊麵、桐皮麪、薑潑刀、薑回刀、冷淘棊子、寄爐麵飯之類。喫全茶、饒虀頭羹。更有川飯店、即有插肉麵、大燠麪、大小抹肉淘、煎燠肉、雜煎事件、生熟燒飯。更有南食店、魚兜子、桐皮熟膾麪、煎魚飯。又有瓠羹店

入矢義高・梅原郁訳注『東京夢華録―宋代の都市と生活―』（東洋文庫598、一九九六年）では、「大凡食店、大者謂之分茶」は、「すべて食べもの店で大きなところは「分茶」といって」、「更有川飯店」は「そのほか四川料理店があり」、「更有南食店」は「さらに南方料理店では」とそれぞれ訳している。東洋文庫の訳からは、「食店」が「飯店」と同義の語である解釈されていると判断できる。「飯店」を『角川大字源』は、語義の②で「現代語で、ホテル」として、①で「飯屋」として『福恵全書』の例を引く。「飯店宿房」の項では「料理屋や旅館」としている。『中国俗語大辞典』（上海辞書出版社）は、「食店回葱」の項目で「飯店回葱を見よ」として、「食店」と「飯店」とが類義語であるような取り扱いであるが、「飯店」は『中国語大辞典』では1のブランチでは「ホテル」とするが、2のブランチで「飯館儿」として「旧白話語彙」と注していて、この「飯店回葱」の例をあげている。

「飯店回葱」は、『中国語大辞典』の説明によれば、「料理屋でネギを譲ってもらう」ことであり、「料理屋で買う

ネギは市場より高くつくこと」から転じて「人から高値で譲りうけること」の意味を言うとしている。白話語彙のなかで「食店」は「飯店」と類義であったことがわかるのである。なお、『宋語言詞典』（上海教育出版社）は、「食肆」を「飯店・飲食店」とする。

『角川大字源』の用例は『大漢和辞典』と同じであるが、『大漢和辞典』が「旅館。ホテル。又料理店」としているのを『大字源』は時代的な差でもって分けて記述したものと思われる。この『東京夢華録』の「料理店」の意味での「食店」が、『舞姫』の「食店」とつながるものであろうと考えるのである。

『東京夢華録』は『都城紀勝』『西湖老人繁勝録』『夢粱録』『武林旧事』など、「南宋で作られた一類の」「都市繁昌記に範を垂れることになった」（入矢義高）作品であり、『東京夢華録』と同じサイトにある、『東京夢華録外四種』（大立出版社、一九八〇年）を底本として電子化された『都城紀勝』に例が見える。

④都城食店、多是舊京師人開張、如羊飯店兼賣酒（食店）

⑤大茶坊張挂名人書畫、在京師只熟食店挂畫、所以消遣人待也。今茶坊皆然。（茶坊）

『西湖老人繁勝録』にも「食店　海鮮頭羹　三軟頭羹」、の例が見えるほか、梅原郁編『東京夢華録夢粱録等語彙索引』（京都大学人文科学研究所）によれば『夢粱録』にも見える。このようであれば、明治に作られた繁昌記の類にも例が見えてもいいのであるが、「酒店」「割烹点」は後述するように頻出するが、「食店」の例は、管見では見出していない。

『江戸繁昌記』と同じ趣向で作られた服部撫松『東京新繁昌記』（『明治文学全集4』による）には、各種の店をあげているが、「食店」は見えない。

⑥骨董屋《ドウグヤ》・茶店・居酒店《イザケヤ》・酒肆《サカヤ》・馬車店・牛店・曝店《ホシミセ》・小割烹店《チャヅケミセ》・典舗《シチヤ》・牛肉店・露肆《ダイドウミセ》・寫眞店・書舗《ホンヤ》・牀店《ヤタイミセ》・布袋店・待合茶店・酔茶店・比翼店・烹店・洋書舗・雑書店・商店・夜肆《ヨミセ》・西洋斷髪舗・西洋洗濯肆

・西洋裁縫店《シタテヤ》・烹亭《リヨウリヤ》・蕃物店《カラモノタナ》・挽薯店《イモヤ》・西洋料理店・賃衣衾舗《ソンリヤウフトン》

なお明治七年～九年の山城屋発行の版本を底本として作成された谷口巌「『東京新繁昌記』左ルビ用例総索引―明治初期俗語表現考察の一資料として―」（『愛知教育大学研究報告』30号、一九八一年）によって左ルビをみると次のとおりである。

イサカヤ・イザケヤ（居酒店）、イモヤ（煨藷店）、カラモノタナ（蕃者店）、クツヤ（屑紙家）、サカヤ（酒肆）、シタテヤ（裁縫店）、シチヤ（典舗）、フルキタナ（旧衣店）

4　明治以降の日本の例

『日国』が「食店」の例に引く『西洋道中膝栗毛』の第一五編は、一八七六（明治九）年の出版であるが、これが初出例かといえば、そうではないだろうと考えられる。一一編までの著者である仮名垣魯文は、外国に行かないで福澤諭吉の『西洋事情』、また『輿地誌略』などを参考にして『西洋道中膝栗毛』を書き上げた（『明治文学全集1』、「仮名垣魯文略歴」）というのであるが、この編を描いた魯文の仲間の総生寛も同じであったろうと思うからである。先行文献を下敷きにして書いたものであれば、そこに「食店」があったとも考えられるからである。

事実、次の⑦と⑧、⑨と⑩のように、『西洋道中膝栗毛』は、明治七年に刊行された『輿地誌略』第二編のイギリス編における「貌太博物館（ブリチスミユゼユム）」「水晶宮（キリスタルパレス）」の記述を借りて書いたことが明らかなのである。『西洋道中膝栗毛』の本文は『明治文学全集』（筑摩書房）を用いたが振り仮名は省略した。

⑦貌太博物館《スリチスミユゼユム》ハ世界ノ万有ヲ網羅シテ其貯蓄ノ富亦歐洲ニ冠タリ藏書三十六萬餘巻ノ外數十箇ノ堂宇ヲ（『官版輿地誌略』巻四・49ウ、山梨縣翻刻版[5]）

⑧英國の博物館は世界の萬有を貯蓄して歐州第一の富をなせり藏書三十六万餘其他堂宇の（『西洋道中膝栗毛巻一

五下』）

⑨「サイデンハム」ハ龍動府ヨリ南ノ方凡三里半ノ地《チ》ニアリ又廣大ノ博物館アリ長サ二百七十間餘高三十三間二尺ニシテ之ヲ水晶宮《キリスタルパレス》ト名ツク（『官版輿地誌略』巻四・52オ）

⑩又水晶宮と称する博物館あり龍動府より南の方凡三里半の地にあり長さ貳百七十間高さ三十三間二尺にして（『西洋道中膝栗毛巻一五下』）

「食店」の例が見えるのは、『輿地誌略』では、次の⑪に示したように、大英博物館ではなく、水晶宮の説明箇所なのであるが、総生寛は、これを大英博物館の箇所に持ってきたのである。「食店」の初出例は少なくとも二年早く内田正雄編輯の『官版輿地誌略』に求められることになる。『官版輿地誌略』は、凡例に「原本ハ「マッケー」氏及「ゴールド、スミス」氏ノ地理書〈共ニ英板〉及「カラームルス」氏ノ地理書〈蘭板〉等ニ據テ抄譯スト雖トモ間《ママ》類ニ觸レテ他書ヨリ抄出スル所少ナカラズ」（原本「間」《ママ》）とある翻訳書である。[6] そのため原本の英語なりオランダ語を見ないと十全ではないが、博物館内のレストランを指しているのであろうと思われる。

⑪館中食店アリ茶舗有リ寫真場有リ又樂ヲ張リ種々ノ遊嬉ヲ盡スノ處アリ（『官版輿地誌略』巻四・53ウ）

なお、⑫のように、魯文執筆の一〇編下に「ちやぶや」の振り仮名が振られた「食店」の例がある。

⑫おまへの方《かた》に泊《とま》ッてゐる日本人《にっぽんじん》がおいらの食店《ちやぶや》へ來て飲食《のみくひ》をしてさん〴〵さわぎちらした揚句《あげく》に逃出《にげだ》してしまッたから

⑫の振り仮名「ちやぶや」は、「横浜・神戸などの開港場で発達した、船員や外国人相手の手軽な小料理店。（幕末明治初期の語）」（『広辞苑（第五版）』）とある。博覧会見物の勧進元である広蔵の使用人の商吉が、聞いて来たこととして話している、会話の中に使われている語である。

『広辞苑（第五版）』が「食店」を「飲食店に同じ。（明治期に用いた語）」としている点については、『舞姫』の例もその証左になるわけであるが、明治一二年に刊行の明治期漢語辞書の一つである『必携熟字集』（松井栄一、松井利彦、土屋信一編『明治期漢語辞書大系38』大空社）に「食店《ショクテン》クヒモノミセ」と見える例も加えることができる。しかし、『明治期漢語辞書大系別巻3』の索引によって検索するに「食店」はこの例しか得られない。

また、一八八八（明治二一）年に出版された高橋五郎『漢英対照いろは辞典』（名著普及会複製版）[7]に「しょくてん（名）食店、めしや、れうりや An eating house」と見える。同じ著者の『増訂七版和漢雅俗いろは辞典』（一九〇五［明治三八］年）では An eating house が削られているだけであとは同じである。『増訂七版和漢雅俗いろは辞典』[8]は「明治二五年増訂和漢雅俗いろは辞典序」を載せるが、そこには「徒に高尚に失せざるを期して、古今の雅語、俗語、方言、植物の名称、普通の術語及有名の地名町村名等を偏く蒐集し、語数三万以上を増加し」たとある。これらによると『広辞苑』の記述は肯首できるのである。次に管見の限りで探しえた明治期の例をあげる。

⑬中ニモ「パレイローヤル」宮ハ、（中略）下層ヲ市廛トナシ、百貨ヲ鬻《ひさ》カシメタリ、此処ニハ珍玩、奇器、奢靡ノ品、風流ノ具、金光玉華ヲ聚メテ、攤陳《たんちん》シ売リ、酒店、食店、其ノ中ニ雑リ、中央ノ方庭ニハ、緑樹陰ヲ展ヘ（久米邦武『米欧回覧実記』巻四二、一八八八年、岩波文庫（三）、五〇頁）

⑭市街ノ一酒店ニ午餐ス雑沓甚シ後ニ之ヲ問ヘバ極メテ下等ノ食店ナリト云フ（成島柳北「航西日乗」十一月二日、「花月新誌」128号、一八九二年、ゆまに書房の複製版による）

⑬の『米欧回覧実記』のすぐあとに、

⑮巴黎ノ市中ハ到処《いたるところ》ニ酒店、割烹店、茶、珈琲店アリ、[9]樹陰ニ榻《こしかけ》ヲオキ、遊客案《つくえ》ヲ対シテ飲ム（巻四二、岩波文庫（三）、五〇頁。⑬⑮ともに博聞社本は振り仮名はない）

とあるので、「食店」は「割烹店」と同じような語義で使われていると考えられる。

明治期の文献を博捜したわけではないが、探しえた例は『西洋道中膝栗毛』、辞書の例を除けば右の三例のみである。用例の少なさから見て、「食店」は「料理屋・酒店・酒楼」などのような語とは違って、使用度数の高い語ではなかったと思われ、食べる所を表す語としては辞書に載るような一般的な語ではなかったようである。それは、eating-house、eating-room、restaurant の訳語を幕末から明治期に出版された『英和対訳袖珍辞書』（杉本つとむ『江戸時代翻訳日本語辞典』早稲田大学出版部、一九八一年）、『英華字彙』（マイクロフィルム・雄松堂）、『和英語林集成第三版』（講談社複製版）、『附音挿図英和字彙』（明治六年一月就社原版・同一八年一月翻刻の架蔵本）、『大正増補和譯辞林』（明治一九年二月発行の架蔵本[10]）では、「料理屋」「割烹店（レウリヤ）」「酒楼」などとしているからである。この「りょうりや」は、『大阪繁昌記初編』（架蔵本）にも「難波新地之南-北。街-頭-一帯。酒-舗《サカミセ》。羹-店《アツモノミセ》。楊-弓-肆《ヤウキウミセ》。烹-楼《リヨウリヤ》。茶-店《チヤヤ》。詔-床《トコミセ》。（中略）鱗-次《ウロコノ如クナラビ》櫛-比《クシノ如クナラビ》シテ」と見える。「酒楼」も『欧州新話谷間乃鶯』[11]第四回（一八八七年）に右ルビ「しゅろう」、左ルビ「レウリヤ」とふられた例が見える。参考までに、ロブシャイドの『英華字典』（東北大学蔵、初版四冊本＊『CD-ROM 復刻版』アビリティ（株）、一九九五年）の例を示すと、eating-house には「酒館・晏店・飯店」の漢語をあてる。restaurant では「酒晏館・酒晏店・晏店」が訳語となっている。なお井上哲次郎の『訂増英華字典』は eating-house に「酒館・晏店・飯店・高楼館」とあり、「高楼館」が増補されている。restaurant はロブシャイドのものと同じである。旅行記などに頻出する「酒店」は、たとえば〈帰路酒店に憩ひ三人にて葡萄酒一瓶を傾け些の菓菜を喫し帰る〉（淵辺徳蔵「欧行日記」文久二年五月一日『遺外使節日記纂輯三』）のように見える飲食店である。『米欧回覧実記』は丁寧に調べたのではないが、「酒店」は頻出するが、「食店」は、右に引用した例のみしか見出していない。

　このように、辞書類を除いた明治期の文献に見える「食店」の例は、『西洋道中膝栗毛』も含めて旅行記に限られているが、このことは、中国では『東京夢華録』のような繁昌記に見えることと無関係というのではないと思われる。⑫の例は、表記にみえるのであり、ことばとしては「ちゃぶや」である。表記を「料理店」としなかったのは、外国人相手ということと関係して、白話語の「食店」を用いたのであろう。

5　『舞姫』の「食店」

以上見てきたように、「食店」は宋代の繁昌記に見え、『中国語大辞典』（角川書店）に旧社会で用いられたとあり、『漢語大詞典』が『古今小説』の例（『中国語大辞典』も同じ例を引く）を引くように、近世中国語である。「開放文学」（本章V注(6)参照）によって、白話小説を検索すると六〇例以上の「食店」を検索できる。

鷗外が明清の小説を読んでいたことは、前節で述べたように、『ヰタ・セクスアリス』に『虞初新志』『剪燈余話』などの書名が見えることなどから明らかとされているが、『舞姫』は、才子佳人小説の『燕山外史』の影響を強く受けているとの指摘が平岡敏夫にある（「『舞姫』と『燕山外史』—才子佳人の奇遇を中心として—」『森鷗外研究8』、和泉書院、一九九九年）。『支那小説字解』（『唐話辞書類集巻一五』）には、「食店」は見えないが、「一月上旬の夜なればウンテル、デン、リンデンの酒家、茶店は猶ほ人の出入盛りにて」（60・a2）とあるなかの「酒家」は「酒家サカヤ」とある。

「欧州新大都」ベルリンを舞台としたとき、明治以前の日本にはない事物を描くには、「ホテル」（45・b7）、「プリユツシユ」（55・a11）、「ゾフア」（同上）とカタカナで原語を用いた以外に、「噴水」は、「噴井」（47・a16）とするように、日本にある近似のもので代用する例などが見られるが、「食店」のように近世中国語を用いたのもその一つではなかったかと思うのである。

では、『舞姫』の「食店」はどのように読めばいいのであろうか。近世中国語であるので、すでに述べたように「しょくてん」と音読みをしてよいと思われるが、それでは、舞台が宋や明の時代の中国になる。⑫の「ちゃぶや」、現行の文庫本にある振り仮名「たべものみせ」では「欧州新大都」を舞台とする『舞姫』の世界とはそぐわないものになってしまう。

先に「青空文庫」に収められた『舞姫』以外の鷗外の他の作品にはないと述べたが、実は、十分な推敲・整理がなされて、単なる日記ではないとされる『獨逸日記』（『鷗外全集第三十五巻』）に次のように見える。

⑯軍醫監ロオト、普魯士海軍副醫官ワイス Weiss とアウセンドルフ食店 Restaurant Aussendorf に會す。（明治一八年一一月二五日）

⑰夜十一時ロオト等とフウト食店 Hut'sche Restauration（Potsdamerstrasse）に會す。（明治一九年二月一九日）

⑱トヨツプフエル食店 Restauration Toepfer に朝餐し、公使館に至りて小松原と議する所あり。（中略）青山、北里、田中等を雅典食店 Restauration zu Stadt Athen（略）に招きて饗應す。（明治一九年二月二一日）

⑲石氏余等を帝國食店 Restaurant Imperial（略）に招き、午餐を供す。（明治二〇年七月二二日）

〝Restaurant〟の訳語として「食店」が使われているので、逆に考えれば、『舞姫』に「食店」とある語の振り仮名としては「レストラーン」がよいと思われる。『獨逸日記』には、ライプチヒについて下宿を決めた日（明治一七年一〇月二三日）の記述には

⑳朝餐は珈琲［＊原文口偏］と麵包とのみにて、房銭は其價をも含めり。午餐と晩餐とは、料理屋にゆきてなすもよし、又家ありて人を集へて飲食せしむ。

とあって、固有名詞と結びつかない「料理屋」が見える。また、『普請中』にも、

㉑チエントラアルテアアテルがはねて、ブリユウル石階の上の料理屋の卓に、丁度こんな風に向き合つて据わつていて、おこつたり、中直りをしたりした昔の事を、意味のない話をしてゐながらも、女は想ひ浮べずにはゐられなかつたのである。（『普請中』、『鷗外全集第七巻』）

と「料理屋」が使われている。

日本語の中にある一般的な語である「料理屋」ではなく、一般語としては聞き慣れない「食店」を使うことで、人を招待して恥じないほどのホテル内の食堂に類するレストランで、午餐をとっていた、かつての大田豊太郎を描き、官費留学生でなくなり、「食店」に行くことのできなくなった今の境遇を示したのであろう。

鷗外よりも一六年のちにベルリンの日本語学校の教師として赴任した巖谷小波は、一九〇〇（明治三三）年一一月五日ベルリンに到着するが、日記（『世界紀行文学全集ドイツ編』修道社、一九七二年）には「真水の風呂に旅の垢を落とし」て「コーヒーを飲んで居る」ところに蘆（徳冨蘆花）氏が尋ねてきたので、「フランス町のある料理屋に中食を認めた」と「料理屋」が見える。『世界紀行文学全集』のドイツ編、フランス編によると、「料理屋」「料理店」「酒店」「レストラン・レストウラン」が多いのであるが、一九二一年から四年間、ヨーロッパに留学した斎藤茂吉は、ドイツのマインツに泊まった夜のことを書いた箇所で、つぎのように「レストラン」と振り仮名を振って「食店」を使っているのである。出典名は全集によった。

㉒暫くして主人は僕を食店《レストラン》に案内しようと云つた。二人は狭く長い階段を降りて行つた。それから小雨の降るなかを稍しばらく歩いて、とある食店に入つた。（中略）食店は、Restaurant-Schwarzenbeeren といふのである。内には一寸小高いところに音樂もある。料理の註文をし、赤葡萄酒を飲んでぐるりを見ると、佛蘭西の兵士がなかなか居る。（中略）この食店の壁には、ヒンデンブルグ将軍の畫像を掛けてゐるやうなことは絶對にない。（中略）それでも僕は、lycée français de garçons などいう廣告札にも目を留めながら、佛蘭西の兵士どもを尻目にみて傲然としてその食店を出た。（「マインツの一夜」『斎藤茂吉全集第8巻』岩波書店、一九五二年）

茂吉は、フランス、ブダペストを訪れたおりのことを書いたところでも、

㉓宮坂さんの案内でゴオホが自殺したといふところに行つて午食をすることにした。そこはカフエも食店も下宿も旅舎も兼ねてゐた。Café Restaurant "Maison《メイゾン》 blot《ブロー》" という古びて小さい店であつた。（「オウヴェル行」同右）

㉔そこの食店で昼食をするのに匈牙利の料理を頼み、魚を食つた。（「ブダペスト行」同右）

と使っており、「食店」は明治一五年の生まれである茂吉の使用語彙の一つであったことがわかる。

なお、ここで注意しなければならないのは、茂吉の「食店」が『舞姫』のそれと同じく近世中国語の「食店」であったかどうかということである。隠語にあることはすでに述べたが、新聞屋を略した「聞屋」のように、「飲食店」（『日国』によれば小栗風葉の使用例［一八九八年］がある）を略して「食店」として隠語に使ったものとも考えられ、この茂吉の「食店」が学生言葉であった可能性もあるとは思うのであるが、公刊される紀行文に隠語めいたものを使うことは、躊躇しただろうと思われるので、やはり、『広辞苑』のいう「明治期に用いた語」としての「食店」が、明治なかごろの生まれである茂吉の語彙のなかに生きていたのであろうと考えたい。

以上、『舞姫』の「食店」をめぐって、それが近世中国語であることを指摘し、「しょくてん」と音読みでかまわないが、ベルリンという舞台を生かして振り仮名をふるとすれば、「たべものみせ」ではなく「レストラーン」ではないかという考えを述べた。鷗外の語彙に近世中国語があることは、前節で見たとおりであるが、今、一語に焦点を当て、同時代の類義語とも視野に入れて、「食店」という語について述べた。

注

（1）現代語ではないので辞書に搭載された時期は問題ではないと考え、『広辞苑』の全ての版を調査することはしていない。てもとにある版だけの調査では、初版には登載されていない。また、二〇一八年一月に発行された第七版にも五版と同じ記載がされている。

（2）『ちくま学芸文庫』の複製を用いた。

（3）旧稿の記述を残したのでこのような叙述になっているが、今、書くとすれば白話小説のデータベースのサイトである「開放文学」を検索すると云々と書くことになる。

（4）初稿執筆時は http://www.clione.ne.jp/kanseki/。二〇一七年五月二二日の閲覧では閉じられていた。以下の『東京夢華録』本文は、「中国哲学電子化計画・維基文字版」および国文学研究資料館電子図書館にある静岡県立中央図書館葵文庫蔵本、東洋文庫の訳、注を参照した。『都城紀勝』の例（④⑤）も「中国哲学電子化計画」所載の版本で確認した。

（5）架蔵本は取り合わせ本の端本で、巻四は内題に「中博士内田正雄編輯　二編／輿地誌略／山梨縣翻刻」、「明治七年甲戌刊行」とあるが、版心には「輿地誌略・巻四・大学南校」とある。「貎太博物館」の振り仮名は例文のとおりである。国会図書館デジタルコレクションによって明治三年文部省刊行本を見ると、「フリチスミユ（以下不鮮明）」とあるので、架蔵本の彫り間違いである。明治三年文部省刊行本とは明らかに字体の異なるところもある。

（6）石山洋「内田正雄『輿地誌略』の成立」（『日本英学史研究会報告』71号、一九六七年）では、「推定するに、内田は元来蘭学者で、オランダ留学者だから、蘭書の Kramers の著作を十分活用できた」として、『輿地誌略』の原典に"Geographisch-statistisch-hisutorisch handhuek"（一八五〇年）をあげている。本書は、静岡県立図書館葵文庫の画像データで閲覧できるが、オランダ語に通じていない筆者は該当箇所を探すことはできていない。

（7）国会図書館デジタルコレクション http://dl.ndl.go.jp/info:ndljp/pid/902745 でも閲覧できる。

（8）扉に「高橋五郎著／増訂七版・和漢雅俗いろは辭典／いろは辭典發行所藏版」とある「いろは辭典發行所」発行の架蔵本によった。国会図書館デジタルコレクションでは数種の版のものが公開されている（http://dl.ndl.go.jp/info:ndljp/pid/863661）。その中の明治二五年増訂版によって序文を確かめた。なお、国会図書館本のそれは、末尾の年月が明治二六年とあって、手書きで六を五に訂正している。発行所は「いろは辭典發行部」とある。

（9）「珈琲」は、岩波文庫は王篇が口篇となっている。明治一一年発行の博聞社本も同様である。なお、博聞社本には引用箇所に振り仮名はないが、岩波文庫にある振り仮名を適宜用いた。また、岩波文庫は新字体を用いているが、博聞社本によって、旧字体に復して引用した。博聞社本は国会図書館デジタルコレクション http://dl.ndl.go.jp/info:ndljp/pid/761504 によった。

（10）一八七一年上海で出版された"AN ENGLISH-JAPANESE PRONOUNCING DICTIONARY"の Fourth edition revised"を一八八六（明治一九）年に翻刻出版したもので、明治学院大学図書館藏本の書誌情報を見るに、大きさが二四センチとあるのに対して、架蔵本は二三センチである点が異なるだけで、出版社、出版年、編者、別書名（英文）、背表紙タイトル（英文）も同一である。

（11）『リプリント日本近代文学76』（国文学研究資料館、二〇〇六年）による。

（付記）「食店」の語は、序文に、上は「始晩唐」から、下は「清末」までの語を収録したとある、高文達主編『近代漢語詞典』（知識出版社）に〈［食店］飯店〉とあるので、中国では、一九〇〇年の始め頃までは使われていた語であると考えられる。

第四章　近代語
——非識字層の漢語——

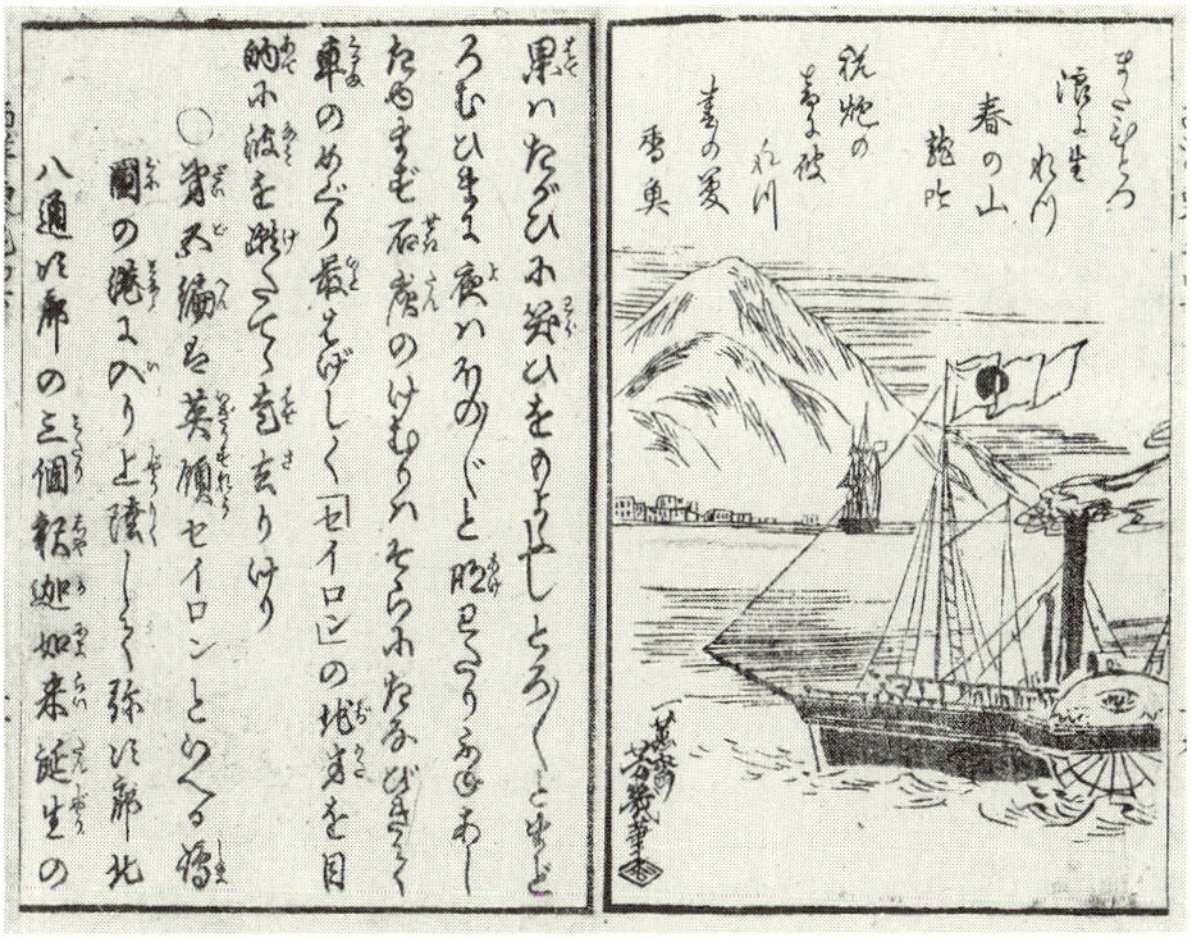

『萬國航路西洋道中膝栗毛四編下』（萬笈閣版、明治四年）

I　明治の漢語

1　漢語と層

明治期の漢語研究に道筋をつけた研究は、池上禎造の「近代日本語と漢語語彙」（『金田一博士古稀記念言語・民俗論叢』三省堂出版、一九五三年）、「漢語流行の一時期―明治前期資料の処理について」（『国語国文』26巻6号、一九五七年六月。両論文とも『漢語研究の構想』岩波書店、一九八四年所収）である。後者の論文の冒頭で、池上は「明治の変動期の反映は、語彙に最も著しいはずなのが、まだいくらも手がつけられていない」研究状況にあるが、語彙の研究そのものが新しい上に、明治期は「厖大な資料に恵まれるために、ちょっとやそっとでは何も言えない感が深い」とした。

また前者の論文において、『安愚楽鍋』に見える登場人物とその話の中に出てくる漢語の種類と量から、登場人物を「A普通のもの　町人　職人　車力　芝居者　なまけもの　茶店女　娼妓歌妓」「B稍特徴あるもの　西洋好き　生《なま》文人　文盲《ものしらず》　生可《なまきき》　野幇間　落語家　公用方　商人」「C著しきもの　藪医者　田舎武士　新聞好き」のように層別した。鈴木英夫

【資料1】

人物	和語%	漢語%
田舎武士（C）	58.0	42.0
新聞好きの男（C）	63.2	36.8
藪医者（C）	67.9	32.1
生文人（B）	68.5	31.5
西洋好き（B）	76.4	23.6
落語家（B）	83.8	16.2
町人（A）	77.6	22.4
職人（A）	83.8	16.2
歌妓（A）	82.7	17.3
茶店女（A）	87.9	12.2

「『安愚楽鍋』に見られる漢語とその表記について」(「共立女子大学短期大学部文科紀要」15号、一九七二年)、飛田良文「明治初期東京人の階層と語種との関係―『安愚楽鍋』を中心として―」(国立国語研究所報告62『研究報告集I』秀英出版、一九七八年)の各論考は、詳細な調査によって池上禎造の指摘を裏付けたものである。飛田良文の上述論文にある「第5表和語と漢語の使用率表(延べ語数)」によって、池上がA、B、Cとした各々の層に属する人物を一部抜き出したものを【資料1】として示した。

仮名垣魯文は、次節で詳しく述べる『萬國航海西洋道中膝栗毛』で、通訳の通次郎には、文明開化を伝達教授する役を受け持たせ、《やうやくいろはがなのひろいよみができるばかり》(八編下)の北八は、通次郎からは《北さんにやア漢語は禁物だツケ》(一一編上)とか言われている人物に、一方、弥次郎は当時流行の漢語辞書の一書である《漢語図解なんぞをひねくりまは》(初編上)す人物に造形している。『西洋道中膝栗毛』は、当時出版された地理書や福沢諭吉の『西洋事情』などを巧みに取り入れて、江戸から明治、「未開」から開化へと変貌を遂げつつある日本の「開化」「近代化」を活写した戯作であり、誇張されたところがあるとは言え、この時期の漢語の状況を浮かび上がらせてくれている国語史の好資料である。また、三人が使っている外来語を出自から分類しても、通次郎は英語出自の外来語が、弥次郎、北八はオランダ語出自のものが多いという結果を得る。[1]「明治文学全集1」の『明治開化期文學集(一)』(筑摩書房)に、図版、振り仮名も含めて翻刻されているが、原本の萬笈閣版を参看する必要があるときは、「早稲田大学古典籍総合データーベース」(初編〜一二編)、「風俗図絵データベース」(初編〜一二編)で閲覧できる。

明治語の語彙研究には、右に紹介したような話し手層に着目した研究がぜひとも必要であり、資料全体を均一なものとしてとらえていたのでは、この時期の語彙を正確に捉えたことにはならない。この観点で調査を行なったのが第二節である。

2　新旧漢語

この時期の漢語は、江戸時代までに見える漢語と、新しい文物を受け入れるために幕末前後から用いられるようになった漢語とに二分することができる。前者を旧漢語、後者を新漢語と呼んでいる。なお、新漢語を洋学の受け入れに伴って新しく作られた漢語を指す考えがある（孫建軍「西洋人宣教師の造った新漢語と造語の限界―十九世紀中頃までの漢訳洋書を中心に」〔「日本研究」30、二〇〇五年〕）が、本書では、古代から用いられていた語でも、語義用法を変えて、新しい文物を受け入れるために幕末前後から用いられるようになった漢語は、新漢語とした。

Ⅰ中国語に出自を求めうる漢語

A古代中国語

（1）意味の変容がない語　運輸、貿易

（2）意味の変容がある語　知識、自由、文学

B近世中国語

脚色、説話

Ⅱ中国語に出自を求めえない漢語

A古代から見える語　尾籠《びろう》、焼亡、几帳、帳台、

B幕末以降に見える語　運営、汽車、図書館

なお、ⅠA（2）、Ⅱのなかには、「社会・経済・関係」、「抽象・主観・哲学」のように、ヨーロッパの文化を受け入れるために、中国が日本語から「輸入」した語もある。この点については沈国威『近代日中語彙交流史』（笠間書院、一九九四年）に詳しい。また、ⅡAの「尾籠」について佐藤武義「和製漢語の成立過程と展開―「をこ」か

ら「尾籠」へ―」（「文芸研究」65号、一九七〇年一〇月）、「焼亡」については、拙稿「和製漢語「焼亡」について」（「春日丘論叢」23号、一九七九年四月）がある。(2)

新しい文化を受け入れるためにだけでなく、それまでに存在していた概念をも新しい言葉で言い換えることがあった。新漢語には、「運輸」や「貿易」のように、『万葉集』から見えていながらその後文献から姿を消し、幕末・明治になって、前代まで用いられていた「運送」、「交易」にとってかわった漢語がある。(3)出自からいえば、「運輸・貿易・運送・交易」のいずれも中国に求めることができる古代漢語であるが、「運送」、「交易」を旧漢語、「運輸」、「貿易」を新漢語と考えている。

また、旧漢語の中には、

a現代語では用いられない旧漢語

b現代語でも用いられる旧漢語

の二種があるが、【資料2】に示す漢語は、／の上が新漢語、下が旧漢語であるが、aのグループの旧漢語は日常語としては現代では用いられず、仮に用いると古めかしい語感を与える。「現代日本語書き言葉均衡コーパス」で「渡海」を検索すると、人名、「佐渡海道」を除くと五一例が得られる。同コーパスの分類では「書籍／2 歴史」が二七例、「書籍／9 文学」は八例であるが、全て歴史小説である。他のジャンルのものも伝承、仏教に関してのものであり、現代を写したものでは無い。「Yahoo!ブログ」の一例も「源平橋に匹敵するべき豊臣の氏を雲井より授かって、天下は我が世である。『渡海じゃ』そう意識してその日は暮れた」のように歴史に取材したものであった。一方のbのグループの旧漢語は現代でも使われるが、新漢語に比べて指し示す規模が小さいと言える。「現代日本語書き言葉均衡コーパス」では、「運輸」はかつては「運輸大臣」「運輸省」の用例が多くあり、「個人の」「中小の」を冠した用例はないが、「運送」には各一例ずつ得ることができる。

【資料2】

a．航海／渡海、入港／入津、会議／評定、治療／療治、利口／利根、生活／活計、通訳／通事、斡旋／周旋、外国人／異人・唐人、船長／船将

b．貿易／交易、運輸／運送、会計／勘定、機械／道具

3　漢語辞書

この新・旧漢語にかかわる資料に漢語辞書とよばれる一群の辞書がある。松井利彦『近代漢語辞書の成立と展開』（笠間書院、一九九〇年）は、各辞書間の関係などを含めて、漢語辞書の様相を詳述して、漢語辞書に掲載された漢語を多く用例として挙げていて、この時代の漢語のありさまがうかがえる。筆者は、松井の論に導かれて『漢語図解―索引と複製―』（私家版）を作ったが、『漢語図解』については、第二章Ｉ【資料2】において長く引用した『西洋道中膝栗毛』の記述を再度引用しておく。

【資料3】

北「コウ〳〵弥次さん。あんまり人の事は言はねへもんだぜ。此頃漢語図解なんぞをひねくりまはして人参具足だの

弥「ヲツトまつたり因循姑息の事だらう（初編上）

【資料4】に架蔵の『漢語図解』をあげたが、右ページ右上から左ページ左下の順に並べて示すと次のとおりである。

【資料4】

航海《かうかい》　とかいをする／舳艫《ぢくろ》相属《あいぞくす》　舟《ふね》がつゝくをいふ／軍艦《ぐんくはん》　いくさのふね／亡命《ぼうめい》　かけをち／脱走《だつそう》　しゆつ

ぽん／私情《しじょう》　わたくしのい、かはせ／鎖国《さこく》　かうゑきをせぬといふ事／攘夷《じやうい》　いこくを打はらふ事／弾丸《だんぐはん》　てつぽう玉をいふ／国旗《こくき》　くに〳〵のはた／舶来《はくらい》　いこくのわたり物／交際《かうさい》　いこくのまじはり／開港《かいこう》　みなとをひらく

見出し語は漢語で、振り仮名が振られている。語釈は仮名書きされている。語釈に漢語があってもそれは仮名書きである。右に示したところでは、かな書きの漢語には、「渡海・出奔・交易・異国・鉄砲」がある。これらの語釈に見える仮名書きされた漢語は、新しい漢語をやさしく言い換えている語釈の部分に見えるのであるから、新しい漢語に比べてやさしく、この辞書を利用する「婦幼童蒙」（初編序）が知っているであろう漢語ということになる。つまり、見出し語が新漢語、語釈に見える仮名書きの漢語が旧漢語ということになる。

漢語辞書の一つである『布告必用漢語画字引』では、見出し語の漢語は『安愚楽鍋』の序文、地の文、池上禎造が漢語使用の著しいとした層（田舎武士・藪医者・新聞好）、やや特徴あるものとされた層（生半可・西洋好き・商人）

に用いられている漢語と多く共通し、一方、語釈の漢語は、普通のものとした層（町人・芝居者・車力・茶店女・娼妓歌妓）と多く共通するという結果が出る。(4)『西洋道中膝栗毛』と『漢語図解』を用いて漢語の層について考察した論を次節に用意した。

旧漢語の用いられた時期は、明治一〇年ころまでであったようであり、一〇年代を境目として明治二〇年代に入ると旧漢語は姿を消していく。(5)この明治二〇年代以降が東京語の形成されていく時代と言える。語彙、文法、文体文章、文字表記と全般にわたって、東京語が成立する様相を明らかにした書に、飛田良文『東京語成立史の研究』（東京堂出版、一九九二年）がある。

なお、漢語にかぎらず、外来語にも新旧はあった。「キャプテン／カピタン、パイプ／キセル、ボート／バッテラ」では、／の下が「旧外来語」とでも言うべき語である。また、表記のうえにも新旧があった。もっとも、意味が同一かどうかについては、「親切」と「深切」のように詳しい考察が必要な語もある。／の上が現代語に続く新表記である。

必要／必用、工夫／工風、機械／器械、親切／深切、気性／気象

4　明治の漢語と近世中国語

『航米日録』『舞姫』に見られる近世中国語について、第三章Ⅱ、Ⅵにおいて、個別資料に見える近世中国語＝白話語について一覧した。

明治初期の訳語にロブシャイドの『英華字典』の影響があることが、森岡健二編著『近代語の成立―明治期語彙編―』（明治書院、一九六九年）によって指摘され、中国洋学書の影響があることが佐藤亨『近世語彙の研究』（桜楓社、一九八三年）、同『幕末・明治初期語彙の研究』（桜楓社、一九八七年）によって指摘されたように、明治語は中

国近世語を受容しているのである。小説では、すでに江戸時代の秋成、馬琴のように、中国の白話小説の影響を受けることで、作品に近世中国語が見られるものもあった。森鷗外『舞姫』に見える近世中国語については、前章に述べたところである。鈴木英夫の「新漢語の受け入れについて—「全然」を例として—」（松村明先生喜寿記念会『国語研究』明治書院、一九九三年）は、近世中国語が日本語のなかにとけこんでいく様相を「全然」を例にして描いたものである。

5　明治期漢語の語義

現代語では、類義語として語義の分担がかなりはっきりとしている漢語が、明治初期ではそうでもなかったものがある。

『日本国語大辞典第二版』が引いている「竟に亜墨利加の洲土を発明したれば、此こそ印度（インド）なりと思ひ」（『米欧回覧実記』一八七七年）は、現代語では「コロンブスがアメリカ大陸を発見した」と使うところである。「見つける」の意味での「発見」の使用例は明治の中期を下るようである。「発明」は近世においては「利発」と同義で多く用いられている漢語であり、意味の変容と思われるが、「隠れているものを見出だす」の意味では古代においても使われ、「理論の発見」の意味では近世にもその例があり、必ずしも意味の変容があった漢語と言うわけではないが、現代語の用法は近世までの「発明」の用法とは異なると言えよう。「発明」と「発見」は意味の変容を起こしながら現代語のような意味分担をするようになったと言える。同じような事情は「自然」と「天然」との間にも見られる[6]。

柳田国男が、雛壇に供えた食べ物を無断で食べて歩く風習を紹介して、「どうして此様な殺風景な仕来《しきた》りが有ることかと」（「育児と昔」一九二四年）と言っている「殺風景」は、現代語の「何も置かれていない殺風景な部屋」

の「殺風景」とは異なり、「無風流」という語義で、晩唐の詩人李商隠の類書『雑纂』にある「咲き誇る花の中で大きな声を出す」「花を見て涙を流す」「苔の上に筵を敷く」というような行為を「殺風景」という項目名に収めている、その「殺風景」につながる語義である。(7)

6 おわりに

筆者は、大正後半の生まれである母から「出養生」という『当世書生気質』に見える語を耳から聞いて、文字の上でのみ知っている語が、話し言葉の世界で話されていたことに「驚く」というような思いをしたことがある。また、明治末年の生まれの父からは、「インク」ではなく、「インキ」の語形を聞いていたが、明治を生きた人が近くにいるということではなくなった今、明治という時代の色や匂いを嗅ぎ取っておくことは是非しておかなくてはならないことであると考える。そのためには、明治の人々の書いた日記、随筆などに出てくる「生の声」に耳を傾けておく必要がある。慶応三（一八六七）年の生まれである正岡子規の「書生気質と風流仏」（明治三五年。『子規選集3子規と日本語』増進会出版社、二〇〇一年）では、「明治の新空気を吸いながらようように成長して行った」とする「余自身の経歴したる明治の小説史」が書かれている。また、石川啄木の生前未発表の「二筋の血」には、落第制度のあった明治末小学校の子ども達の様子が書かれているが（「青空文庫」で閲覧）(8)、こうした資料をみながら明治の雰囲気や言語生活を追体験していくことが必要になっている。その意味では、明治も江戸以前とは変わらなくなっているといえる。

注

（1）「大阪成蹊女子短期大学国文学会報」（一九八四年三月）に卒業論文の一部を載せた中の表である。原語が不明なものもあり、再度の調査を必要とするが、おおよその傾向は見てとれると思い掲載した。

	ポルトガル語	オランダ語	英　語	フランス語	室　町	江　戸	明治以降
北八	9	5	3	4	4	12	3
弥次	6	9	7	1	3	16	4
通次郎	5	5	10	3	2	10	12
地の文	8	9	8	2	4	16	13
ト書	4	6	4	0	2	10	5
計	32	34	32	10	15	64	37

（2）拙著『国語史のなかの漢語』（和泉書院、一九九八年）の「Ⅵ和製の漢語」に「焼亡―漢字文の和製漢語―」として再録。

（3）「貿易」と「交易」、「運輸」と「運送」をとりあげて、福澤諭吉の著作、『和英語林集成』などから明治一〇年代が境目と考察した、拙著『国語史のなかの漢語』（和泉書院、一九九八年）Ⅲ「漢語の相関と革新」2、3参照。

（4）拙稿「『布告必用漢語画字引』の漢語―明治初期の漢語の層―」（『文学・語学』14号、一九八九年三月）

（5）拙著（注2）「Ⅲ漢語の相関と革新・2貿易と交易―明治初期における漢語の革新（一）―」一四〇頁。

（6）拙著（注2）「Ⅲ漢語の相関と革新・1自然と天然―類義語の相関―」参照。

（7）「殺風景」の語史―明治知識人の漢語―」（『国語語彙史の研究三二』和泉書院、二〇一二年）

（8）『石川啄木全集　第三巻　小説』（筑摩書房、一九六七年）に所収。

Ⅱ　『西洋道中膝栗毛』主人公三人の漢語の層
――魯文執筆部分において――

1　再び漢語の層について

池上禎造は、「近代日本語と漢語語彙」[1]で、漢語の研究は、岡井慎吾、山田孝雄によって、「漢字や漢語がわが国に採入れられて、どんな風にひろがり、いかなる影響をもたらしたか」については、「可なり詳しく見ることはできるようになった」としたうえで、漢語研究の問題点を、「古代人の言語生活の中に生々と漢語がどう働いたかわからぬ面が多い」点にあるとして、漢語の研究にとっての重要な点として、次のように指摘した。

文献に残る言語と庶民の言語との関係はどうか、或は文献に書き残された語と日常話された語はどうか、或は更に、日常話される言葉といっても私的なくつろいだ場合と公の晴れがましい場合と、こういった風に細かな差があって、これに漢語がどう関係するかは可なり重要である。

漢語の研究において、その漢語が属する「ことばの層」[2]を問題としていくことの重要性について指摘したのである。

考古学で、発掘された土器などが、どの地層から出土したものであるかを重要視するのと同じように、本稿は対象としている漢語が、どの「ことばの層」と関係しているのかを考えていこうとするものである。

たとえば、明治初期の一八七〇年から五年間、日本に滞在したアメリカ人、グリフィスは、自分のことを、日本人がどう呼ぶかについて、次のようなことを書き残している。

子供たちは私を"tō-jin"（Chinaman）と呼び、大人は"i-jin"（foreign man）、武士は"guai-koku-jin"（out-side-country man）と呼ぶ。"the-America-jin"とか"Bé-koku-jin と正確に知っている者は少数である。(3)

右と同じようなことは、福沢諭吉も、「当時外国人のことを通俗一般に唐人と云ふ」と『唐人往来』(4)に書いている。これらの二つの記述から、幕末・明治の初め頃には、知識層の用いることばであるのか、あるいは、文字を知らない非知識層（知識層、非知識層にも層であるからには幅がある）が用いることばであるのか、といった「ことばの層」の違いが、「外国人」と「唐人」という漢語にはあったことをうかがい知ることができるのである。(5)

また、ヘボン『和英語林集成』初版（一八六七年）には、〈失敬〉の同義語として〈失礼〉が記載されているが、この二つの漢語については、一八九〇（明治二三）年七月の「女学雑誌」220号に、女性のことばとしては、〈失敬〉よりも〈失礼〉を使った方が聞きよいとする指摘がある。(6)そこでは、女性は、〈社会〉よりは〈世の中〉を、〈愚按〉より〈わたしの考へ〉を各々用いるのがよいともしている。つまり、「失敬」は〈社会〉、〈愚按〉と同じく漢語のレベルであるが、〈失礼〉は、〈世の中〉、〈わたしの考へ〉と同じく和語のレベルでとらえられているといえる。このことは、当代の辞書に同義語とあることをもって、単純に、〈失敬〉＝〈失礼〉という図式を描いてはいけないということを教えてくれているが、敷衍していえば、文献を頼りとする歴史的研究では、用例の有無のみで済ませてしまうことに注意しなければならないということになる。

右に例示した「唐人・外国人」、「失敬・失礼」などの話し手による語の選択は、菊沢季生が用いた「位相」（国語科學講座Ⅲ『國語學・國語位相論』明治書院、一九三三年）でよいのであるが、「ことばの層」としたのは、話し言葉として「唐人」「異人」「外国人」「アメリカ人」「米国人」が、左頁上図に示す地層のように積み重なっていると考えようとするからである。図のx→yは時代を表し、xが古く、yが新しい。グリフィスの例で言えば、Ⅰは

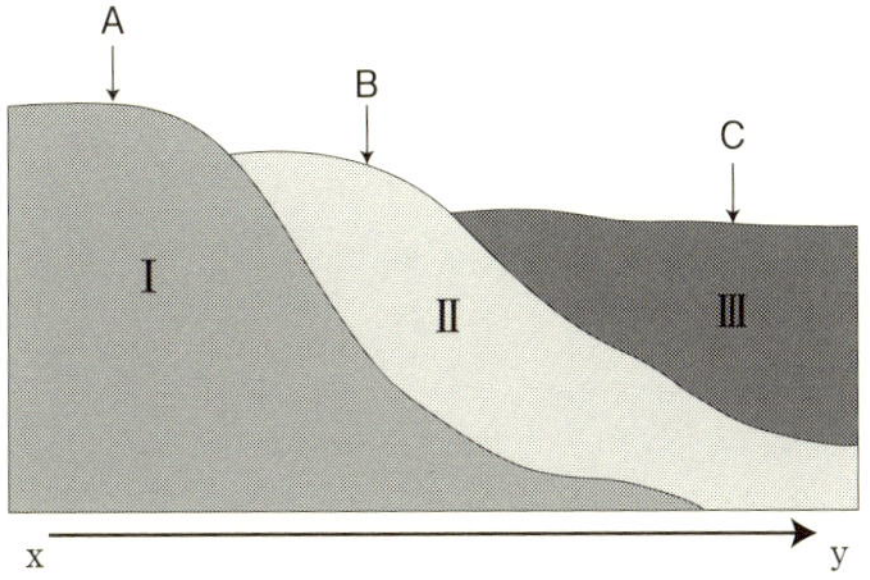

「唐人層」で古くから用いられていて、子どもはⅠの層の上Aに立っている。大人はBで、Ⅱ「異人層」の上にあって、「異人」のみでなく、「唐人」も使用語彙、理解語彙の中にある。Ⅲ「外国人層」の上にあるCは武士である。図ではCをⅢ層の中央に記したが、左側にあるCは「外国人」「異人」「唐人」の三語が使用語彙、理解語彙の中にあるが、右側にあるCは、「唐人」は使用語彙の中に無い（使わない）ものもある。以上のようなイメージを図にしたものである。

「失敬」「社会」「愚按」は、明治時代にあって、男性使用層とでもいえる層にある語で、「失礼」「世の中」「わたしの考へ」は女性使用層にある語と言える。上図でいえば、「失礼・世の中・わたしの考へ」はⅠ層、「失敬・社会・愚案」はⅡ層で、いずれも使用語彙の層である。女性はAの位置、男性はBの位置にいるものと考える。

一般化して言えば、これまでの計量的な調査が明らかにしてきたように、書き言葉では漢語の層が厚く、話し言葉では和語の層が厚くなっている[7]。また、話し言葉でも、くつろいだときのことばは、より和語の層が厚いということになる[8]。そこに、男女、老若という要素が入り込み複雑な層を形作っているのである。そうした「ことばの層」の一端を『西洋道中膝栗毛』をとりあげて考察しようとするのが本節、次節の主旨である。

2　『西洋道中膝栗毛』について

「早稲田大学古典籍総合データベース」にある本書の扉には「假名垣魯文戯作著／萬國航海西洋道中膝栗毛／東京書肆萬笈閣」とある。以下、題簽の『西洋道中膝栗毛』とする。本書については、『明治開化期文學集（一）明治文学全集1』（筑摩書房、一九六六年）の興津要執筆の解題に「中本十五編三十冊。（略）十一編までは假名垣魯文、十二編以下は總生寛。（略）初編明治三年刊（三年九月の序文あり）。十五編は九年刊」とある。文政一二（一八二九）年生まれの作者仮名垣魯文については、同じく興津の執筆になる略歴に精しい[9]。

各編には作者あるいは友人などの署名がある序文があり、編によっては「凡例」をつけ、そして本文が続くという構成になっている。また、本文は、地の文、ト書き、会話文からなっていて、右に述べてきた漢語の層からすると、漢語についての全体の調査が必要であるが、本稿は、弥次郎、北八、通次郎の会話部を対象としたものである。

本書は、「去程《さるほど》に弥次郎北八の二個《ふたり》の者は彼大腹屋廣藏に不計《はからず》途中であいた口牡丹餅よりも最佳《いとうま》き英國航海《いぎりすわたり》の相談に當座の難義もうち忘れ疾《はや》大船に乗ツた氣でその夜酒楼に彼是《かれこれ》の談合なしつゝ」（二編上）とあるように、勧進元の廣藏に連れられて、弥次郎、北八（開化期における江戸ッ子の生き残りの最後の者[10]）、通次郎（横はまの商家にて通弁をしたる男）、商吉（ひろざうがめしつかふわかひもの也）がロンドンの万国博覧会を見物に行く道中記である。

なお、以下の処理に用いたデータは、文字、表記を問題としたものではないので「全般的に云えば、原則として底本をそのまま生かした」（校訂について）とある『明治開化期文學集（一）』の本文に従って、電子化したものを用いた。

電子化にあたっては、データ作成当時（一九九八年）の勤務先大阪成蹊女子短期大学国文学科の学生に第一次入力をしてもらい、それを大学生であった家人に精査を頼み、最終的に筆者が点検したものを用いたが、誤入力が残っていることは否めない。なお、ネットにはエクセルに入力された初編から十五編までの全本文が電子化されたものがあがっている[11]。

3　調査について

まず、同じ作者の手になる『安愚楽鍋』における漢語の占めている割合についての調査結果と比較することで、弥次郎、北八、通次郎三人の漢語使用のありようを見ておくことにする。

鈴木英夫「『安愚楽鍋』にみられる漢語とその表記について」（「共立女子大学短期大学文学部紀要」15号、一九七二年三月、一四頁）では、左の基準によって単語を分けて、各語種の割合を算出している。

異なり語数、延べ語数別に使用人物の語種の割合を算出した飛田良文の研究（「明治初期東京人の階層と語種との関係―『安愚楽鍋』を中心として―」国立国語研究所報告62『研究報告集Ⅰ』秀英出版、一九七八年。前出）があるが、本稿の『西洋道中膝栗毛』についての調査は漢語のみであり、全語彙における割合の算出等までは及んでいないので、直接は鈴木の調査結果と比較することとして、適宜、飛田の調査結果を参看することにした。

鈴木の単語認定の基準を左に示す。

1. 固有名詞は省く。固有名詞についた「～老人」「～先生」も対象としない。
2. 数字を含む語は、原則としてとらない。ただし、数量的な意味の薄れた「一件」「一覧」などはとる。
3. 「愉快じや、〳〵」のくりかえしは一語と数える。その原則によって和語のくりかえし、感動詞のたぐいのくりかえしも一語とした。
4. 「ござる」「…やうだ」は、とらない。「御免」はとる。
5. 「禁《ふう》じられた」のように、漢語にちがった漢語の振り仮名の付いたものは、漢語として扱う。左右ルビがあって、右ルビが「しんそく」、左ルビが「スミヤカ」のようなものも漢語とする。
6. 四字漢語とするか、二字漢語とするかは適宜判断する。

本稿では、固有名詞については、

a 固有名詞＋名詞の名詞の部分の語種によって分類した。

例：「天王寺蕪」は「蕪」の部分の語種によって和語と分類した。「武蔵の国」は「武蔵」と「国」に分けて「武蔵」は固有名詞、「国」は和語とした。

複合語については、

b「女《め》ツ唐人《とうじん》」は「和語＋漢語」で混種語としてとり、「唐人さま」は「さま」が接尾辞であり、自立語の「唐人」を漢語としてとった。

漢語サ変動詞、漢語形容動詞は、

c「脱走する」「合点する」は、「漢語＋する」とした。「大変だ」は漢語形容動詞でもあるが、「大変＋だ」として、それぞれ「脱走」「合点」「大変」を漢語としてとった。

接頭辞「御」の付いた語は、

d「御はんじやう」は「繁昌」とし、「御覧」「御託」は二字漢語としてとりあげた。

「安堵はする」はサ変動詞として「安堵」を漢語とした。「ほんに」は「本だ」とはならないので、「ほんに」で混種語とした。

「氣《き》がついたか」「念《ねん》が入《い》ツて」は「氣がつく」「念が入る」の慣用句全体をとった。「通じる」は一字漢語サ変として混種語とした。二字漢語とするか四字漢語とするかは鈴木と筆者とでは違っていると思われる。「交易諸国」は「恐悦至極」を懸けているので四字漢語とした。また、漢字表記と振り仮名とで語種が異なる場合は、対象としたのが会話部であり、読みとされた振り仮名を優先した。全体として、鈴木の単語認定と異なるところがあるが、語を問題としているのではなく、語種を問題としているので、「禁《ふう》ず」は、単語であれば「封ず」「禁ず」の違いが生じるが、語種としてはいずれも漢語であり、単語認定が異なったとしても、語種では近似値での比較にはなると判断して、同じ魯文の作でもあり、鈴木の『安愚楽鍋』の計量結果を利用した。

総語数における割合をみるには、全てを単語に分割する必要があるが、今その労力を省いて、『西洋道中膝栗毛』二編上下のみを対象として、三人の会話部を抜き出し、文節に区切り、自立語の語種別に集計したものが、【資料2】である。国立国語研究所の「近代茶まめ」を用いると労力の削減にはなるものの、左の例のように、振り仮名付の原文（ア）を処理するテキスト（イ）に変換する作業もあり、また、「近代茶まめ」の単語認定は、鈴木のとは異なるので、鈴木の調査結果と比較することができなくなることもあって、「近代茶まめ」は用いなかった。テキストの振り仮名を本文に入れたイを「近代茶まめ」で処理をすると、「しゃくきょう」は「癪」と「今日」に、「ふうが」は「風雅」と処理をした。振り仮名を本文に入れたり、精査を加えたりすること、比較しようとしている鈴木の単語認定に近づけようとすることなどを考えて手作業での方法を選んだ。

ア、ドウダ北八天王寺《てんわうじ》蕪《かぶ》が石橋《しやくきやう》をふるやうな天窓《あたま》をしやアがつてこちとらの姿《ふう》がおかしいと見へて

イ、どうだ北八天王寺蕪がしやくきようをふるやうなあたまをしやあがつてこちとらのふうがおかしいと見へて

【資料2】が『西洋道中膝栗毛』二編上下の調査結果であるが、感動詞は、「ヘイ」、「ヲイ」などのほかに、音象徴語も含めた。鈴木の表は、混種語を含んでいない数値である。

鈴木の人物別漢語（文節）使用率が示された調査結果（鈴木論文一五頁第1図）を【資料1】にまとめ直した。

【資料１】

人物	%
鄙武士	39.8
新聞好	33.7
藪医者	31.0
生文人	25.9
士	24.7
西洋好	23.5
馬	23.4
町人	20.8
商法個	17.4
芝居者	16.9
半可	16.2
牛	15.8
堕落個	14,0
野幇間	13.6
歌妓	13.3
落語家	13.2
娼妓	12.5
諸工人	11.9
茶店女ころ	11.1
文盲	10.9
茶店女ひき	10.2
人車	6.1

4　考察

【資料2】からは、通訳で英語もできて、新聞なども読める通次郎と、その通次郎に「こりやア僕《ぼく》があやまりダ北さんにやア漢語は禁物《きんもつ》だツケアハ、、、」（二編上）と言われる北八、その北八からは「愉快《ゆくわい》だのといふことを二ツ三ツおぼへたとおもつて物知《ものし》りめかすが此間《こないだ》まで何も知《し》りもしねへくせにやたら高慢《かうまん》な語《こと》をい、たがつて」（初編上）と言われる弥次郎、この三人の漢語使用率は思った以上に開いてはいない。英語ができて著作もある通次郎と仮名の拾い読みができる程度の北八との漢語使用については、大きな開きがあるだろうという予想を持っていたのであるが、二編のみの調査であるので、通次郎の登場が遅く、会話量が少ないこともあって、慎重でなければならないが、計量的な結果からは、その予想は的を射たものではなかったことになる。

　鈴木の数値は、混種語を対照としていないが、【資料2】の漢語の数値[12]でみると、北八・通次郎の漢語使用率は、【資料1】の『安愚楽鍋』で、漢語使用率が低いとされる諸工人（11.9）、茶店女ころ（11.1）、文盲（10.9）、茶店女ひき（10.2）に近い数値である。弥次郎は娼妓（12.5）に近い。通弁としての通次郎は、『安愚楽鍋』の「にはかざんぎりの西洋ごしらへ」「かひあつめたる洋服ごしらへ」で「せかいくにづくしせかいみやこぢなどを一寸口もとばかりよんで西ようのことならとほこりがにい、ふらすこまりもの」（『明治文学全集1』）と紹介されている「新聞好」に近い漢語使用率（33.7）であってもいいと思われるが、右に述べたようにそうはなっていない。

【資料2】

		漢語	混種語	和語	外来語	感動詞	計
弥次郎	実数	85	28	512	2	60	687
	%	12.4	4.1	74.5	0.3	8.7	100.0
北八	実数	81	26	559	2	67	735
	%	11.0	3.5	76.1	0.3	9.1	100.0
通次郎	実数	34	15	232	2	26	309
	%	11.0	4.9	75.1	0.6	8.4	100.0

対象とした一一編のうちの一編のみという極めて限られた部分での三人の漢語率を見たわけであるが、北八の次のことばを契機として、弥次郎との間で交わされる会話からは多くのことが見えてくる。(13)

【資料3】

①「トキニ弥次さん夕辺《いうべ》僕《ぼく》が処《ところ》へ出た娼妓《ぢやうろ》は漢語《かんご》ばかり遣《つか》やアがつて寐《ね》てからの話《はなし》が贈答《うけこたへ》に骨が折れて強勢《がうせい》よはらせやアがつたヨ。何でも彼妓《かれ》は儒者《じゆしや》ばからしいと云見識《けんしき》だから学者《がくしや》の娘に違《ちげ》へねへゼ（初編上、『明治文学全集1』四頁下段）

②弥次さんおめへ讀《よ》ンでくんねへおいらにやア四角《しかく》ばツた字《ぢ》があると蹴《け》つまづいてよみにくいからヨ（八編下、七六頁上段）

③コウい、かげんに馬鹿《ばか》にしねへなんぼおれが字がよめねへといツたツてこのくれへなものは拾《ひろ》ひよみにもよめるぜ（八編下、七七頁上段）

北八は、②、③のように書かれていて漢字に対して劣等感があり、漢語の多い会話の受け答えに「骨が折れて」はなはだしく弱ったと弱音を吐いているのである。

松井利彦「明治初期の漢語の意味」（『国語語彙史の研究一八』和泉書院、一九九九年）は、『安愚楽鍋』の鄙《いなか》武士の会話に出てくる「誠実」「激発」を例にして、鄙武士の用いるこれらの漢語が、当時使われていた語義、用法とのあいだに、作者魯文が意図的にズレさせることによって鄙武士の人間像を形象した、と指摘している。本節も松井にならって、いくつかの語を取り上げて考察を加えた。

a　僕

鈴木英夫は「この「僕」ということばは、漢語を多く使用する階層の用いる自称代名詞ということもできるのではなかろうか」としている。鈴木の指摘のとおり、『西洋道中膝栗毛』の一一編までは、通次郎が最多の四五例、弥次郎は三例で、北八は右に引用した箇所の一例のみである。この「僕」は、漢語を多用した女郎の向こうをはって使った「僕」であり、北八の日常の使用語ではない。

b　娼妓

「ぢやうろ」と振り仮名がある。『漢語図解』には、「娼妓　女郎をいふ」（初編3丁ウ）とあり、見出し語と語釈との関係にある。

c　贈答

「うけこたへ」と振り仮名があるので、北八のことばは、「受け答え」と考えてよい。表記の「贈答」は、『日本国語大辞典第二版』（以下『日国』）によると『万葉集』『色葉字類抄』にもある古代漢語である。『日国』も引くが、『西洋道中膝栗毛』八編凡例附言に「「あなた」「おはやう」「わたくし」「たいさん」「よろしい」「まはろまはろ」など」のことばは、「洋人《ようじん》と贈答《ぞうとう》の階梯《かいてい》にして内外《ないぐわい》必用《ひつよう》の語《ご》」であるとある。なお、『西洋道中膝栗毛』には「僕《おのれ》音信贈答《てれがらふ》の仝社《いと》を繫《ひ》く」（九編序）の例もある。

d　見識

他にも一例「人《ひと》を野郎呼《よば》はりをする程《ほど》な見識《けんしき》があるなら」（二編上）とある。この語などは、現代語でもあらたまりの会話に出る漢語のように思われ、「現代日本語書き言葉均衡コーパス」では二三六例が得られるが、その内訳は、

書籍：148、国会会議録：44、ヤフーブログ：16、ヤフー知恵袋：11、雑誌：5、白書：5、新聞：3
広報誌：4、法律：0

であり、「大変もう見識のある委員でありますから、私がつべこべ言う筋合いではありませんけれども」（第154回国会での副大臣の発言）のように使われる語である。しかし、『日国』でみると、こうした現代語の「物事を正しく見

通し、本質を弁別するすぐれた判断力やしっかりした考え。識見。」の語義以外に、「気位。みえ。」があり、洒落本、黄表紙、人情本の例が挙がっている。北八の「見識」は、「如何に遊女の見識《ケンシキ》だつて」（人情本「恩愛二葉草」一八三四年）(14)という「気位。みえ。」の語義であり、現代語とは語義を異にし、あるいは位相を異にする漢語であるように思われる。弥次郎の会話にも「おいらんの見識《けんしき》」（九編上）、「それから中興《このかた》客の見識《くれへ》が下《さが》ツたから」（九編下）がある。

なお、明治九年の識語がある『布告必用漢語画字引』(15)に「卓見《たくけん》スグレタケンシキ」とあるのは現代語の語義で解釈しうる例である。

e　黙止

右に引用したすぐあとに、「そこが洒落《しやれ》だア黙止《だまつ》てゐねへ」とあって、「黙止」の振り仮名に和語「だまる」を用いていた例が見える。弥次郎、北八を引き連れてロンドンの博覧会を見学に行く商人大腹屋の手代である商吉にも「黙止《だまつ》てききね」（一一編上）、弥次郎にも「ヲイヲイ通さん先刻《さつき》から黙止《だまつ》て聞《きい》ていわしておきやア」（一一編下）と和語で言わせているが、通次郎には、「ヲットそこらは僕《ぼく》の應接《おうせつ》にある策《さく》だ今《いま》に異人《いじん》が持込《もちこ》ンで來《く》るから君達《きみたち》は黙《もく》止《し》してゐなせへ」（一一編上）と漢語で言わせている。この「黙止」に対する振り仮名の違いは、魯文が、弥次郎、北八、商吉と通次郎という四人の人物の漢語使用の面から、工夫したものである。それゆえ、『西洋道中膝栗毛』の漢字列と振り仮名とは、各人物が使う漢語の層を表していると思われる。

f　奮発

また、北八が使っている漢語に「奮発」がある。「奮発」は、この時期に多く出版された漢語辞書(16)（字引）をみると【資料4】のように見える。

【資料4】

「奮發《ふんばつ》　きかぬきになる」（『漢語図解』初編8オ、明治三年）
「奮發《フンパツ》　フルヒヲコリセイダス」（『新令字解』フ部、慶応四年）
「奮發《ふんはつ》　ゲンキダス」（『布告必用漢語画字引』フ部、明治九年）
「奮発《フンパツ》　ヤツキトナル」（『布令必携新聞字引』大ノ部、無刊記）
「奮發《ふんばつ》　やつきとなる」（『新撰字類』明治三年）
「奮發《ふんばつ》　ヤツキトスル」（『漢語便覧』、無刊記）
「奮發《ふんぱつ》　フルヒヲコリセイタスコト」（『増補新令字解』一四画＊国会図書館本[17]）
「奮発《ふんはつ》　同上（ヤツキトナル）」（『漢語二重字引』明治六年）
「噴發《フンハツ》　フルイオコリセイダス」（『新撰字解』明治五年）

『漢語図解』の語釈だけが非常に俗語的な語釈であるが、現代語の「気力をふるいおこすこと」（『岩波国語辞典第四版』）という語義である。しかし、北八の「ふん發」は、「しきりにふん發《ぱつ》を催《もよふ》してきたアアたまらねへたまらねへ」とあり、便意のことであり、それゆえ「奮」に「噴」を懸けるために仮名書きにしたものと思われる。これなどは、流行している漢語の語義をずらして用いたものであり、北八の漢語使用のありようを著しているものである。

g　進発

さらに、北八には、「発」を含む二字漢字列に、二編下に見える「進発」（サア〳〵すぐに進發《しんぱつ》〳〵）がある。この語は上記の漢語辞書には見えない語で、『日国』は次の例などを引く。

・読本『椿説弓張月』（一八〇七〜一一）「海陸より進発《シンパツ》いたすべし」

・『日誌字解』（一八六九）「進発　シンハツ　ススミハツスル」

『日誌字解』から一〇年ほど後の明治一二年の識語を持つ『漢語必用新選早字引大全』には「進発　イクサニオモムク」とある。『日国』が引く『日葡辞書』も「Xinpat（シンパツ）。ススミ　ヲコス〈訳〉敵と戦うべく大将が戦場へ出ること、戦争のために出て行くこと」とする。「奮発」同様、「進発」も北八の使用は語義どおりでない。

h　測量

そこはきのふ土地《とち》の黒奴《やつら》に測量《そくりやう》させてをいたから大概《てへげへ》どの位《くれへ》までといふ処《とこ》は斯云水師提督《かくいふすいしていとく》北八先生《せんせい》がこゝろえてゐるョ（八編上七二頁上段）

北八が使っている「測量」は、彼の使用語彙にあるのではなく、漢語辞書に載っている「流行語」である。(18)

i　発明

また、三人に共通して見える「発明」(19)という漢字表記も、通次郎、弥次郎には「はつめい」と振り仮名を振り、北八には漢語ではあるが、前掲「b　娼妓《ぢやうろ》」と同じ関係にあるような「りかう」の振り仮名である。

通次郎

まづ第一《だいいち》が知者《ちしや》を尊《たう》とむ國柄《くにがら》だから發明《はつめい》で金《かね》が有《あ》ツて萬事《ばんじ》行《ゆき》とどいたものなら受合《うけあひ》サネ（三編下三〇頁上段）

弥次郎

此方等《こちとら》は英語《えいご》も佛語《ふつご》もしらねへし發明《はつめい》だといはれるほど才《さい》もねへが（三編下三〇頁上段）

北八

欲《よく》に發明《りかう》と馬鹿《ばか》がありやすおらツちのは馬鹿だから散財《さんざい》するのダ（一一編下一〇五頁下段）

右に述べてきたように、北八に使わせている漢語は、語義のズレや熟字訓的に振られた振り仮名としての漢語（「娼妓《ぢやうろ》」、「發明《りかう》」）であり、計量的な結果からだけでは見えてこないものがある。しかし、仮名の拾い読みができる程度で、語義の理解がないままに流行語の「議論」を「字論」と言い誤り、漢語を使う娼妓には「骨が折れて強勢《がうせい》よはらせ」られた北八の漢語の使用率が他の二人と変わらず、それゆえ彼の漢語アレルギーからすると、漢語使用が「多い」という感想を持つ。その「多さ」は、右で見たように使われている漢語の層に着目する必要はあるが、北八の漢語は、明治初期にあって、職人や女性の使う漢語とみることができるであろう。

弥次郎の会話に漢語が多いのは、北八とのやりとりのなかで（第二章Ⅰ【資料2】）、北八から「漢語図解なんぞをひねくりまはして」、「愉快だのといふことを二ツ三ツおぼへたとおもつて物知りめかすが此間《こないだ》まで何も知りもしねへくせにやたら高慢な語《こと》をい丶たがつて」と指摘されている人物像としての漢語使用ということである。その弥次郎にして、北八が言った「ナゼ〳〵しんきおうへんが何《なん》で片言《かたこと》だ」に対して「おいらア臨奇應変《りんきおうへん》といふは聞《きい》たがしんきおうへんは始てだ」と言うが、松井利彦（『近代漢語辞書の成立と展開』（笠間書院、一九九〇年）に指摘があるように、魯文は、「臨機応変」とあるべきところを「臨奇應変」として、弥次郎もまた生かじりの漢語通に過ぎないことを示しているのである。

通次郎は、「これは横はまの商家にて通弁をしたる男にて此度やとひてきたるなり」（二編上）という人物で、中国語も英語も話せるように設定されていて、「通次郎英語にてあつらへをしてやるとほどなくうしなべと洋酒をもちきたるに」（二編下）とあったり、「通次郎は異人等《ゐじんら》を制止《せいし》つつ英語《ゑいご》を以て次第《しだい》を問《きく》に」（二編下）と書かれていて、五編下末尾の六編予告では「船路千里《ふなぢせんり》九日の船中徒然の余り通次郎外國新聞を飜訳し普魯士《ふろいす》と佛蘭西《ふらんす》の大戰争《おほいくさ》を軍《かう》談師《しやくし》の口調に辨ずる」と実際に英語でのやりとりができて、読みもできる人物とされている。事実、英語でのやりとりを以下のように描いている。

アイヘフノヲモヲル。ストメツキわれらはもはやくふふくではないトいふ義なり○通次郎これをきいて「イスイツト。トルウそれはほんのことかト云義（三編上二七頁下段）

ただし、通次郎自身の自己紹介は、大方は嘘と読者には思わせるようにデフォルメされている。

コレ僕は苟《いやしく》も西洋《せいよう》の治教《じきやう》を学ンで航海《かうかい》の柱礎《ちうそ》[20]に選《ゑら》まれて來た男ダエビシの横文一字《あうぶんいちじ》一点海上《いつてんかいぜう》の東西南北《とうざいなんぼく》も分《わか》らねへおめへがたに商法《せうはう》の上《うへ》でこめられちやア天竺米《てんぢくまい》も食《く》ツちやア通《とふ》らねへ口幅《くちはゞ》ツてへ申ぶんだが十八のとき長崎《のがさき》から外國舩《ぐわいこくぶね》へ乗組《のりくみ》を頼ンで横濱《よこはま》の本《ほん》町一丁目へ着《つ》イたときは路用《ろよう》の遣《つか》ひ残《のこ》りが百と廿四文着《き》た儘《まゝ》の目的《もくてき》なしで弁天通《べんてんどふ》りの旅宿店《はたごや》へ碇泊《ていはく》をして取付《とりつ》イて當時《たうじ》英通次郎《はなぶさつうじろう》といへばサ交際《かうさい》十三國《ごく》の有名《いうめい》な異人《ゐじん》なら「ミス《尊》トル《稱》」とか「ブロ《兄》ゾル《貴》」とかいわれるのダ（一一編下一〇三頁上段）

それ故、今、指摘することはできないが、通次郎の漢語についても誇張された用法があることを注意しておかなければならないだろう。戯作文学における誇張については、「5　三人の漢語　目的」に引く土屋信一の論にその誇張をどう位置づけるかについての指摘がある。

5　三人の漢語

調査対象

初編から巻十一までの弥次郎、北八、通次郎の会話部を対象にして漢語を取り出した。漢語は和製漢語、漢語と和語とからなる混種語を含めて、その中から漢字二字からなる二字漢語を対象とした。

巻十二以降は、仮名垣魯文の手になるのではなく、「地理に明るき寛舩生（くわんせんせい）」と魯文自身が十一編の最後に、友人総生寛に執筆を依頼した旨を書いていて、十二編上の自序は「七杉子（みすぎよすぎ）總生寛」とある。興津要は、『明治開化期文學集（一）』の解題で、「總生寛執筆の部分は、魯文のそれとは大分調子が違っている」とする。また、佐藤武義は、人称代名詞を手がかりに調査して、初編～巻一一までと、巻一二以降とはその使用が異なることを明らかにしている（『万国航海西洋道中膝栗毛』の二著者の用語」『日本近代語研究4』二〇〇五年、ひつじ書房）。二人の作家の手になることによって、言語的に均質でない本書全体を対象とせずに、一一編までの魯文執筆部に限って調査を行なった。

目的

前項では、漢語の使用率を通して、三人の漢語使用のありようを見たのであるが、本項では三人の会話部の漢語を取り出して、明治初期の漢語の層の一斑を見ておこうとするものである。

しかし、本書は、魯文自身が「戯著」とし、「趣向新奇を競ひ標目未發なるを可なりとするがゆゑに弥次北八の三世の孫等外國廻りの滑稽をもて此稗史《さうし》の大意とす」（初編凡例）としているので、三人の会話は、戯作、滑稽の趣向を著すための強調があると思われる。それゆえ、彼らの使った漢語をそのまま当時の人々に置き換えることは用心しなければならない。土屋信一が『安愚楽鍋』の田舎武士の独白について、「戯作文学としての誇張であろう」とした、漢語を多用する人物の存在は事実して認めたとしても、「語句の一つ一つが、当時の会話文で使われていた語であるということを言ってはいけないと思う(21)」とした。

本稿も同様の考えで、魯文がどのように、明治初期の漢語を含んだ言語の状況をとらえていたかを調査によって明らかにして、それを一つの目安に明治初期の漢語の様相を見ておきたいと思う。

漢語の抜き出し

以下、初編〜一一編までの三人の会話部を対象として考察を加えることにする。弥次郎の漢語の一部を例として【資料5】に示した。（　）内が振り仮名である。

【資料5】

種類	例
①仮名書き漢語	あひさつ、あんべい、いつしよに、じぶん、いんがう、がうぎ、がうせへ、がつてん、かんじん、けんのん
②振り仮名が無い二字漢語	壱兩、学者、漢語、五分、工風、三丈、十兩、女郎、序文、小便、日本、毎日、妙案、六人、兩人、當時
③振り仮名が他の漢語・（ ）内が振り仮名	印度（てんじく）、妓主（ないしやう）、宮殿（ごてん）、牛肉（ぎう）、故國（こけう）、娼妓（ぢようろ）、俳優（やくしや）、楼上（にかい）、験者（ほういん）
④漢語の訛形が振り仮名	一躰（いつてへ）、一盃（いつぺゑ）、一枚（いちめへ）、一抔（いつぺい）／（いつぺゑ）、外聞（げへぶん）、總体（そうてへ）、苦界（くげへ）、現在（げんぜへ）
⑤振り仮名が表記に対応した漢語の二字漢字列	安堵（あんど）、暗記（あんき）、案内（あんない）、威勢（ゐせゐ）、椅子（ゐす）、異人（ゐじん）、異國（ゐこく）、遺憾（ゐかん）、遺恨（ゐこん）

冒頭に述べた漢語の層という観点からは、①、④が話し言葉に浸透している漢語であり、③なども それに準じたものであろう。③は表記の漢語（故國）がいわば難しい漢語であり、振り仮名の漢語（こけう）が日常語であるととらえられる。後に考察する漢語辞書の見出し語と語釈との関係でもある。⑤が話し言葉の世界からは距離のあるものと言えるが、これも、会話中に出る漢語であり、弥次郎、北八の会話に見える⑤の類の漢語は、明治初期の知識層でない人々が、気の置けない人とのくつろいだ会話に使う漢語と言えるものである。

右に述べたことを具体的に見るために、当時の漢語使用層の中では三人の中で、もっとも低い位置にある北八の仮名書きされた漢語（【資料6】）を例にとって見ておきたい。

北八の仮名書き漢語

【資料6】のなかで、二例以上の複数例全てが仮名書きの語は、「いんねん、ごめん、ごらん、さんだん、たいそう、ねつ、ぶん、ほら、ほんに、りくつ」である。[22]「一ぱい、御たいくつ、大めうじん」は、語のなかに漢字を含むので【資料6】から除いたが、江戸の黄表紙の漢字を考えると、「一、御、大」の漢字は、仮名に準じて考えることもできるので除かないという方法もある。「ぶんまいけへか」は「ぶんまいけへか《文明開化》」（八編下）とある（早稲田大学古典籍総合データベースによって萬笈閣本の本文を確認）。九編上の冒頭には「文明開化《ぶんめいかいくわ》の音《をと》がする」とある。国立国語研究所「日本語歴史コーパス」によって漢字表記の例も含めて、洒落本の例が検索できなかった語は、「いんねん、うんのん、さんば、たいそう、とうへんぼく、ゆうゆうかんかん」である。「しんきおうへん」は、『仕懸文庫』に「臨機応変」の例がある。

【資料6】

北八

いちばん、べたいちめん、いんねん、うんのん、ゑづ、ゑんりよもなく、（しんき）おうへん、かんずる、かんべん、がうせい（がうせへも含む）、きらくな、けんくわ、ごめん、ごらん、さんごじゆ、さんだん、さんば、しんき（おうへん）、しよざいがねへ、すいけう、ぜんてへ、たいそう（ごてへそうなも含む）、でへぶ、たいへん、だんな、ていしゆ、とうへんぼく、なんぎ、ねつ、ばか、ひつけう、ふしぎ、ふじゆう、ふせうち、ぶん、ぶんまいけへか（文明開化）、へんじ、ほら、ほんとう、ほんに、まいど、まく、むちう、やうす、ゆうゆうくわんくわん、りくつ、ろくなこと

また、以前、登録によって、個人のパソコンでも本文が閲覧できていた当時に用いた、国文学研究資料館「古典文学本文データベース」の『東海道中膝栗毛』を検索すると、共通する、仮名書きされている語は【資料7】の通

りであった。（　）内は『東海道中膝栗毛』での語形である。

【資料7】

いちばん、いんねん、ゐんりよもなく（ゐんりよはなく）、かんずる、けんくわ、ごめん、ごらん、さんごじゅ（さんご）、さんだん、ぜんてへ、たいそう（てへそうな）、でへぶ、たいへん、だんな、ていしゆ、なんぎ、ばか、ひつけう、ふしぎ、ふせうち（せうち）、ぶん、へんじ、ほんとう、ほんに、まく、むちう、やうす、りくつ、ろくなこと

【資料8】

	全体《ぜんたい》	全体《ぜんてへ》	ぜんたい	ぜんてへ
弥次郎	0	2	0	3
北八	0	1	0	5
通次郎	1	2	0	1

本来漢字表記される漢語を平仮名表記することで、彼らの日常語として写したのであろうと思われる。【資料6】では除いた「御たいくつ」「大めうじん」などもその中の一語であったと考えてよい。「全体」も「ぜんてへ」、「大層」も「ごてへそうな」という語形が示されていることも話し言葉に入り込んだ様子を表したものである。「ぜんてへ」は、『西洋道中膝栗毛』の対象とした箇所には会話部のみにあり、【資料8】のように弥次郎、北八は訛形のみの使用であり、「ぜんてへ」は日常語に深く入り込み、漢語しての漢字を思い浮かべることのない語であったもののようである。

また、北八についてのみの【資料6】の調査であったが、前代の洒落本に見える語が多い（七割）ことも、これら仮名表記された漢語が北八にとっての日常語であったことをうかがわせ、弥次郎、通次郎の仮名書きされた漢語も同様の性格をもっていた、と推測するのは許されるであろう。

6　振り仮名付の漢語

分類

振り仮名は大半の漢字表記の語に付けられていて、三人に共通することであるが、その振り仮名は【資料9】の様に分類できる。

【資料9】

（ア）振り仮名が漢語であるもの。

a漢字列の音読みであるもの。　毎日《まいにち》　着府《ちやくふ》

b漢字列の音読みとは異なるもの。　發明《りかう》　同伴《いつしよ》

（イ）振り仮名が和語であるもの。

a漢字列が「漢典」[23]に掲出されているもの。　佛國《ほとけぐに》

b漢字列の音読みが現代日本語にあるもの。　連立《つれだち》

c漢字列の音読みが現代日本語にないもの。　借受《かりうけ》

（ウ）振り仮名が外来語（洋語）であるもの。　電信機《てらがらふ》

（エ）振り仮名が漢字列の熟字訓とでもいえるもの。

a漢字列は「漢典」にあって、振り仮名は熟字訓のようなもの。　大概《おほかた》　幾何《いくばく》

b漢字列は「漢典」にはないが、音読したものが現代日本語にあるもので振り仮名は熟字訓になっているもの。　歩行《あゆみ》　融通《やりくり》

（エ）は、振り仮名は和語であるが、興津要『明治開化期文学の研究』（桜楓社、一九六八年）が引用する魯文の

文章（一五九頁）に「新聞《しんぶん》に傍訓《ふりがな》を添《そ》ふる者《もの》は字音《じおん》も共《とも》に俗訓《ぞくくん》とすべきは勿論《もちろん》なるをナンボ漢語《かんご》流行《はやり》の時世《じせい》なりとて漢語《かんご》に漢語《かんご》の假字《かな》をふらば文字《もじ》は讀《よ》めても義《ぎ》が解《わか》らず解《わか》らぬ者《もの》を訓《みちび》くが則《すなは》ち傍訓新聞《ふりがなしんぶん》の依《よつ》て來《きた》る所《ところ》ならん」（「魯文珍報」16号。興津が省略して引用した振り仮名も、国会図書館デジタルコレクションによって、すべて施した）とあるので、振り仮名は和語であるが、漢字表記の音読みが漢語（「漢典」に記載があるものに限った）である漢字列も、知識層の理解語であった漢語としてとりあげるべきであるが、振り仮名が和語であるので除いた。

なお、「そんなら何処《どこ》からだヨ」（二編下）は、「漢典」の「國語辭典」には「那裡、那兒。疑問之詞。」として、唐代の賀知章「回郷偶書詩二首之一」の「兒童相見不相識、笑問客從何處來?」と、「三國演義」の「久不相見、今居何處?」（第三回）があがっていて、古代中国語に出自のある「漢語」である。日本語では「いづく・いづこ」の漢字表記としては見えるが、「カショ」と音読みで用いることはないが、このようなものも、（エ）に属するものとした。

仮名書きの漢語、振り仮名のない漢語と【資料9】の（ア）をとりあげ、その中から漢字二字からなる二字漢語を取り出した。「無学文盲」、「文明開化」等の四字熟語は除いた。「御出張」、「御苦労」は接頭辞「御」を除いて二字漢語として「出張」、「苦労」でとった。「御託宣」の略であるとされる「御託」は「御託」でとり、「御免」もとった。また、同語の繰り返しである「奇妙奇妙」「降參降參」は、「奇妙」「降參」としてとった。

次節Ⅲでは、二字漢語に主眼をおいて整理をした結果（次節注6参照）を用いたが、本節Ⅱでは、表記に着目して整理した。それ故、北八の「世界」は、「せかい」、「せけへ」、振り仮名なしの「世界」三種類があるが、それぞれを二字漢語の振り仮名、訛化の振り仮名、振り仮名なしに分類したので、異なり語での計量ではない。

【資料10】

	ア	イ	ウ	エ	オ	合計
弥次郎	318	26	9	16	63	432
北八	379	18	13	21	36	467
通次郎	347	6	10	7	34	404

【資料11】

	①	②	漢語総数
弥次郎	10(2.5%)	23(5.8%)	397
北八	10(2.4%)	28(6.7%)	421
通次郎	20(5.5%)	17(4.7%)	361

①『新令字解』の見出し語との共通語数
②『新令字解』の語釈との共通語数

調査結果

【資料10】は、右に述べたように、表記の側から整理したものである。

ア＝「世界（せかい）」のように二字漢語の振り仮名が施されたもの

イ＝「せけへ（世界）」「でへぶ（大分）」のように訛形の振り仮名が施されているもの

ウ＝「土礎（どでへ）」「娼妓（じようろ）」のように漢字表記とはことなる漢語の振り仮名が施されているもの

エ＝振り仮名なしのもの

オ＝仮名書きのもの（二三四頁【資料6】とは基準が異なる）

7　『新令字解』との比較

『新令字解』について

松井利彦『近代漢語辞書の成立と展開』（笠間書院、一九九〇年）には、五系統の諸本があるとの指摘があり（一五〇頁）、また、異版もあって「本辞書の世評の高かった」ことを示しているとある。今、比較に用いた架蔵本は、松井が（3）とした、刊記が「官版／明治紀元辰十二月」とあり、版元が「東京日本橋南一丁目須原屋」とある版である。

調査結果

【資料11】の三人の漢語総数は、次節注6での基準で得た、表記の側から数えたのではなく、語から見た二字漢語の数である。それ故、「せかい」「せけへ」「世界」は「世界」

1として数えた。その結果、漢語総数は表記の側から整理した【資料10】の合計とは異なっている。

【資料12】

①『新令字解』の見出し語に見える漢語との共通漢語

弥次郎

安堵、遺憾、印度、開港、外国、器械、裁判、周旋、商法、脱走

北八

印度、開拓、外国、交際、航海、使節、商法、測量、脱走、文明

通次郎

遺憾、一洗、印度、因循、英国、応接、開拓、外国、旧弊、交際、航海、裁判、使節、商法、逗留、枢要、説得、戦争、文明、流連

②『新令字解』語釈中の漢語との共通漢語

弥次郎

異国、横着、格別、義理、近所、見識、現在、御殿、講釈、合点、残念、使者、自分、証拠、世界、世間、大層、天竺、土地、日本、発明、謀叛、約束

北八

威光、異國、議論、現在、降參、自分、承知、相談、大事、大將、天竺、發明、見識、御覧、交易、講釈、合点、証拠、酔狂、世界、政事、大層、沢山、土台、土地、難儀、日本、約束

通次郎

異国、近所、御用、交易、講釈、自分、承知、世界、騒動、大事、沢山、天地、土地、日本、発明、万国、

約束

【資料11】からは、弥次郎、北八は『新令字解』の見出し語の漢語と共通するよりも語釈の漢語と共通する漢語が多い。カイ二乗検定を行うと、有意水準0.01で有意差があるとする結果が得られる。通次郎の漢語は二人とは逆に、見出し語の漢語と共通する語は二人よりも多いのであるが、見出し語と語釈とに共通する割合の差に統計的な有意差があるものではない。弥次郎、北八の漢語は、『新令字解』の語釈の漢語との共通度が高いが、通次郎の漢語は、語釈、見出し語とほぼ同じ程度に共通していると言え、弥次郎、北八の漢語と通次郎の漢語との性格――層の違いが見てとれた。しかし、『新令字解』の見出し語との共通漢語が多い通次郎にしても、彼の二字漢語361のわずか5％弱である。三人の漢語は、「太政官日誌、行在所日誌、及び周旋家応酬」の用いた『新令字解』見出し語の漢語とは層を異にしていることは予想できたことであるが、このことを数値で確かめたことになる。

8　まとめ

以上の調査から次のことが言える。

①三人の漢語使用率は高くはない。

この「高くはない」が何と比べてかを言っておかないと何も言ったことにならないが、一つには、39.8％から6.1％の幅がある、【資料1】の鈴木の『安愚楽鍋』の調査結果と照らしあわせて、【資料2】の三人の12.4％～11.0％の漢語使用率は高くなく、低いということである。

また、一九五三年の国立国語研究所が行なった愛知県岡崎市の敬語調査を資料とした野元菊男「話しことばの中での漢語使用」（国立国語研究所論集1『ことばの研究第1集』一九五九年）では、漢語使用率は、男13.55％、11.83％で、平均12.7％と比較すると、三人の漢語は、ほぼ、話しことばの中の漢語含有率と並ぶとみてよい。結果のみを比較したきわめて粗雑な言い方であるが、三人の漢語含有率は、話しことばの中の漢語としては、平均的な数値であると思われる。ただし、魯文が、『安愚楽鍋』で、登場人物の漢語含有率に差をつけていたことに照らすと、高くはない層に属していると言えるのである。

②北八の漢語は語義などにおいて正統な漢語ではない使い方である。

すでに述べたように、松井利彦によって、『安愚楽鍋』の鄙武士の漢語使用について指摘されたことを、北八についても同様であることを確認した。鄙武士とされているように、揶揄された人物造形である。江戸の武士ではないだけに、より過剰なまでに武士らしくしようと使った漢語がまちがった使用であることで、鄙武士であることを自らがさらけ出してしまったのと同様に、北八は、知ったかぶり、背伸びをすることで、まちがった使い方をしてしまったわけである。

魯文の巧みな描写によって漢語使用の面から、『西洋道中膝栗毛』主人公三人の人物造形を見ることができるのである。

③『新令字解』との比較からは、見出し語の漢語と語釈の漢語の位相差を、三人の漢語使用からとらえることができた。新旧漢語の交替から取り残された、ことばの面で江戸と強く結びついている人々が、明治一〇年代ころまでは居たのである。

「家に不学の人なからしめん」（太政官布告第二一四号・被仰出書[24]）ために学制による義務教育が始まる。それは、学制の発布と同年の一八七二（明治五）年に「全国徴兵の詔」が発せられていることからも、教育の普及は、国民皆兵策とリンクされたものではあったが、それまでとは違って、多くの人が文字の読み書きができるようになる機会が到来した。しかし、就学率が高くなるには明治の末年を待つ必要があったし、学齢期を過ぎてしまった人々には、学制の恩恵はなく、すでに紹介した『浮雲』における使用人のように、教育の無い者は漢語が分からないという記述が生まれているのである。次節において、『漢語図解』を見るが、そこにおいても、三人の漢語との比較を行い、本節で述べたことを補強したい。

注

（1）『金田一博士古稀記念言語・民俗論叢』（三省堂出版、一九五三年。『漢語研究の構想』〔岩波書店、一九八四年七月〕に収録）

（2）「位相」ということでもあるが、譬喩として地層を用いて立体的にとらえようとして、「層」を用いることにした。

（3）William Elliot Griffis "The Mikado's Empire" 第2巻 "Personal Experiences, Observations, and Studies in Japan, 1870-1874"（第二版、一八七七年、ニューヨーク）の復刻版によった。Ⅰは"History Japan"で、Ⅰ、Ⅱの合冊である。同志社大学図書館ケーリー文庫には元版がある。なお、日本語訳は、山下英一訳『明治日本体験記』（東洋文庫、二一七頁）による。グリフスは脚注で、子どもが唐人と呼ぶのは、数世紀にわたって、中国人が日本の子どもが見聞する唯一の外国人であったからとし、長崎に住んだアメリカ人宣教師は、"orandajin（Hollander）"と呼ばれたことを紹介している。

（4）『福澤全集』（岩波書店）第一巻「緒言」所収。なお、〈当時〉を諭吉は文久（一八六一～一八六三）年間としているが、正しくは、慶応元（一八六五）年であるという（『福沢諭吉選集』第一巻、七一頁注記）。

（5）鈴木英夫「仮名垣魯文の語彙」（『講座日本語の語彙第六巻』明治書院、一九八二年）に、「異国」「外国」、「異国人」「異人」「外国人」についての考察がある。仮名垣魯文の作品で言えば、「外国人」の初出は、『西洋道中膝栗毛』であるという。なお『日本国語大辞典第二版』には『日本財政経済史料』三、安政六（一八五九）年五月《ママ》　日の「居留之外國人共見世賣之品、諸人買取之儀も、是又勝手次第たるべく候」が「外国人」の例の早い資料としてあがっている。なお、引用は国会図書館デジタルコレクションによった。

（6）森銑三『明治東京逸聞史』一巻、一八五頁による。JapanKnowledge のサイトにある『東洋文庫』（一九六九年）による。

（7）林大監修『角川小辞典9図説日本語―グラフで見ることばの姿』（角川書店、一九八二年）の六四頁～六七頁に紹介されている諸研究。

（8）注(7)にあげた『図説日本語』の六六頁にあがっている野元菊男「話しことばの中での漢語使用」（国立国語研究所論集1『ことばの研究』一九五九年）、土屋信一「話しことばの中の漢語」（「言語生活」169号、一九六五年）。

（9）http://www.kisc.meiji.ac.jp/~wonomasa/data03.htm に小野正弘作成の魯文の年譜がある。

（10）小林智賀平校訂『西洋道中膝栗毛』上巻（岩波文庫、一九五八年。今、一九八七年の再版によった）三〇頁。岩波文庫の上巻には小林の「解題　仮名垣魯文――人と作品」、下巻には「校訂覺書」、諸本の系統を「またがき」のなかに述べている。また、上、下巻ともに末尾に注釈があって参考になる。

（11）https://www.komazawa-u.ac.jp/~hagi/DB_seiyodoutyuhizakurige.xls

（12）【資料2】の数値から混種語の数値を除いた漢語の割合は、弥次郎12.9、北八11.4、通次郎11.6であり、【資料2】の漢語の割合は大きく変わることはない。

（13）なお、以下の引用は、『明治文学全集1』（筑摩書房、一九六六年）によったが、「ハ」で翻刻されている係助詞の「は」は平仮名になおした。ほぼ総ルビであるが、必要と思われる箇所のみにした。また、「早稲田大学古典籍総合データベース」のなかの柳田文庫藏本では「僕」の振り仮名は「ほく」であるが、『明治文学全集』は「ぼく」としている。このような原本との相違点はあるが、「全般的に云えば、原則として底本をそのまま生かした」とされる興津要氏の校定本文によった。また、引用にあたって漢字は通行字体によったものがある。

（14）『日本国語大辞典第二版』所引

（15）架蔵本によったが、『明治期漢語辞書大系28』に収められている。

（16）松井利彦『近代漢語辞書の成立と展開』（笠間書院、一九九〇年）

（17）所蔵を示さないものは架蔵本である。

（18）松井利彦「明治期漢語辞書の諸相」（『明治期漢語辞書大系別巻3』大空社、一九九七年）

（19）木村秀次「漢語「発見・発明」小考―『西国立志編』をめぐって―」（「国際経営・文化研究」12巻2号、二〇〇八年三月）

（20）右ルビに「ちうそ」、左ルビに「ハシラドダイ」

(21)『江戸・東京語研究—共通語への道』(勉誠出版、二〇〇九年)の第三章第二節「浮世風呂・浮世床の会話文の漢語使用率」二一三頁。

(22) 拙稿「黄表紙の漢字—江戸時代後期の庶民の文字生活—」(「大阪成蹊短期大学研究紀要」25号、一九八八年)で「黄表紙基本漢字」と仮称した七六字の漢字の中に「一、御、大」はある。本書二七〇頁参照。

(23) 三六万一九九八語の単語が検索可能なｗｅｂ上にある辞典である。検索の便宜から用いた。

(24) 国立教育政策研究所教育図書館のサイトによる。

Ⅲ　『西洋道中膝栗毛』主人公三人の漢語語彙

──『童蒙必讀漢語圖解』の漢語語彙と比較して──

1　はじめに

既に引用したとおり、『西洋道中膝栗毛』初編に、弥次郎と北八二人の言語生活を物語る装置として『漢語図解』が用いられている。『西洋道中膝栗毛』と『漢語図解』との関係については、早くに松井利彦に「漢語辞書の展開として成立した『漢語図解』が巧みに利用されている」の指摘がある。[1] 本節は、屋上屋を重ねることになるが、前節との関係で、明治初期、いわば庶民（この時代で言えば、権力を持たない非知識層）といわれる人々の中に漢語がどのように生きていたのかをみようとする観点から、『漢語図解』の漢語について言及しておくことにしたい。

「序に代えて」の初出では、副題に「多くの人々が話し・聞き・書き・読むことば」としたが、多くの人の読み書きの壁になっているのが漢語であるとされる。しかし、無限定に漢語全般とすることはできない。

国立国語研究所報告21『現代雑誌九十種の用語用字第一分冊―総記および語彙表―』（秀英出版、一九六二年）では、「問題・生活・会社・必要・関係・時間」は、約七二〇〇語のなかで、上位二〇〇語までに見える漢語である。「大きい・わかる・いれる・家」などの和語と度数（使われる回数）のうえで同じように使われている漢語である。「生活＝くらし」、「会社＝勤め先」、「必要＝いる」「関係＝かかわり」のように対応する和語があるが、その和語よりも使用度数は上位である。漢語の浸透の一例と言えるが、漢語をおおくの人々が（調査は雑誌であるから）読んでいるわけである。一方、「問題」「時間」は、対応する和語の「こと（使用度数順位五位）」「とき（同三六位）」があって、「問題・時間」の使用度数を大きくうわまわっているが、「こと・とき」は形式名詞でもあり、「問題・時間」の方が用法が狭く、使用頻度も大きくないのである。

使用頻度の高い語群に占める和語の度合いは多く、そのことが、異なり語数と延べ語数とで漢語と和語の占める割合が逆転していることは、日本語の語彙の特徴として知られていることであるが、国立国語研究所報告25『現代雑誌九十種の用語用字第三分冊―分析―』（秀英出版、一九六四年）によって、円グラフを表の形に直した表が【資料1】であり、【資料2】は、同書六〇頁「表2.7」をもとにして、人名・地名を除いて、私にまとめたものである。

【資料1】

	和語	漢語	外来語	混種語
異なり語数	36.7%	47.5%	9.8%	6.0%
延べ語数	53.9%	41.3%	2.9%	1.9%

【資料2】

度数	和語	漢語	外来語	混種語
175以上	180（61%）	109（37%）	3（1%）	4（1%）
64～50	146（50%）	131（45%）	11（4%）	5（1%）

現代（といっても調査時よりも半世紀以上経過している）のみでなく、『言海』の「言海採収語類別表」によっても和語（55.8％）、漢語（34.6％）であって、漢語は現代語ほどではないまでも「その全量に於いては半に近く」（山田孝雄『国語の中に於ける漢語の研究』宝文館、一九四〇年）占めているのである。その「半に近く」占めている漢語が庶民にとってどのような量的な存在であったのかを「童蒙必読」と角書され、理解を促すために絵が描かれている『漢語図解』（次項で詳説する。）の語彙調査を、まず行なっておこうと思う。

前節で考察した『新令字解』の見出し語と『漢語図解』の見出し語との共通漢語数は一五九語であり、『新令字解』の19.1％が共通している（【資料3】が二つの辞書の見出し語に共通している漢語）が、二割に満たない共通度は、『新令字解』と『漢語図解』の二つの辞書に載録されている見出し語が、基本的には新漢語という点で共通しているものの、二つの辞書で異なる語が多くとられている、と言ってよいと考えられる。前節では、『西洋道中膝栗毛』主人公三人の漢語と『新令字解』とを比較したが、本節では、『漢語図解』と三人の漢語について考察を行うことにする。

【資料3】

【ア】暗殺、【イ】委任、因循姑息、【ウ】宇内、迂遠、迂拙、迂途、【エ】叡聞、叡覧、営繕、穎悟、駅路、【オ】応援、応接、王師、王室、王政一新、【カ】下問、苛刻、回復、海外、灰滅、開港、割腹、渇望、寛洪、寛典、監察、艱難、肝脳塗地、【キ】危急、忌憚、忌諱、気運、欺罔、夾撃、梟首、協心、協同、匡済、驍健、驍勇、教諭、勤王、勤労、【ク】軍務、鰥寡孤独廃疾、【ケ】刑律、形勢、経緯、経歴、激励、闕下、建白、言路壅蔽、【コ】固辞、孤立、戸口、顧問、交際、口実、皇威、皇統、航海、荒廃、貢士、降伏、号旗、豪英、豪胆、【サ】佐幕、鎖国、採用、罪状、参内、参謀、斬殺、【シ】実効、邪僻、周旋、処置、商法、賞罰厳明、攘夷、宸襟、斟酌、【セ】政権、生活、聖徳、説得、【ソ】奏聞、巣窟、蒼生、測量、賊徒、齟齬【タ】大逆無道、大勲偉烈、脱走、探索、【チ】地毬、誅戮、徴辟、朝裁、朝廷、勅旨、陳述、【テ】定決、提督、敵扞、天職、点検、【ト】徒然、吶喊、屠腹、努力、督責、【ナ】内憂外患、【ニ】任侠、【ハ】舶来、莫大、幕府、跋扈、抜擢、判事、【ヒ】比較、疲弊、氷炭、廟算【フ】不軌、輻湊、不臣、不遜、布令、撫育、俘獲、物価沸騰、奮発、粉骨砕身、紛擾、文明、【ヘ】兵革、睥睨、辺陬、勉励、【ホ】捕亡、鳳闕、暴行、暴動【ミ】愍察、【ム】無頼、【ユ】宥恕、【リ】流連、【レ】励精、列藩、連署、【ロ】労逸、六軍、六師

2　『漢語図解』について

『漢語図解』については、どの漢語辞書の影響下で成立したかや、所収語の考察などは、松井の著書（注1）に

明らかであるが、ここでは、論の展開上必要なことについて、旧稿『漢語図解―索引と複製―』（私家版、一九九〇年七月）をもとにして触れておきたい。

『西洋道中膝栗毛』初編の『漢語図解』をめぐる記述は、松井をはじめこの時期を対象にした論には引用されているところでもあり、前節でも引用したところであるが、論の展開上再度引用しておく。いま、「明治文学全集1」の『明治開化期文學集（一）』（筑摩書房、一九六六年）によって引用する。また話者を示す「北」「弥」はポイントを落として示した。ほぼ総ルビに近く施されている振り仮名も同書に従ったが適宜略した。

吉田橋を渡りながら　北「トキニ弥次さん夕辺僕が処へ出た娼妓《ぢやうろ》は漢語ばかり遣やアがつて寐てからの話が贈《うけ》荅《こたへ》に骨が折れて強勢《がうせい》よはらせやアがつたヨ何でも彼妓《かれ》は儒者ばからしいと云見識《けんしき》だから学者の娘に遠へねへぜ　弥「足下《きさま》は又例の生博識《なまものじり》で漢語だか團子だか有頂天竺唐《から》夢中で寐言のやうな荅へをして女郎に意《はら》で甘がられたらう　北「ヲツト大ちがひそこは所謂鶏《とり》が鳴東京《とうけい》子ウのおかげにやアちよび助連に附合ツて新規《しんき》おうへんのごまかしで痴呆《こけ》をおどかしつけてゐるから五分に油揚寸法はずれや引出し遠へはないとこ唐人サ　弥「あんまりそうでもあるめへぜそういふ口の下からしんきおうへんなんぞといふ片言《かたこと》をいふから困るヨ　北「ナゼ〳〵しんきおうへんが何で片言だコリヤア一番字論《じろん》してへネ　弥「それ〳〵その字論といふからして議ろんといふのだはおいらア臨奇應変《りんきおうへん》といふは聞たがしんきおうへんは始てだ（中略）北「コウ〳〵弥次さんあんまり人の事は言はねへもんだぜ此頃漢語図解《かんごづかい》なんぞをひねくりまはして人參具《じんぐ》足《そく》だの　弥「ヲツトまつたり因循姑《いんじゆんこ》息《そく》の事だらう　北「そこが洒落だア黙止《だまつ》てゐねへヱ、渋扇《しぶせん》だの　弥「それも周旋《しうせん》　北「やかましい語呂でいふのだヱ、愉快《ゆくわい》だのといふことを二ツ三ツおぼへたとおもつて物知りめかすが此間《こないだ》まで何も知りもしねへくせにやたら高慢《かうまん》な語《こと》をい、たがつて豊臣太公房だの張子坊海尊だのといツテ町年寄《ちやうどしより》の佐《さ》はいさんに笑はれたらう（初編上、四頁）

書誌

『明治期漢語辞書大系5巻』（大空社）の土屋信一による解題にある書誌によって次に示した。奥付については諸本により異なっている。

■書名　題簽、見返し、「童蒙必読　漢語圖解」、柱題「漢語」／■編者　弄月亭（山々亭有人）著、一恵斎（恵斎）／■刊行　明治三（一八七〇）年秋／■刊行者　丁子屋平兵衛ほか二名／■構成　全三編　初編二〇丁、二編二〇丁、三編一九丁。初編は二丁表まで序文、二・三編は各一丁のみ序文／■配列　不定／■底本の匡郭（縦×横）序一五・一×一〇・三、本文一五・三×一〇・二

『漢語図解』は、本章Ⅰ（二一二頁）に示したように、漢語を掲げ、その語をイメージさせる画家一恵斎の手になる絵が添えられ、漢語の語義を原則として仮名で記したものである。ただし、見出し語の漢語には、レ点が付されて訓読されている語、和語と思われる語、慣用句なども含んでいて、字音語だけには限っていない。

この本はよく読まれたものと思われ、架蔵本に、初編、二編、三編からなる完本二冊と、初編のみのものが二冊ある他、二編と三編のみのものがあるが、古書店によく出ていて高い価格ではなく手に入れることができた。また、絵が付されていることもあって、何度も頁をくった手擦れのあとが、架蔵本のbとした本以外には濃く残っている。売れたことが異板を作り出すことにもなったようである。次頁に架蔵本の二種の扉、奥付を示す。

いま便宜上、初版と思われる初編のみ所蔵の架蔵本をa、拙著『漢語図解─索引と複製─』（私家版、一九九〇年）に用いた架蔵本の初編、二編、三編のある完本をbとする。【資料4】上段がa、下段がbである。表紙の色は、aはベンガラとでも言える色であるが、bは後述する国文学研究資料館電子資料館に公開されている画像の色と同色である。aは、奥付に《二編三編追々近刻》とあり、また、扉にbには記載がない「初輯」が見えるので、aを初版と考えていいのではないかと思われる。

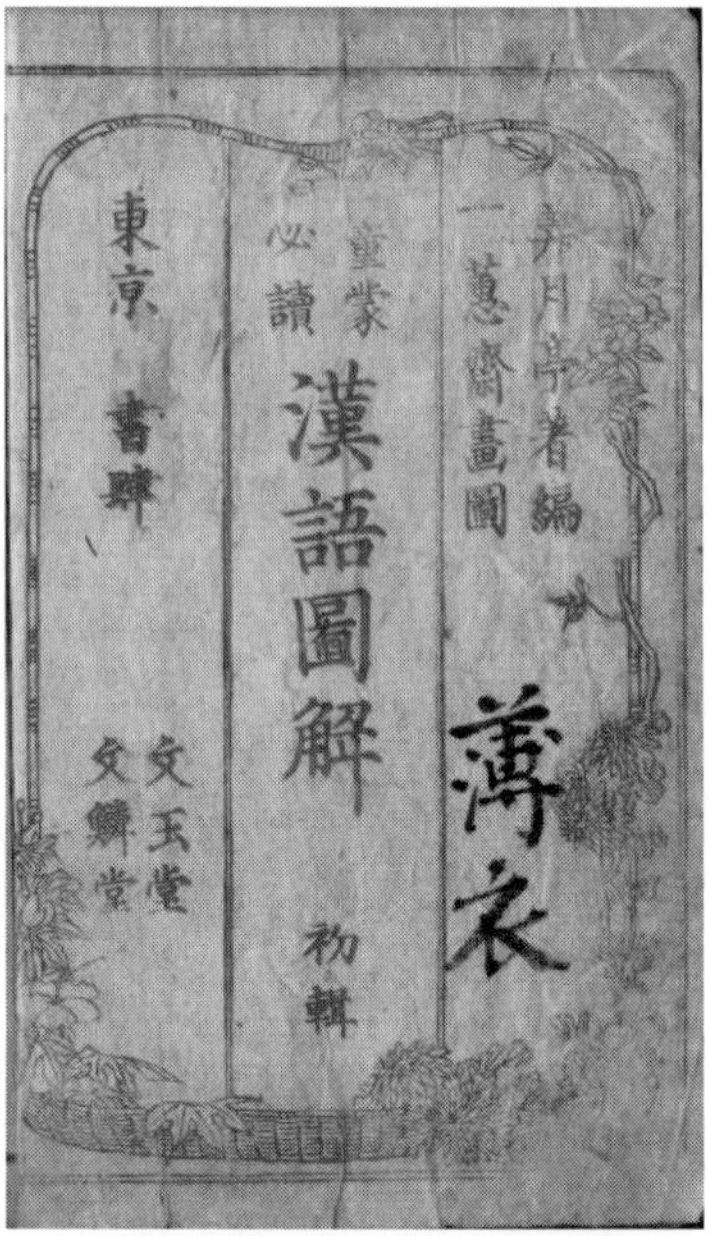
弄月亭著編
一蕙齋畫圖
童蒙必讀
漢語圖解
初輯
蕣衣
東京　書肆
文玉堂
文錦堂

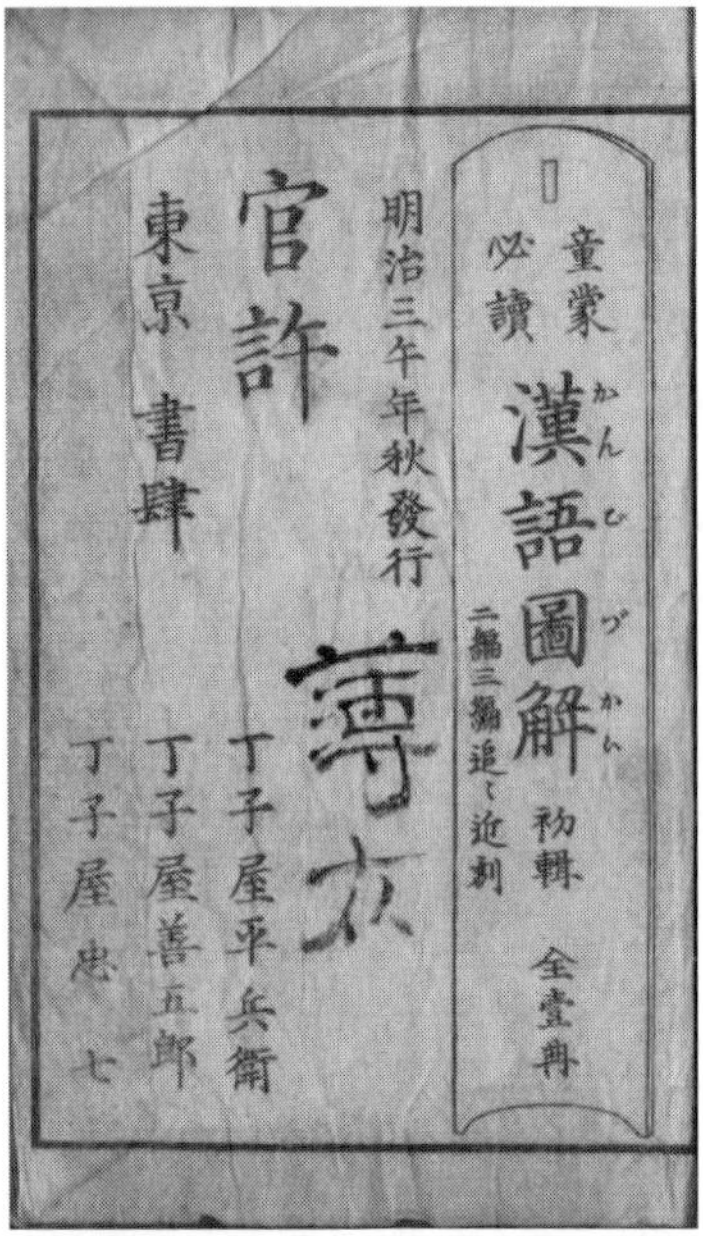
童蒙必讀
漢語圖解
初輯
全壹冊
二編三編追〻近刻
明治三年年秋發行
官許
蕣衣
東京　書肆
丁子屋平兵衛
丁子屋善五郎
丁子屋忠七

弄月亭著編
一蕙齋画圖
童蒙必讀
漢語圖解
東京書肆
文玉堂
文錦堂

東京
書肆

【資料4】（上段a、下段b）

小浜市立図書館酒井家文庫本（初編のみ）は、a本の「初輯」を欠く。いま、aとbとを比べると、架蔵本のaが欠いている題簽部分を比較の対象外とすれば、扉と奥書に違いがあるが、本文は同一である。『日本語の歴史6』（平凡社、一九六五年）二九九頁に掲載されている見返しの写真は、b本と同一である。また惣郷正明『目で見る明治の辞書』（辞典協会、一九八九年）掲載の扉は、a本と同じである。

画像から明らかなように、扉の「弄」（aは王の部分が⺷となる）、「漢」、「解」、「文」、「玉」の字体に違いがあり、「東京書肆」の京と書との間を詰めているか、空けているかの違いがある。また、奥付に記載されている書肆の数にも違いがある。なお、本によっては書肆の人数が同じでも人名が異なる。aの鶴屋喜右衛門が大嶋屋傳右衛門になっている本がある（後述）。

『漢語図解』の成立は序文に《明治三年庚午孟夏》とあるが、出版は初編一〇丁オに画かれている絵の中に、「明治三年午秋出板」と画かれた道標らしき絵がみえ、二編一〇丁ウの絵にも「明治三年午ノ秋」と画かれた杬らしき絵が見えるので、序文の成立から発行まで少なくとも三ヶ月近くの時間があったようである。

内題に「新刻書目一覧(2)」とある明治四年の序文をもつ『書目一覧』には、「漢語圖解　丁字屋忠七発兌　初編二編三編　三冊」（10丁オ）とあり、前述のようにaの奥付に《二編三編追々近刻》とあることからすれば、当初三冊本の予定であり、完本は初編・二編・三編の三冊であったものと考えてよいと思われる。

「国文学研究資料館電子資料館」には、三編のみの『漢語図解』が画像で閲覧できる。この本には架蔵本の三編のみの端本と同じく奥付の前頁に薬の宣伝文が入っている。しかし、奥付は、資料館蔵本と架蔵本の端本とは異なっている。資料館蔵本は【資料4】下段のb本と同じであるが、架蔵本はb本の「東京」とある部分が「官許」となっている。また、資料館蔵本の書肆にある「鶴屋喜右衛門」が架蔵本では「大嶋屋傳右衛門」となっている。

なお、香川大学付属図書館神原文庫本には三編のみが存し、扉、奥書ともにb本と同版である。

このように、異板が多いのであるが。扉にある「初輯」の有無で分類すれば二種、奥書に列挙される書肆で分類すると三種になる。

私家版を出したおりに、土屋信一氏から三冊合冊のご所蔵本の扉、奥書の複写の恵送を受けたが、その本を土屋氏蔵合冊本とすると、土屋氏蔵合冊本の扉はbと同一版木であるが、書肆は、和泉屋金右衛門の次に和泉屋勘右衛門が入り、丸屋庄五郎の代わりに椀屋喜兵衛が記されている。三編末尾の次に刊行書目の一葉がある。『明治期漢語辞書大系』所収の本書は、松井榮一氏蔵の三冊合冊本であるが、三編には刊行書目の一葉はない。

なお、国文学研究資料館電子資料館『日本古典籍総合目録データベース』での検索では次にあげる館の所蔵が得られる。すべて未見である。資料番号等は省略した。

1　童蒙必読／漢語図解、弘前市弘前図書館、2冊、初編三編存
2　童蒙必読／漢語図解、弘前市弘前図書館、1冊、第三編存
3　童蒙必読漢《ママ》語図解、茨城県歴史、明治3、1冊
4　童蒙必讀／漢語圖解、国学院高弦之舎、3冊
5　童蒙必読／漢語図解、宮教大図、1冊

作者

作者弄月亭は、『日本文学大辞典』（新潮社、一九三四〜一九三五年）の見出し項目「條野採菊」によると、別号として採菊山人・採菊道人・山々亭有人・東籬園等を持つ條野採菊のことで、本名を傳平と言い、江戸末期の人情本作者として活躍した。明治に入って一八七四（明治七）年、福地源一郎と「東京日日新聞」を興し、一八八六（明治一九）年には「やまと新聞」を経営する。また史実物として評判であった『近世紀聞』初編は彼の著であるとい

う。

「中外新聞」32（明治二年九月一七日。「早稲田大学古典籍総合データベース」による）は「曰。魯文道人仮名垣先生。曰。有人居士山々亭文宗。今代之京傳」と評している。『明治文学全集総索引』によって検索すると、やまと新聞社で採菊と机を並べた永井荷風は採菊について次のように書いている。

【資料5】

採菊山人は即山々亭有人にして仮名垣魯文の没後吾等後学の徒をして明治の世に江戸戯作者の風貌を窺知らしめしもの実にこの翁一人在りしのみ。（「書かでもの記」）

採菊は人情本の他に、『童解英語図解』（絵も『漢語図解』と同じく一惠齋＝落合芳幾）、『未味字解漢語都々逸』（明治文化全集に翻刻）、『唐詩選和解都々逸』『漢語消息』などを著している。『英語図解』は『マイクロフィルム版初期日本英学資料集成』（雄松堂出版、一九七六年）によった。『漢語消息』は架蔵本の画像を二章の扉に示した。

所収の漢語について

『漢語図解』所収の漢語については、『日本語の歴史6』二九九頁に初編の見出し語が五十音順に整理されて掲載されている。また、見出し語には『太政官布告』『五箇条の御誓文』『外国御応接之儀』などに見える漢語があることを指摘し、『漢語図解』の語彙の性格は、「その時代にはむしろ正統のものと考えられたもので、けっして、新流行のでたらめの造語ではなかった」（三〇二頁）とある。山田忠雄『近代國語辭書の歩み―その模倣と創意と―』（三省堂、一九八一年）には、編集の方法には《意義類聚の跡が窺われ》、所収の漢語は《訓みも解も　かなり良い加減のものが有り、最右翼に位する漢語が比較的少ないことを以て特徴》とすることができ、《漢語字類・同便覧との一致が少なからず指摘される》とある。山田忠雄の言う「かなり良い加減」は、漢語という語種的な性格に照らしてということであろう。

見出し語の漢語と語釈に用いられた漢語については、『日本語の歴史6』が、見出し語は、当時の人にとっては「たんに難解の語」（三〇六頁）、語釈中の漢語は、平仮名で書かれている事もあり「これらの〈俗漢語〉は、当時の子女たちのふつうに口にするところのもの」（三〇九頁）であるとして、二つの漢語の位相の違いを指摘した。見出し語の漢語について、松井は「布令・建白書・日誌のほか、漢籍からも掲出語が収集されている『漢語字類』や『新令字解』を承けて」（注(1)・三〇七頁）いるとされる。布令は別として、建白書、漢籍は、北八はもとより、『漢語図解』を「ひねくりまはして」いる弥次郎にとっても無縁とも言える世界である。それゆえ、北八は、『漢語図解』に載っている漢語を「二ツ三ツおぼへたとおもつて物知りめかす」弥次郎に、やたら高慢なことを言いたがると批難しているのである。

漢語辞書として同類である『新令字解』と共通する漢語は多くなかったので、『漢語図解』の見出し語の性格をみるために、「普通に用いられているような単語のみに制限したので、著者は本辞典をいっそうてらいの少ない本に作ったかもしれない」(3)と序文にある『和英語林集成』初版の見出し語と比較をすることで、本書の漢語の層をみてみたい。

『和英語林集成』の見出し語の性格は、外国人の日本語学習のために作られた見出し語の漢語というだけで、精しい語の性格については、前代の節用集類(4)、とりわけ『雅俗幼学新書』との関係が深い(5)という系譜について明らかにされてはいるが、それら前代の辞書から取捨選択した視点については明らかになっているのではないように思われる。それ故、比較することは便宜的なものであり、手がかりをつかんでみようと思うのである。

見出し語の漢語

漢語とはしたが、『漢語図解』の見出し語に挙がっている漢字列は、「應援《をうゑん》　かせいの事」（初編4丁ウ）のような二字漢語が基本であるが、中には「土木司《どぼくし》　おさくじをいふ」（初編7丁ウ）のように三字からなるもの、四字熟語「深謀遠慮《しんぼうゑんりよ》　のちのちまでのかんがへ」（三編7丁ウ）があるほか、漢語以外に次の様な見出し語がある。

①毛見《けみ》　不作《ふさく》をしらぶるやく（三編5丁ウ）
②攘《はらふ》ㇾ袂《へいを》　うでまくり（三編5丁オ）
③膾炙二人口一《じんかふにくはいしや》　皆《みな》人が評判《ひやうばん》をする（初編6丁オ）
④咽喉之地《いんがうのち》　だいじのばしよ（二編19丁ウ）
⑤莫逆之《ばくげきの》交《まじはり》　さからはぬつきあひ（初編8丁オ）

①は、「「検」の字音から「けみす」ができ、その「けみす」から「けみ」という言葉が生まれたと考えられる。」（『日本国語大辞典第二版』補注）とする考えもあるが、①は表記が「毛見」であり、漢語とは考えていないようであるが、『和英語林集成』との比較では「けみ」として検索した。『和英語林集成』には「KEMI.— szru、ケミ、閲」とあるので『和英語林集成』に見える語とした。なお、この語に『和英語林集成』は、文章語、あるいは廃語とする記号を付けている。②は振り仮名が語釈でもあるが、「攘袂」は『漢書』にあり（『漢語大詞典』による）、こうした類の見出し語は漢音で読み、漢語として『和英語林集成』を検索した。③の類は「膾炙」「人口」のように二語に分けて検索する方法もあるが、見出し語としてあがっているので、「人口に膾炙」で検索した。④についても「咽喉」と「地」に分けると「地」は『和英語林集成』にあり、⑤も「莫逆」と「友」とすると、「友」は見出し語にあり「朋友・友人」が類義語としてあがっている。これら④、⑤の類についても「咽喉の地」「莫逆の友」で検索した。

『漢語図解』には、見出し語が重複してあがっている。しかし、語釈は、同じ「かなしい」とする「哀激」もあれば、「それとすばやくさとる」(初編)、「すばやくさとる」(三編)とやや異なる語釈をしている「穎悟」、「放心」も「むちうになる」(初編)、「うはのそら」(三編)と異なる語釈をしているものもある。

哀激、穎悟、渇望、敢諫、勤王、挫鋒、冗劇、致意、放心、吶喊、攘袂

これら重複している一一語を各一語として数えて『和英語林集成』との検索の対象とした見出し語の異なり漢語(漢字列)は、八三三語である。

語釈中の漢語

二五五頁の①から⑤にあげた見出し語の語釈を例にして言えば、①の「やく(役)」③の「評判」、④の「だいじ(大事)」が語釈中の漢語であるが、「ばしよ(場所)」も混種語としてとりあげた。

なお、③では漢字表記が「皆・人・評判」とあり、「皆・評判」には振り仮名があり、「人」には振り仮名がないこと、「天子」「大臣」は振り仮名を付された漢字表記であること、「大将」は「大しやう」と「大」のみ漢字表記であること、「こと」も「事」として漢字表記されることが多く、「女郎」「女郎屋」は漢字表記であることなどの表記のうえでの特徴が見られる。この表記上の特徴からは、『漢語図解』の読者層――角書にある「童蒙」の識字のありようが、江戸時代の黄表紙の読者層と繋がることがうかがえるのであるが、本稿では漢字表記であるかどうかは、考慮に入れずに考察を行なった。なお、「御支配」「御相談」「諸大名」「天子様」「天子さま」は、「支配、相談、大名、天子」での一致をとったので、「御支配」と「支配」の類は異なり語一とした。これらの五語を除いた、語釈中の漢語は二四〇語である。

3　『和英語林集成』見出し語との一致率

また、見出し語、語釈中の漢語と『和英語林集成』の見出し語との一致については、次の基準で調査した。
①語釈の漢語の表記については、『漢語図解』では大半が仮名書きであることで、『和英語林集成』の英語で示された語義、示されている類義語によって、語釈の漢語と同義かどうかを判断した。例えば、"I-KEN"は「異見」と漢字表記がされているが、語義の一つに"opinion"があるので、「敢諫　おしきつていけんをする」(二編13丁オ)の「いけん」と一致していると考えた。また"AKU-TAI"の項目ではsyn. AKKōとあるのによって「罵詈　あくたいをつく」の「あくたい」であると考えた。
②「御」「様」「大」「諸」の付いた語は、それらを除いた語形(「御愛撫→愛撫」「天子様→天子」「大悪党→悪党」「諸大名→大名」)で調査した。
③語釈「きにいる」は、見出し語"KI"の例文に"ki ni iru"とあるので、『和英語林集成』にあるとした。
④語釈「やくそくする」は、見出し語"YAKUSOKU"の例文に"yak'sokuuo suur"とあり、「約束する」に準じたものとして『和英語林集成』にあるとしたが、基本的には漢語サ変は、サ変を除いた漢語が『和英語林集成』にあれば一致しているとした。
⑤複合語は複合語の語形での一致を基準とした。「謿詠　じやうだんぐち」は、『和英語林集成』に"joke"の語義記述があり、"syn. TAWAMURE"とある「JŌ-DAN 情断」はあるが、"JODANGUCHI"の語形があがっていないので一致とは考えていない。
『和英語林集成』の検索にあたっては、複製本(北辰、一九六六年)と「明治学院大学『和英語林集成』デジタルアーカイブス」にある検索機能を用いた。『和英語林集成』初版のローマ字がヘボン式が完成する前であり、検索

機能に、初版の綴りに変換してくれる機能があるものの、見落としを恐れるが、結果からするといくつかの見落としがあったとしても、考察には大きな修正は必要ないものと思われる。%は小数点第一位を四捨五入した。

『漢語図解』の見出し語（八三三）で和英語林集成にある語　一二九語（15%）

『漢語図解』の語釈中の漢語（二四〇）で和英語林集成にある語　一九九語（83%）

また、『和英語林集成』に見える『漢語図解』の見出し語の漢語の中の36%（一二九語中四七語）が、文章語か、使われなくなった語である記号が付されている。ヘボンはこの記号を第三版では用いていないので、検証を必要とするが、記号が付された語が36%あることは、『漢語図解』の見出し語にあげられている漢語がきわめて文章語的であり、日常会話に出ることが少ない漢語であることを示している。一方の語釈中の漢語は、見出し語の漢語とは逆に、文章語もしくは廃語とされる語は「議論・虚弱・印・光明・士・兵士」の六語であり、会話では使われなかったり、江戸の言葉ではないとされるのは「頑是ない」（いずれも漢字は筆者が宛てた）の一語であり、七語は一九九語中の4%である。

以上の調査からは、『和英語林集成』所収語の語をヘボンの序文の記述に従って、見出し語は「普通に用いられているような単語のみに制限し」てあるとすると、その見出し語と共通することの少ない『漢語図解』の見出し語は、「普通に用いられて」いない漢語、共通度が高い語釈に見える漢語は「普通に用いられている」漢語とすることができる。この結果は、とくに『和英語林集成』と照らし合わせる調査をするまでもなく、前述した『日本語の歴史6』の記述にあるように、見出し語の漢語と語釈の漢語の違いで明らかでもある。『漢語図解』の見出し語は、弄月亭の序文に、「婦幼の徒の中には、耳に聴、口に唱て意に綍《こと》を知ざる者」があるので、漢語に「鄙語片言を附して是を解」したとある。書名にもあるように「童蒙」が漢語の語義を解せるように語釈を加えたのであるから、語釈は童蒙が理解可能な語が用いられている易しい漢語と言えるわけである。今、『和英語林集成』とつきあわせた結果、『漢語図解』序文の言を確認したということである。

4　『西洋道中膝栗毛』三人の漢語と『漢語図解』

『西洋道中膝栗毛』の三人の会話に使われている二字漢語と、『漢語図解』の見出し語の漢語、語釈の漢語との共通する漢語についてまとめたのが【資料6】である。前述したように、『漢語図解』見出し語は八三三語、語釈中の漢語は二四〇語である。(6)

（1）弥次郎の漢語

『漢語図解』見出し語との共通語

開港、散財、周旋、商法、赤心、脱走、博識

『漢語図解』語釈の中の漢語との共通語

異国、一緒、外国、格別、勘定、金札、芸者、見識、見物、女郎、冗談（口）、世界、世間、世話、前後、大層、弟子（入り）、日本、馬鹿、番頭、病人、坊主、謀反、夢中、門番、役者、約束

（2）北八の漢語

『漢語図解』見出し語との共通語

軍艦、交際、航海、散財、商法、測量、脱走、楮幣、文明、愉快

『漢語図解』語釈の中の漢語との共通語

異国、医者、外国、勘定、議論、金札、兄弟、稽古、芸者、見識、見物、御覧、交易、降参、座敷、師匠、女郎、世界、世話、相談、大事、大将、大層、知恵、難儀、難渋、日本、馬鹿、半途、坊主、夢中、門番、約束

【資料6】百分比の分母は各人物の使用二字漢語

	『漢語図解』見出し語との共通語	『漢語図解』語釈の中の漢語との共通語	使用二字漢語数
弥次郎	7（2%）	27（7%）	397
北八	10（2%）	33（8%）	421
通次郎	17（5%）	19（5%）	361

（3）通次郎の漢語

『漢語図解』見出し語との共通語

意気、因循、応接、貨幣、愚弄、後朝、交際、航海、散財、商法、説得、碇泊、伝聞、文明、方今、愉快、流連

『漢語図解』語釈の中の漢語との共通語

異国、外国、勘定、兄弟、見物、交易、巧者、女郎、世界、騒動、達者、渡海、日本、病人、坊主、約束、油断、様子、用心

5　おわりに

【資料6】からは、弥次郎、北八については、見出し語の漢語よりも語釈の漢語と共通している割合が、有為の差で大きいことが言える。この点は調査以前から予測されることではあった。ただし、通次郎の結果は、見出し語の漢語との共通度が語釈の漢語との共通度よりも高いだろうという予測と違っている。通次郎にしても『漢語図解』の見出し語と共通する語の割合は5%である。【資料6】を手がかりにして言えば、総じて、『西洋道中膝栗毛』の三人の漢語は、新漢語からは遠く、江戸とのつながりが深いものであったのであろう。

なお、会話中に見える漢語については、すでに小野正弘に『源氏物語』を対象とした大きな調査(7)があり、会話を対象とするときは誰と誰との会話であるかを考慮に入れる必要があることが指摘されている。本稿は、会話の相手を考慮しての調査ではなかったが、通次郎の相手が多くは弥次郎、北八であったことを考えると、前節【資料2】で、通次郎の漢語率が他

の二人と同じか、弥次郎よりも小さかったのは、調査した言語量が他の二人と違っていたからでもあるが、会話の相手が漢語使用率の低い、弥次郎、北八であったからということにも起因していたということも考慮に入れておく必要があると思うのである。

注

（1）『近代漢語辞書の成立と展開』（笠間書院、一九九〇年）の第四章二、三〇八頁。なお、「あとがき」によると、第四章の二は一九七五年に書かれた「漢語辞書の展開」（「京都教育大学国文学会誌」13号、一九七七年）論から「取り出した『未味字解漢語都々逸』に関する箇所と、新たに書き加えた『漢語図解』についての考察とから成っている」とある。

（2）『明治文化資料叢書第7巻』（風間書房、一九七二年）所収の複製による。説明がないのであるが、複製一頁に【中扉　原本ニナシ】とした右に「新刊書目一覧　二」とある。『明治文化資料叢書』により「新刻書目一覧」として引用した。

（3）今、一九六六年に北辰から出された複製本の松村明の解説中にある訳文によった。原文は"He might have made it a less pretentious volume, confining himself to only such words as are in common use."

（4）飛田良文「和英語林集成の語彙の性格―江戸後期の節用集との比較から―」（「文芸研究」50号、一九六五年六月）

（5）木村一「『和英語林集成』「原稿」が依拠した一書『雅俗幼学新書』との関わり」（「日本語の研究」1巻2号、二〇〇五年四月）

（6）北八の漢語を例にして言えば、「怪僧」に「おほにうだう」と表記の読み（くわいそう）と異なる振り仮名が振られている類については、振り仮名の「おほにうどう」を私に「大入道」の表記にして、「大」を除いた「入道」を二字漢語として採り、「怪僧」は採っていない。また、「御苦労」など接頭辞「御」のついた語は「御」を除いた「苦労」を、「女郎屋」は「女郎」として二字漢語の形で採った。このように、『西洋道中膝栗毛』の語形そのものでなく、操作を行なって得たものを比較の対照に用いた。

（7）小野正弘「『源氏物語』における女性と漢語」（和洋女子大学編『東アジアの文学・言語・文化と女性』武蔵野書院、二〇一四年）

（付記）『漢語図解』の閲覧にあたっては、香川大学付属図書館、小浜市立図書館のお世話になった。また、土屋信一氏には本文中に触れたように、資料の複写をいただくなど多くの教示を得た。

第五章　おわりに

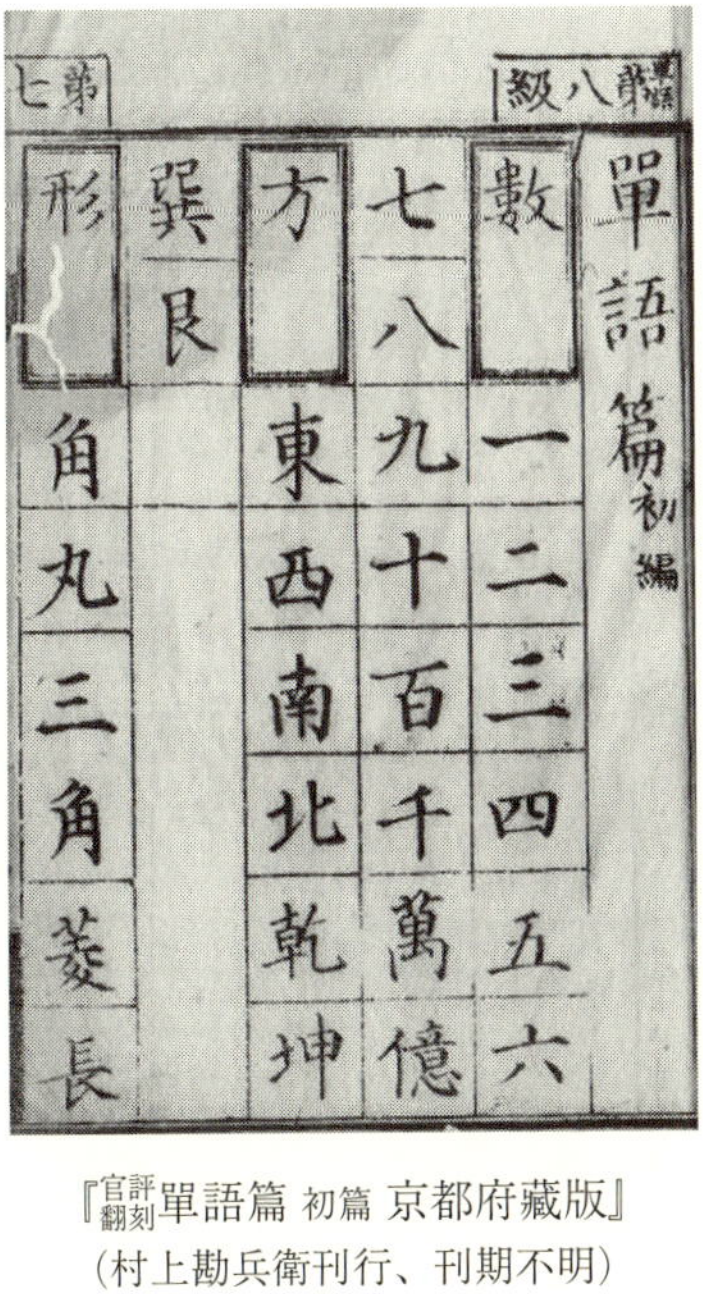

單語篇 初編

數
一
二
三
四
五
六

七
八
九
十
百
千
萬
億

方
東
西
南
北
乾
坤

巽
艮

形
角
丸
三角
菱
長

『官評翻刻單語篇 初篇 京都府藏版』
（村上勘兵衛刊行、刊期不明）

小学校での漢字学習

明治政府は、近代国家として世界からの公認を得るために、帝国憲法（一八八九［明治二二］年）の制定、帝国議会（一八九〇［明治二三］年）の設立によって、議会制民主主義の形をとって出発した。それよりも二〇年近く前に「邑ニ不學ノ戸ナク家ニ不學ノ人ナカラシメン事ヲ期ス」とした「学制」を施行する。これと同時に、「徴兵の詔」「徴兵告諭」が布告された。二つの布告を並べると、学制は、徴兵令とリンクされていたものであったと見えてくる。軍隊内には文書の伝達があり、さまざまな状況に対処するには、読むことは必須であったであろう。

軍隊関係者のどの階級の者が読むことを義務づけられていたのかについては、先行研究について未調査で事情を知らずにいるが、一八八八（明治二一）年に制定された「陸軍の軍隊内における日常生活の起居動作を規定するとともに、連隊内の各職員の職務権限と諸勤務の内容を定めた規則書」（『国史大辞典』）である、『軍隊内務書』のごく一部（第十一章命令下達、第十二章兵營及室内装置の部分で、本文二四四頁の内一二頁、二五六一文字）を対象として、そこに使われている漢字を取り出した。調査の対象としたのは、一九〇八（明治四一）年に発行された版である（国会図書館デジタルコレクションによる）。調査の結果は、【資料1】にあげた。配列はJIS漢字順である。

【資料1】

扱、以、依、囲、委、尉、意、遺、育、一、印、員、引、厩、永、衛、越、閲、於、汚、下、何、加、可、果、架、火、花、械、灰、界、開、外、害、概、碍、該、各、格、確、隔、掛、官、干、患、換、監、看、管、簡、貫、関、含、危、器、基、期、棄、季、紀、記、宜、戯、義、詰、久、休、及、急、級、給、居、許、共、教、狭、業、近、九、具、靴、訓、軍、係、掲、繋、計、撃、潔、結、月、件、兼、見、原、限、古、庫、故、顧、五、互、後、誤、護、交、候、効、口、工、校、構、考、行、講、項、高、合、刻、告、込、此、砂、座、載、在、窄、索、刷、札、三、使、司、四、士、始、指、施、旨、氏、紙、至、視、試、事、字、持、時、次、治、示、而、自、七、室、舎、射、捨、者、車、若、主、取、守、手、種、趣、酒、首、受、樹、周、習、週、集、十、従、獣、銃、宿、出、準、順、所、緒、書、諸、序、除、唱、少、廠、承、省、障、上、乗、場、常、飾、植、食、信、寝、振、浸、診、塵、迅、陣、垂、水、炊、是、制、成、整、正、清、生、席、責、設、節、先、洗、染、選、然、全、曾、礎、倉、掃、操、曹、相、窓、草、装、造、足、速、卒、其、存、他、隊、大、第、濯、但、達、脱、棚、単、段、知、地、置、致、中、注、貯、丁、張、朝、長、通、剃、定、底、庭、締、蹄、摘、適、徹、貼、電、途、都、度、套、燈、等、統、同、堂、得、特、内、二、日、入、如、尿、任、認、年、念、之、納、能、馬、配、泊、箱、八、髪、班、番、否、被、避、飛、備、髭、必、筆、謬、標、病、品、不、付、普、負、附、部、風、副、復、服、物、分、糞、文、兵、並、閉、別、編、便、勉、保、補、報、方、法、砲、傍、防、奔、本、凡、毎、亦、又、務、名、命、面、妄、木、問、約、油、有、遊、容、用、要、養、浴、覧、利、履、理、離、率、立、溜、慮、療、良、量、領、力、類、令、例、列、練、聯、連、廊、漏、六、録、豫、會、傅、傳、區、厠、參、營、嚴、圖、壺、實、將、屬、惡、應、擔、數、斷、氣、爲、獨、當、痰、發、總、臺、與、藏、藥、號、觀、證、讀、醫、鐵、關、體

【資料1】の四三八字の異なり字を、当時の文字教育に照らして見ておきたい。

国定教科書は、明治二〇年から検定制度が運営され[1]、何を何時間教えるかという現行の「学校教育法施行規則」にあたる「小学校令施行規則」（一九〇五〔明治三八〕年）が制定され、そこで、尋常小学校で教える漢字が定められている。それによると、総漢字数は一二〇〇字である。【資料1】の資料とした『軍隊内務書』は一九〇八（明治四一）年のものであるので、この「施行規則」の一二〇〇字の漢字と対照した。

結果は、【資料1】にみえる漢字は、三三〇字で、【資料1】の77％にあたる。一方、『軍隊内務書』にあって、

「小学校令施行規則」にない漢字は、一〇八字である。その一〇八字をJIS漢字順で【資料2】にあげた。

【資料2】

尉、員、厩、永、衛、閲、汚、架、概、碍、該、格、確、隔、干、患、換、監、看、管、簡、観、含、棄、季、戯、繋、撃、厳、庫、顧、誤、護、効、構、項、座、窄、索、刷、司、氏、視、而、舎、樹、準、序、廠、寝、浸、診、塵、迅、陣、炊、制、整、曽、礎、操、曹、装、蔵、濯、脱、棚、担、剃、蹄、摘、徹、貼、套、統、独、尿、泊、班、髭、謬、標、普、副、糞、編、傍、奔、亦、妄、予、与、欲、覧、離、率、溜、慮、練、聯、廊、漏、録、傳、厠、壺、痰、鐵

なお、一九一一（明治四四）年に国定教科書が改訂され、それを承けて出版された、一九一一（明治四四）年発行の『漢字通覧—国定読本』がある。「尋常讀本十二冊にあらはれたる新字一三六〇字[2]及び之に連係せる普通文字を通覧し」て、父兄の手引き、中等生の「日用漢字に対する普及をはかる目的」で編纂したものであるという（緒言）。改訂国定読本では、改正前と比較して単純計算では、一五〇字ほど学習する漢字が増えている。削除、増補された結果が一五〇字ほどの増ということである、人偏の漢字についてのみ見ておくと【資料3】のようである。

【資料3】＊巻11、巻12とあるのは、6年生の教科書、巻8は四年生の教科書をさす。

『改訂読本』で削除された漢字（改訂前にあった漢字）俄、佳、倦、傘、促、俸、伏、伺

『改訂読本』で増補された漢字（改訂前になかった漢字）介、仇、侯、侍、傍

介：「魚介」巻12／仇：「父の仇」巻11／侯：「諸侯」巻12

侍：「かたはらに侍す」巻8／「御前に侍る」巻10／傍：「路傍」巻11・「傍の石」巻12

二〇一七年三月に告示され、移行期間を経て二〇二〇年度より全面実施される学習指導要領「国語」に記載される「学年別漢字配当表」では、都道府県名の漢字（茨、媛、岡、潟、岐、熊、香、佐、埼、崎、滋、鹿、縄、井、沖、

栃、奈、梨、阪、阜）二〇字が新しく加えられて、小学生が学習する漢字は一〇二六字になるが、明治から第二次世界大戦終了前までの小学生に比して三〇〇字程度少ない。しかし、一九八九（平成元）年に現行の一〇〇六字とされるまでは、「当用漢字表」一八五〇字の「別表」として、一九四八年に八八一字が「教育漢字表」にあげられ、小学校での学習漢字とされてきた字数よりも多くなっている。

字の読めない親と字が読める子

漢字の数には多・少があるが、基本的には、子どもたちの学習負担を軽減する漢字の制限がおこなわれてきた。一九四五年の終戦の三年後に告示された「教育漢字表」は、「当用漢字表」とともに負担を軽減しようとする思いが強いものであった。漢字で書かれた文書が存在する日本語の世界では、漢字を無くするという議論は空論のように思われる。しかし、かつて漢字を用いていた隣国の文字改革をみれば、過去の文献を読むことを問題視しなければ、分かち書き、そのためには単語の認定などの課題があるが、全てを仮名書きにすることも不可能なことではないと思えるが、同音異義の多い語彙の問題もあって現実には難しい。

しかし、漢字が非識字層の前に立ちはだかる大きな問題としてあったことは、文書による伝達が一般的になった江戸以降、笑い話のなかに「漢字が読めない」人を笑う話が取り上げられていたことからも明らかであり、漢字の習得は非識字層にとっては、苦痛ともいえる課題であった。

明治政府による「学制」の公布によって、全ての子どもを通学させることが義務となり、経済的に通学することが可能で、学ぶことのできた子どもは、親からも重宝がられていたことが、飛田良文が引く（『近代日本語と漢字』『漢字講座8』明治書院、一九八八年）【資料4】の記述からも明らかである。

【資料4】＊河竹黙阿弥『女書生』（正式には『富士額男女繁山《ふじびたひつくばのしげやま》』で、『女書生』は通称）。明治一〇（一八七七）年東京新

富座初演。今、河竹糸女補修、河竹繁俊校訂編纂『默阿彌全集第一二巻』（春陽堂、一九二五年）によった。総ルビであるが、振り仮名は省略し、漢字は現行字体で引用した。

梅（植木屋ぼく梅）(3)：今差配人の権兵衛さんから、是れは急なお触れゆゑ、早く廻せといはれたから、喜三公の所へ持つて行くのだ。
竹（植木屋藪竹）：急なお触れといふのは、何のお触れだぇ。
梅：聞かれてまことに面目ないが、倅は牛島学校へ六つの年から上げたお蔭で、どんなむづかしいお触れでもさつさと読めるけれど、おれは少しも読めねぇから、倅が居ねぇ其時は、只判を押して廻すばかりだ。
竹：おれの所もやつぱりさうだ、娘が居ねぇとお触れは読めねぇ、これを思ふと子供を持つたら、早く学校へ上げにやいけねぇ。
竹：よく戸長さんが其事を、村の者に諭すけれど、困つて見にやあ学校の有難い所が分らねぇ。
梅：おれ達と違つて竹公は、少しは目が明いて居るから、何のお触れか読んでみてくれ。
竹：此頃のお触れには、大概仮名がふつてあるから、読めない事はねぇ筈だが。
梅：其仮名からして読めねぇから、まあ手前読んでくれ。
竹：どれ〳〵、それぢやあ読んでやらう。（ト触書《ふれがき》を取り、）「浄瑠璃名題―。」
　　ト太夫連名役人替名を読む、
松（植木屋ひょろ松）：こう、お触れにしちやあ可笑しいな。
梅：こりやあ何か間違つたのだらう。（四幕目大切―隅田川道行の場、五六八頁）

仮名は読めるが漢字は読めない「藪竹」と、仮名も読めない「ひよろ松」「ぼく梅」の会話である。漢字の読めない「竹」の娘は、学校に行っていて漢字が読めるのである。六つの年から小学校に行っている「梅」の息子も

「どんなお触れでもさつさと読める」ようになっている。学制施行が明治五年、設定されている年が初演の明治一〇年とすると、息子は、五年生か六年生である。一二〇〇字に近い漢字が読めるとお触れは読むことができる、という書きぶりである。

形の上で議会制民主主義での統治体制をとっている明治政府は、小学校を卒業した国民は法律が読めることを前提としていなくてはならない。現代の法律や役所の出す公文書に用いられる常用漢字は、中学校までの義務教育で学習することになっている「常用漢字表」にある漢字の音訓を用いることを義務づけられている。明治のお触れもまた、「藪竹」が言っている「此頃のお触れには、大概仮名がふつてあ」って、国民が読めることを前提として公布されていたことになる。(4)「早稲田大学古典籍総合データーベース」には『かなつけおふれかき』がある。定価三銭五厘とあるので、無償配布ではなく買い求める必要があったようである。単に振り仮名を付けたのではなく、「舊來」には右ルビに「きうらい」、左ルビに「もとより」、「官廳」には右ルビ「くはんてふ」、左ルビ「やくしよ」のように、読みと語義とをふっていて、理解の助けとしている。

日常に文字が入り込み、池上禎造が指摘するように（「言語生活の変遷」『講座現代語2』明治書院、一九六四年）、読めなかったり、書けなかったりすると困る状況が生まれてきたことになる。第四章で見た『漢語図解』の類が出版され、識字層の下の方に属する弥次郎などが読むということが生じてきたのである。一定の漢字が読めるという識字層は、前代までにもかなりの層が存在していたと思われる。

江戸時代一八世紀後半から一九世紀初頭に発刊された、絵が入っていて総頁数も二〇頁ほどで、そば一杯分くらいで買うことができた黄表紙の漢字―振り仮名は付けられていない―には、**【資料5】**のような漢字があり、これらの漢字を仮名に準じて読むことができる層があったのである。

【資料5】＊黄表紙二〇作品を対象として調査し、共通作品数一一以上、使用度数二〇以上の漢字である（拙稿「黄表紙の漢字―江戸時代後期の庶民の文字生活―」〔「大阪成蹊女子短期大学研究紀要」25号、一九八八年〕)。( )内は使用度数を表す。

一(20)、三(20)、十(20)、申(20)、人(20)、大(20)、日(20)、二(19)、五(19)、御(19)、小(19)、入(19)、目(19)、引(18)、見(18)、此(18)、山(18)、四(18)、手(18)、出(18)、心(18)、身(18)、中(18)、八(18)、金(17)、作(17)、所(17)、上(17)、百(17)、門(17)、也(17)、郎(17)、下(16)、今(16)、女(16)、世(16)、千(16)、川(16)、代(16)、文(16)、名(16)、六(16)、画(15)、月(15)、口(15)、七(15)、丁(15)、両(15)、給(14)、行(14)、合(14)、町(14)、神(13)、太(13)、田(13)、内(13)、何(12)、外(12)、間(12)、戸(12)、江(12)、事(12)、春(12)、生(12)、男(12)、天(12)、付(12)、本(12)、来(12)、立(12)、王(11)、屋(11)、玉(11)、時(11)、長(11)、道(11)

常にそうであるが、制度としては施行されても、制度の趣旨通りに行くには、時間のかかることであり、学校制度も例外ではなかった。学校に行かせることを村や親の義務とした学制が敷かれても、経済的に苦しく。また貴重な労働力であった子どもを入学させる家は少なかった(5)。

趣旨がどうであったかは別にしても、学制の交付、それ以降の教育令などによって、学費免除などの措置もとられた学校制度が整えられ、日本語の読み書きができる前提が生じたことで、次世代における識字層の拡大の土台はできたと言える。

漢語の日常化

学校での漢字学習で漢字が読めるようになっても、『言海』の「語種別統計」において、日本語の語彙の半数近くを占めている漢語の問題がある。漢語の問題は、漢字の読み書きだけでは解決できないものである。現代の小学一年生が学習する漢字からなる「山川草木」を「さんせんそうもく」と読めただけでは、役に立たないのである。その語を知らなければ「サンセンソウモク」と話されても理解が及ばないことになる。

そうした難しさをもつ漢語ではあるが、中には、「綺麗」のように、現代語では幼児の理解語でも使用語でもある漢語があることも事実である。「綺麗」は、口頭語の世界でも使われて、中世までに「美しさを表す語彙」のなかにあって「美」の領域を担っていた「うつくし」、そして「清」の領域を担っていた「清し」を追いやり、「美しさを表す語彙」の代表的な語になっていく。「退屈」も、仏教語であったものが、一般語になり、漢字から離れて口頭語の世界で使われるようになる。こうした漢語が、近代語では非識字層の語彙に存在していたことが推測できる。その一端を第二章Ⅱで考察した。

漢語は、「綺麗」「退屈」がそうであったように、古代中国語で書かれた漢籍や仏典から受け入れて、日本語として使われていくなかで語義変化を起こしていくのであるが、「光景」はそうではなかった。日本語のなかで使われた結果、語義変化を起こしたのではなく、中国の白話文学を受け入れたことで、古代の「光景」とは異なる語義の「白話語」を受け入れて、その結果、非連続な語史を描くことになる（第二章Ⅲ）。

日本語の歴史のなかで、漢語は日本語の語彙の中に生きてきたのである。

「難しい漢語」の効力

漢語が、新しい世界を受け入れることばとして多用されることについて、第三章で述べた。このとき、漢字が字義を持つ文字であること、造語力が強いことを利用して、オランダ語を翻訳する言葉が造られていったり（洪庵の『扶氏経験遺訓』〔第三章Ⅰ〕）、手垢にまみれた古代漢語ではなく、江戸では外国語であった白話語、唐話を積極的に利用したことを述べた（玉虫左太夫の「行頭」〔第三章Ⅲ〕、鷗外の「食店」〔第三章Ⅶ〕をとりあげた）。さらに注意しておくことは、新しく作った（新造の）翻訳語は和製漢語であるが、そうした、新しいことばで西洋を置き換えるだけではなく、西洋の思想を、漢籍の漢語で把握するということがあったことである（自然治癒力を『孟子』にある「良能」、社会を病などから護る機関として『荘子』にある「衛生」の利用）。この点については先学の研究を紹介したに留まっている。

漢字には、右に述べたように、新しい概念の受け入れに際して大きな力を発揮したことは否定できない。「お雇い外国人」による東京大学での英語の授業が、予算の都合もあったにせよ、早くに切り上げられ、日本語での授業が可能であったのは、原語によらずに翻訳で西洋を受け入れることができたからであるが、それを可能にしたのは高度な概念を漢字で表現できたからであった。

近代社会の必須としての「自由」については、周知のとおり、【資料6】に示した福澤の言がある。

【資料6】

本文自主任意自由ノ字ハ我儘放盪ニテ國法ヲモ恐レストノ義ニ非ラス。總テ其國ニ居リ人ト交テ氣兼ネ遠慮ナク自力丈ケ存分ノコトヲナスベシトノ趣意ナリ。英語ニ之ヲ「フリードム」又ハ「リベルチ」ト云フ。未タ的當ノ譯字アラス。（『西洋事情初編』「デジタルで読む福澤諭吉」によったが句読点を施した）

今もなお、freedom、liberty という西洋の思想を正しくは受け入れていないのであるが、近代社会にとっての必須の思想が「自由」であるという外側だけは受け入れた。また、中国に、近代の訳語を輸出することで、中国の近代化に影響をあたえたように、漢字語が西洋に追い付く大きな手立てであったことは否定できない。その一方で、漢字は、一生をその学習のために費やさなければならない（ルイス・フロイス『日欧文化比較』[6]第一〇章）という弱点をもっている。仮名は、その弱点を乗り越えるものではあったが、漢字の持つ江戸時代までの国際性、「テレガラフ」では何であるか、原語を知らないとわからないが、「電信機」であれば、おおよその見当がつくという語義の透明性、また、仮名書きの「けいざいせい」は六文字、漢字表記「経済性」は三文字ですむ経済性、さらに造語力などを乗り越えることができずに、漢字の補完的な位置にとどまった。そのために、大きな力を持つ漢字への対応が、「平等」社会の近代になって解決すべき大きな問題となっていた（る）のである。

近代語

近代語の根幹には、漢字を制限し、社会が、その範囲内での読み書きを行うことで、読み書きを全ての人のものにする、あるいはしたい、すべきだという考えがある。第一章で触れたように、福澤諭吉が師の緒方洪庵から、『康熙字典』にあるような難しい字を使うな、節用集止まりにしておくように言われたこと、新島襄が弟にあてた手紙の中で漢字を多く用いることを戒めたことも、近代という時代を感じ取っていたからであろう。第一章はそのような視点で書いたものであった。

注

（1）検定制度の実施については、一八八六（明治一九）年四月に公布された小学校令中に「小学校ノ教科書ハ文部大臣ノ検定シタルモノニ限ルヘシ」（第一三条）と規定しており、同年五月「教科用図書検定条例」が定められた。翌年五月にはこれを改正して「教科用図書検定規則」が定められ、その後はこれに基づいた検定制度が運営された（『学制百年史』「五国定教科書制度の成立」、文科省のＨＰ）。

（2）保科孝一の序文がある『漢字起源の研究―国定読本に拠りて』（一九三四年）の例言では、一三六五字としている。『漢字通覧』では、「峯」「峰」の異体字も掲載されていて、これらも数に入れての数値かもしれない。

（3）手入れをしていない自然のままの梅という意味か。あるいは「ふしくれだち、または曲がった樹木の古い根または幹」（『日葡辞書』広辞苑所引の訳）か。

（4）元禄五年の火災時の町人が守るべき注意の「触書」を例にして、宗政五十緒は、「町人の守るべき注意の触書であるから、町人たちはこの内容を全員知っていなければならないことが、原則としていいうる」として、読めないものも読んでもらう、少なくとも「町中の主だった」者は、読んで理解できていたと「一応考えてよいであろう」と江戸時代の識字層について述べられた（「識字傾向と出版活動」〔『月刊言語』13巻12号、一九八四年〕）。

（5）学制が交付された翌年明治六年の就学率は、男39.9％、女15.1％であった。明治二八年でも男65.8％、女31.1％であって、全体で49.6％である。欠席せずに通学できる環境になるのは、第二次世界大戦の後も二〇年近くを経てからであったのではないか。石川達三『人間の壁』には、貧困から労働力として家計を助けなければならず学校に行けずにいる、海岸の洞窟に住んでいる子どもが描かれている（岩波現代文庫上巻、三二〇頁）。

（6）『大航海時代叢書Ⅺ』（岩波書店、一九七三年第二次発行）による。

（付記）『漢字通覧―国定読本』は、「国会図書館デジタルコレクション」での閲覧が可能であったが、落丁があり、その部分の閲覧に京都教育大学附属図書館のお世話になった。

初出等一覧

第一章　序に代えて―近代語をめぐって―

「近代語について―多くの人々が話し・聞き・書き・読むことば―」（第五〇一回同志社国語学研究会発表資料、二〇一六年八月二七日）をもとにして改稿した。

第二章　日本語の歴史の中の漢語

Ⅰ　漢語について

新稿

Ⅱ　漢語「綺麗」の歴史

「綺麗　うつくし　きよし―漢語と和語―」（「同志社国文学」8号、一九七三年）を改稿した『国語史のなかの漢語』（和泉書院、一九九八年）のⅡ漢語の相1「綺麗・うつくし・きよし―口頭語になった漢語―」を本章の趣旨にそって、用例を加えて加筆した。

Ⅲ　漢語「光景」の歴史

「光景の語史―非連続な語義変化―」（「同志社国文学」61号、二〇〇四年）を改稿。

第三章　近代と漢語―新しい世界の受け入れ―

Ⅰ　西洋医学思想の受け入れと漢字・漢語―『扶氏経験遺訓』を例に―

Ⅱ

「『扶氏経験遺訓』巻一から巻五の漢字とことば」（『国語語彙史の研究二四』和泉書院、二〇〇五年）、「緒方洪庵『扶氏経験遺訓』（巻一～巻五）の漢字」（『大阪成蹊短期大学研究紀要』創刊号、二〇〇四年三月）のデータをもとにして、本章の趣旨にそって加筆した。

Ⅲ

『航米日録』の漢語語彙―巻一を中心に―

「『航米日録』の漢語語彙―巻一を中心にして―」（『国語語彙史の研究三二』和泉書院、二〇一三年）に加筆した。

Ⅳ

『航米日録』に見える「行頭」をめぐって―幕末武士の近代語―

「見聞記『航米日録』に見える「行頭」をめぐって―幕末武士の近代語」（『立命館言語文化研究』25巻3号、二〇一三年）に加筆した。なお、図版は削除した。

Ⅴ

新島襄の書簡に見える「博物館」について―新語の獲得と広がり―

「新島襄書簡のことば―「博物館」について―」（『国語語彙史の研究二八』和泉書院、二〇〇九年）に加筆した。

Ⅵ

新島襄の書簡に見える「幸福」について―新しい思想との出会い―

「新島襄の書簡に見える「幸福」―幕末武士階級の漢語―」（『同志社国文学』81号、二〇一四年）に加筆した。

Ⅶ

森鷗外『舞姫』に見える白話語彙

「鷗外「舞姫」にみえる漢字・漢字列―中国近世語とのつながり―」（『国語語彙史の研究二三』和泉書院、二〇〇四年）がもとになっているが、講義資料を加えるなどして、大幅に改稿した。

森鷗外『舞姫』の白話語―「食店」をめぐって―

「森鷗外「舞姫」に見える「食店」考―鷗外の漢語―」（『国語語彙史の研究二二』和泉書院、二〇〇三年）に加筆した。

第四章　近代語―非識字層の漢語―

Ⅰ　明治の漢語

「明治語の語彙」（「日本語学」二〇〇四年九月臨時増刊号、明治書院）に加筆した。

Ⅱ　『西洋道中膝栗毛』主人公三人の漢語の層―魯文執筆部分において―

新稿

Ⅲ　『西洋道中膝栗毛』主人公三人の漢語語彙―『童蒙必讀漢語圖解』の漢語語彙と比較して―

新稿

第五章　おわりに

新稿

あとがき

六五歳定年での退職のとき、学長から今後のことを聞かれたおりに、これまで書いたものをまとめたいと答えた。そのときには、既発表の近代の漢語について書いたものを集めて一書にするつもりでいた。退職後、非常勤先の立命館大学での研究会に誘われて、玉虫左太夫の『航米日録』を皆で全巻を読み通し、引き続き、市川清流の『尾蠅歐行漫録』の三分の二を読む機会を得たことで、幕末の資料をゆっくりと読むことができた。それを機に、これまでのものをまとめるよりもいくつかの報告や調査をするほうに興味が向いていった。諸本の校合のため、いくつかの図書館に調査に行くなどの機会があった。

そうしたとき、二〇一六年の夏、故松下貞三先生のご自宅で始まった研究会が五〇〇回を迎えることになり、そこでの報告の機会を得た。その時の報告をもとにしたのが、第一章「序に代えて—近代語をめぐって」である。大学入学当初、松下先生は近代文章史をテーマにされていたので、「近代語について」をテーマとする報告を行なった。この報告を最初において一書をまとめようと思い、退職の時に考えていたのとは違った構想のもとに、既発表のものに手を加えたり、非常勤先での講義資料をもとにして新たに稿をおこしたりして、本書をまとめることができた。退職の日から六年が過ぎて、六度目の戌年を迎えることになった。

本書をなすにあたっては、元になった論文の作成時、拙稿へのご教示などに多くの方々のお力を借りている。長きにわたって、母校の学部、大学院での非常勤の機会を与えていただいたり、講座類への執筆、社会的活動の場を与えていただいた同志社大学名誉教授玉村文郎先生にお礼を申し上げたい。国語史、あるいは平安時代から幕末・明治にかけての識字層の漢字・漢語の問題を特殊講義で取り上げたが、その準備や資料の作成で得たものを本書のなかに多く活かすことができた。

また、退職後の得がたい研究の場を与えてもらった彦坂佳宣氏をはじめとする立命館での研究会の人たち、五〇〇回の記念の会で報告の機会を与えていただいた同志社国語学研究会の藤井俊博氏、及び会の皆さんに感謝の意を表したい。

本書もまた和泉書院から出版していただくことができた。出版を承諾していただいた廣橋研三社長にお礼申し上げる。

二〇一八年十月

浅　野　敏　彦

索　　引

凡例

1．［書名索引］、［人名索引］、［事項索引］、［語句索引］とした。配列は現代仮名遣での五十音順である。
2．原則として本文にあるものに限ったが、必要と思われたごく一部のものについては、注にあるものもあげた。
3．［書名索引］には、研究書名、雑誌掲載の論文名、そして調査のために使用した文献名をあげた。
4．［人名索引］は、研究書、論文の著者に限った。［著者索引］［研究者索引］でもある。明治以降の福澤諭吉、森鷗外など調査のために使用した文献の作者は事項索引にあげた。
5．［事項索引］には、上記に述べたように人名も含んでいる。また、使用したデータベース、Web サイトも［事項索引］にあげた。
6．本文では、角書などのあるものについては、初出では角書も含めた書名を記したが、それ以外では角書を省略したものもあるので、角書のない項目に空見出しを設けて参照できるようにした。
　（例）漢語画字引　→布告必用漢語画字引
7．熟字訓のような漢字列は、熟字訓に空見出しを設けて、漢字列（音読み）に所在頁を記した。
　（例）ひたすら→　只管　只管 184
8．新字体と旧字体が交雑しているが、音読みでの配列であるので検索には問題がない。

［書名索引］

〈ク〉

〈ケ〉

〈コ〉

[人名索引]

［事項索引］

〈キ〉

〈ク〉

〈ケ〉

〈コ〉

〈ハ〉

〈ヒ〉

〈フ〉

〈ヘ〉

〈ホ〉

〈マ〉

〈ミ〉

〈ム〉

〈メ〉

［語句索引］

■著者紹介

浅野敏彦（あさの　としひこ）

一九四六年大阪市生まれ
一九七一年九月同志社大学大学院文学研究科修士課程修了
　大阪府立高等学校教諭を経て
一九七九年大阪成蹊女子短期大学国文学科講師
一九八八年同教授
二〇〇三年大阪成蹊短期大学児童教育学科教授
二〇一二年三月大阪成蹊短期大学退職
大阪成蹊短期大学名誉教授
博士（文学）

著書
『国語史のなかの漢語』（和泉書院、一九九八年）
『平安時代識字層の漢字・漢語の受容についての研究』（和泉書院、二〇一一年）
『小学校国語科教育法―言語事項の指導を中心に―』（ふくろう出版、二〇〇六年）

その他
「『真福寺本将門記』漢字索引」（『同志社国語学論集』和泉書院、一九八三年所収）
『平安時代漢字文献対照漢字表（稿）』（私家版、一九九四年）

研究叢書 511

近代のなかの漢語

二〇一九年五月三〇日初版第一刷発行
（検印省略）

著者　浅野敏彦
発行者　廣橋研三
印刷所　亜細亜印刷
製本所　渋谷文泉閣
発行所　有限会社　和泉書院

大阪市天王寺区上之宮町七―六
〒五四三―〇〇三七
電話　〇六―六七七一―一四六七
振替　〇〇九七〇―八―一五〇四三

ISBN978-4-7576-0904-4　C3381

研究叢書